U0593723

福建省“十三五”

名校长丛书

文心教育

王阳灿　著

厦门大学出版社
XIAMEN UNIVERSITY PRESS
国家一级出版社
全国百佳图书出版单位

图书在版编目（CIP）数据

文心教育 / 王阳灿著. -- 厦门 ：厦门大学出版社，2022.9

（福建省“十三五”名校长丛书 / 郭春芳主编）

ISBN 978-7-5615-8725-6

Ⅰ. ①文… Ⅱ. ①王… Ⅲ. ①中学－校长－学校管理 Ⅳ. ①G637.1

中国版本图书馆CIP数据核字(2022)第161385号

出版人 郑文礼
责任编辑 郑 丹

出版发行 厦门大学出版社
社　　址 厦门市软件园二期望海路 39 号
邮政编码 361008
总　　机 0592-2181111　0592-2181406(传真)
营销中心 0592-2184458　0592-2181365
网　　址 http://www.xmupress.com
邮　　箱 xmup@xmupress.com
印　　刷 厦门集大印刷有限公司

开本 720 mm×1 020 mm　1/16
印张 17
插页 2
字数 298 千字
版次 2022 年 9 月第 1 版
印次 2022 年 9 月第 1 次印刷
定价 58.00 元

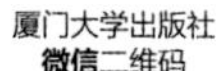

厦门大学出版社
微信二维码

厦门大学出版社
微博二维码

◎总　序

“百年大计，教育为本；教育大计，教师为本。”教师队伍建设是教育质量提升的关键。2018年，中共中央、国务院印发《关于全面深化新时代教师队伍建设改革的意见》，吹响了新时代教师队伍建设改革的集结号，提出教师队伍建设改革的目标是“到2035年，教师综合素质、专业化水平和创新能力大幅提升，培养造就数以百万计的骨干教师、数以十万计的卓越教师、数以万计的教育家型教师”。福建省委、省政府牢记习近平总书记“福建没有理由不把教育办好”的殷切嘱托，以高度责任感、使命感，坚持教育优先发展，始终将建设一支师德高尚、业务精湛、结构合理、充满活力的高素质专业化教师队伍作为基础工作，出台了一系列政策措施，激发广大教师投身教育综合改革的积极性、主动性、创造性。福建省教育厅为打造基础教育高层次领军人才队伍，实施“强师工程”核心项目——中小学名师名校长培养工程，旨在培养一批在省内外享有盛誉的名师名校长，促进我省教育高质量发展。

“十三五”期间，福建教育事业紧紧围绕“新时代新福建”发展战略，坚定不移走以提升质量为核心的内涵发展之路，着力推动规模、质量和效益的协调发展，努力让教育改革发展成果更多地惠及民生，让人民群众有更多的获得感。2017年，省教育厅会同财政厅启动实施了“十三五”中小学名师名校长培养工程，在全省遴选培养100名名校(园)长、培训1000名名校(园)长后备人选、100名教学名师和1000名学科教学带头人。通过全方位、多元化的综合培养，造就一批师德境界高远、政治立场坚定、理论素养深厚、教学能力突出(治校能力突出)、教学风格鲜明(办学业绩卓越)、教育视野宽阔、富有开拓创新精神、在省内外有较大影响力的名师名校长，为培育闽派教育家型校长和闽派名师奠定基础，带动和引领全省中小学教师队伍建设，为推进我省基础教育优质均衡发展、办好人民满意教育，为“再上新台阶、建设新福建”提供有力的人才保障。

为扎实推进福建省“十三五”中小学名师名校长培养工程，保障实现预期培养目标，福建教育学院作为本次名师名校长培养工程的主要承担单位，自接到任务起，就精心研制培养方案，系统建构培训课程，择优组建导师团队，不断创新培养方式，努力做好服务管理，积极探索符合名师名校长成长规律的培养路径，确保名师名校长培养培训任务高质量完成，助力全省名师名校长健康成长，努力将培养工程打造成全省乃至全国基础教育高端人才培养示范性项目。

在培养过程中，我们从国家战略需求、学校发展需求和教师岗位需求出发，积极探索实践以“五个突出”为培养导向，以“四双”“五化”为培养模式的基础教育高端人才培养路径。其中“五个突出”：一是突出培养总目标。准确把握目标定位，所有培养工作紧紧围绕打造教育家型名师名校长而努力。二是突出培养主题任务。2017 年重点搞好“基础性研修”，2018 年重点突出“实践性研修”，2019 年重点突出“个性化研修”，2020 年重点抓好“辐射性研修”。三是突出凝练教学主张(办学思想)。引导培养对象对自身教学实践经验(办学治校实践)进行总结、提炼、升华，用先进科学理论加以审视、反思、解析，逐步凝练形成富含思想和实践价值、具有鲜明个性的教学主张(办学思想)。四是突出培养人选的影响力与显示度。组织参加高端学术活动，参与送培送教、定点帮扶服务活动，扩大名师名校长影响。五是突出研究成果生成。坚持研训一体，力促培养人选出好成果，出高水平的成果。

“四双”：一是双基地培养。以福建教育学院为主基地，联合省外高校、知名教师研修机构开展联合培养、高端研修、观摩学习。二是双导师指导。按照理论联系实际原则，为每位培养人选配备学术和实践双导师。三是双渠道交流。参加省内外及境外高端学术交流活动，积极承办高水平的教学研讨活动，了解教育前沿情况，追踪改革发展趋势。四是双岗位示范。培养人选立足本校教学岗位，同时到培训实践基地见学实践、参加送培(教)活动。

“五化”：一是体系化培养。形成“需求分析—目标确定—方案设计—组织实施—效果评估”的培养链路，提高培养专业化、精细化、科学化水平。二是高端化培养。重视搭建高端研修平台，采取组织培养人选到全国名校跟岗学习、参加国内高层次学术会议和高峰论坛、承担省级师训干训教学任务等形式，引领推动名师名校长快速成长。三是主题化培养。每次集中研修，都做到主题鲜明、内容聚焦，坚持问题导向和结果导向，努力提升培养的针对性和实效性。四是课题化培养。组织培养对象人人开展高级别课题研究，以提升理性思维、学术素养和科研水平，实现从知识传授型向研究型、从经验型向专家型的转变。五是个性化培养。坚持把凝练教学主张（办学思想）作为个性化培养的核心抓手，引导培养人选提炼形成系统的、深刻的、清晰的教育教学“个人理论”。

通过三年来的艰苦努力，名师名校长培养工作取得了显著成效，积累了丰硕成果，达到了预期目标。名校长培养人选队伍立志有为、立德高远的教育胸襟进一步树立，办学理念、政策水平和管理能力进一步提升，立功存范、立论树典的实践引领能力进一步提高，努力实现名在信念坚定、名在思想引领、名在实践创新、名在社会担当。名师培养人选坚持德育为先、育人第一的教育思想进一步树立，教书育人责任感、使命感和团队精神进一步强化，教育理论素养进一步提升，先进教育理念进一步彰显，教育教学实践和创新能力进一步增强，独特教学风格和教学主张逐步形成，教育科研和教学实践均取得了丰硕成果。一是专项研究深。围绕教学主张或教学模式出版了38部专著。二是成果级别高。84位名校长人选主持课题130项，其中国家级6项；发表CN论文239篇，其中核心16篇；53位名师培养人选主持省厅级及以上课题108项，其中国家级7项；发表CN论文261篇，其中核心81篇。三是奖项层次高。3位获2018年教育部基础教育国家级教学成果奖二等奖；15人获得2017年、2018年福建省基础教育教学成果奖，其中特等奖3位、一等奖7位、二等奖5位；1位评上国家级“万人计划”教学名师；34位培养人选评上正高级职称教师；13位获“特级教师”称号；2位获“福建省优秀教师”称号。四是辐射引领广。开设市级及以上公开课、示范课203节；开设市级及以上专题讲座696场；参加长汀帮扶等“送培下乡”活动239场次；指导培养青年骨干教师442人。

教育是心灵的沟通，灵魂的交融，思想的碰撞，人格的对话，名师名校长应该成为教育的思想者。在我省名师名校长培养对象即将完成培养期时，福建教育学院培养基地组织他们把自己的教学(办学)思想以著作的形式呈现给大家，并资助出版了“福建省‘十三五’名校长丛书”“福建省‘十三五’名师丛书”，目的就是要引领我省中小学教师进一步探究教育教学本质，引领我省中小学校长进一步探究办学治校的规律，使名师名校长培养对象成为新时代引领我省教师奋进的航标，成为办人民满意教育的先行者。结束，是下一阶段旅程的开始，希望我省名师名校长培养对象不忘立德树人初心，牢记为党育人、为国育才使命，积极投身新时代新福建建设，为福建教育高质量发展再建新功。是为序。

福建教育学院党委书记、教授、博士

郭春芳

2020 年 8 月

◎前　言

2017年5月，福建省“十三五”中小学名校长培养工程启动仪式在上杭县古田举行，我成为福建省“十三五”中小学名校长培养工程中学名校长培养人选，由此开启了为期3年的培养历程。福建教育学院为我们量身定制了培养方案，内容涵盖思想类、理论类、研究类和实践类等课程，组织了高水平的研究学习、教育学术论坛等活动。在3年多的培养过程中，我们的理论素养提升了，视野开阔了，眼界更宽了；对教育本源的理解更加回归本质，教育实践也更加切合师生的成长规律。

当我们有点欣欣然时，导师要求每位名校长培养人选都要结合之前的学习和自身长期以来的办学实践，凝练自己的办学思想并形成个人专著。著书立说，对于长期奋战于教育一线的中小学校长来说确实是一大挑战。接到任务后，我惶恐茫然过，甚至想打退堂鼓。然而，我们的畏难心理逃不过导师的“法眼”，他们不断地鼓励、指导，甚至从写书的基本思路、框架一遍遍地进行辅导，消除了我们的畏难情绪。随着信心不断增强，我著书立说的冲动也越来越强了。我的心静了，开始回顾多年来担任校长一职的心路历程，开始思考校长治学的使命，开始总结几年来学校办学取得的成效，开始思考学校未来的提升与发展。由此，我提出了“育人即育心、育心即文心、文心即学校的教育活动实践”这一观点，得到了导师的肯定，并进一步凝练成了以心正行、以体健体、以美育美的“文心教育”办学思想及办学实践的整体框架，涵盖“文心教育”的源起、“文心教育”的解读、“文心教育”的支持体系、“文心教育”的实践、“文心教育”的评价体系及“文心教育”的现状与展望六个方面。

完成本书初稿后，我又得到导师的进一步精心指导，出版社编辑对著作细节不断研磨，今天，终于化茧成蝶。

王阳灿

2021年7月

目 录

CONTENTS

第一章

“文心教育”的源起

第一节　历史·现状·未来

一、厦门十中的办学历史

迎着改革开放的号角起步，变革与发展的种子早已在厦门十中奠基时深深埋藏。40余年的历史，这颗种子从未停止向上生长的冲劲，阳光与雨露，浇灌与培育，冒出新芽的种子已在天地间徜徉。

1975年以集美中学分校起步，1978年1月1日正式更名为厦门市第十中学，初创拓荒的艰辛岁月里，以发展为前进核心的厦门十中，积累的点滴雨露浇灌而成的文字符号已在历史长河里留存。

1978年至1992年的15年间开拓进取，萌芽发展中的厦门十中完成了从城郊结合部中学到福建省达标中学的华丽转变，一棵嫩绿的幼苗已悄然挺立于教育之野。伴随着省级达标中学的晋级，教学质量也走上了快速发展的快车道，荣誉接踵而至：1981年全国高考高二(3)班英语成绩名列全省第一名；1989年高考文科六科中，数学、英语、历史、地理、政治均分列全市第一，语文全市第二。进取奋发的开拓精神也慢慢成为厦门十中办学的发展之匙。

历史的车轮不断向前，省达标学校的逐级提升展现出学校在不断拔节生长中依次向上，1992年12月确认通过省三级达标学校；2002年6月确认通过省二级达标学校；2006年11月确认通过省一级达标学校。不断缩短的升级时长，逐渐积淀历年办学的成就，质量立校已沉淀为学校的一种自觉发展的意识，教学质量也实现了在集美区全面领头、在厦门市奋力跻身排头的发展目标，高考更是创造了厦门市“高考大户”的骄人成绩，其中2004 届本科录取人数位居全市第六名，2001 届乔虹同学更是以骄人的成绩考上北京大学。中考成绩也连续位居集美区属学校之冠。学校的持续发展，丰富的办学实践积累催生着办学理念在变革中逐步走向深化，由此形成了“乐学善教、修身立志、自强自立、和谐发展”的校风、“严谨创新”的教风和“勤奋诚实”的学风。学校辅以“励志、勤奋、守纪、进取”为校训，继承发扬“脚踏实地、艰苦创业、团结拼搏、敢为人先”的十中精神，贯彻“依法治校，以德育人”的教育理念，“以人为本、个性张扬、健康成长”的办学思想已悄然落实于教育教学的每一个环节。蓬勃发展的幼苗也已成长为茁壮挺拔的大树。

2007 年至 2015 年间，在自主自觉的质量发展意识推动下，学校的教育教学质量始终处于区域领先地位，高考本科上线率也在逐年提高。不断发展的厦门十中带动着教师、教学质量、科研等不断提升，以科研促教学，理论与实践同步发展的教师队伍朝气蓬勃，能力凸显。以环境营造氛围，学校办学条件不断完善，设备先进。不断演绎的办学理念也慢慢凝聚为学校办学文化，成为厦门十中人教书育人的自发行为方式，文化型办学逐渐突显。

二、厦门十中的办学现状

2016 年至今，在成绩已稳定处于集美区属学校前茅之际，以文化型办学打造品牌学校的厦门十中一直与时俱进，紧跟时代发展，继承中不断创新。发展学校优势项目的同时，不断拓展丰富多元的办学内涵。坚持传统优势特色发展，篮球、足球作为学校的传统体育项目一直在继承中不断深化和拓展；集邮、武术、舞蹈、美术、书法、天文、国风、文学、魔术等社团作为学校文化多样化不断凝练的特色体现也在不断地更新升级；禁毒教育、心理健康教育作为生命的底线教育一直贯穿于德育与课堂的活动之中；优质学科与名师培养作为学校的品牌内容也在不断经历锤炼与发展。挺拔壮大的大树正不断地向根深蒂固和枝繁叶茂发展。

立足现状，持续而深刻的教育改革在不断地深化与拓展，立德树人的育人根本任务、素质教育的全面发展、公平教育的不断推进、德智体美劳全面发展的社会主义建设者与接班人的培养目标等无不影响和推动着学校办学不断地变革与发展。在这新的历史背景下，学校对近半个世纪以来的办学传统经验成果进行总结和提炼，在继承创新的基础上凝练办学理念，为“依法治校，以德育人”赋予了新的时代内容——“学校发展教师，教师发展学校”，并对办学目标加以明晰的阐释，即“打造花园、学园、乐园、家园学校”，在此基础上提出以“育人为本、质量立校、文化兴校、特色发展、创建品牌”的办学思路。

三、厦门十中的办学未来

适应新形势发展需要，尊重学生的基础性和差异性，从实际出发促进学生的可持续发展，实现学生全面而个性的自我成长，是学校办学面向未来发展的自觉追求，也是学校沉淀办学文化、提升社会声誉的自我鞭策，更是厦门十中照亮历史的永恒实践。

面向未来，凝练后的办学理念和办学思路还要进行一次重新建构与升级，厦门十中的深层发展才有科学发展的持续性，以此形成厦门十中独特的品牌标识才能影响厦门十中的莘莘学子。以文化创新办学理念，以文化升华历史积淀，凝练历史底蕴里积淀的文化因子，链接当下教育教学改革发展的内涵，以适应未来时代发展的人才需求为目标，不断地洗练学校的发展核心，形成学校独特的文化标识，打造一流的品牌名校将是厦门十中发展的永恒母题。

育人就是育心，育人就是文心，“文心教育”作为立足当下、面向未来的学校转型升级，是厦门十中办学走出厦门、走向全国的时代呼唤。教育应有文化的办学自觉才有恒久的生命力，厦门十中有这样的理想追求。

第二节 文化·教育·学校

一、文化的价值

有文化的才是恒久的，才是充满生命力的，文化从本质上来说是一所学校办学的灵魂。正如习近平总书记在党的十九大报告中指出的:"文化是一个国家、一个民族的灵魂。文化兴则国运兴,文化强则民族强。没有高度的文化自信,没有文化的繁荣兴盛,就没有中华民族的伟大复兴。"一个国家如此,一个学校也如此,文化是一所学校的灵魂。文化兴则学校兴,文化强则学校强。一所学校只有建构属于世界的、更属于中国的、还属于本校的文化,才能开拓现实、面向未来,回应民族复兴的呼唤,为高一级学校教育、为未来社会需要输送具有本校文化符号的莘莘学子。

文化凝聚人心,文化引领价值。作为学校软实力的文化,本质上是一种精神价值观指引下的生态共同体,它通过时间的不断积累与引导,渐渐积淀成一种"集体人格"。正如荣格所说:"一切文化都沉淀为人格。不是歌德创造了浮士德,而是浮士德创造了歌德。"文化型办学作为学校的办学追求,是创建集体人格的价值体认。一个有集体人格的学校,一个有精神价值指引的学校,终将是能持续有特色发展的学校,独特的文化标识也将屹立于教育之林而不倒。

二、教育的定位

教育是一种人为、为人的社会实践活动,渗透、浸染着人们的价值观念、期待欲求。它不仅是人类社会发展和个体人生旅程不可或缺的要素,也是联结个人和社会的重要纽带,还联结着人类文明的历史、现实与未来。教育作为传承文明和接续历史的活动,它要让每一个学生都获得成功,因此人们将许多的希望寄托在我们称之为"教育"的事情上。父母希望自己的孩子受到良好的教育而实现"望子成龙、望女成凤"的愿望;教师也在试图引导学生去做一些有意义的事情,思考一些重要的问题,建构对世界的新的认识;社会则希望学校将学生培养成有良好的现代文明教养的公民和训练有素的专业人员。那么,我们如何来确认孩子们在学校中受到的是真正的"教育",而不是愚弄或误导?我们可以用什么来保证他们的合理期待不会落空?这就需要准确把握教育本质及其规律。教育最本质的特征是不断满足社会和个人对指导学习的需要,教育规律则是对指导学习和教育教学的规律的自觉把握和自觉创造。由于对教育内涵和本质的理解不同,目前国内教育理论与实践的发展面临不同的取向,有注重教育育人功能的,也有把教育与促进经济、增强国力捆绑在一起的,而对于培养生命个体、提升生命品质的重视还有较大差距,以至于还存在生命缺乏教育的呵护，教育缺失灵魂的支撑的现象。

2021年4月29日全国人大常委会通过的《中华人民共和国教育法》将新时代党的教育方针落实为国家法律规范，明确了“为谁培养人”，即教育必须为社会主义现代化建设服务、为人民服务；“怎样培养人”，即教育必须与生产劳动和社会实践相结合；“培养什么人”，即培养德智体美劳全面发展的社会主义建设者和接班人。这是既遵循教育一般规律，又根据新时代教育发展的形势任务而对教育工作提出的总要求和总遵循。深刻理解新时代全面贯彻党的教育方针重大意义，有助于我们更深刻理解教育的定位，更好地将党的教育方针有效融入办学治校和教育教学全过程，把牢政治方向、清理制度规范、校正误区偏差，使教育更加符合教育规律和人才成长规律。

三、学校的文化

文化与教育，灵魂与本质，即学校办学只有以文化追求成就文化自觉为核心，以学生个性潜能的多元实现为旨归，才能真正实现立德树人的教育根本任务，才能培养出时代需要的德智体美劳全面发展的社会主义建设者和接班人。教书育人，文化化人，用文化的方式实现文化的人格，学校发展才能真正实现个人价值的繁盛绽放，学校的品牌才能在悠久的历史长河里镌刻留名。

第二章

“文心教育”的解读

第一节　“文心教育”的内涵

一、“文心”解读

“文，错画也，象交文。”（许慎《说文解字》）“交错而画之，乃成文也。”（王筠注《说文》）“文，饰也。”（《广雅·释诂二》）“文，犹美也，善也。”（郑玄注《乐记》）“此名士之子，温文尔雅。”（《聊斋志异·陈锡九》）概而言之，“文”作为动词，有“刺画花纹”“装饰”的意思；作为形容词，有“美、善”“柔和”之意。

“心，人心也，在身之中，象形”（许慎《说文解字》），指心理功能；“他人有心，予忖度之”（《诗经·小雅》），“汝心之固”（《列子·汤问》），指思想；“日月阳止，女心伤止”（《诗经·小雅》），指内心情感，品行；“复其见天地之心乎”（《周易·复卦》），指性情、本性。

因此，“文心”作为一个词组有两种解读方式：作为动宾短语，有“刺画人心，美善品行、思想”之意；作为名词性词组，有“美善、柔和之心”之意。

概而言之，“文心教育”就是用教育实践装饰美化人心，用心孕育良好的品行，以“文”化“心”导行，让师生成为“有思想的文化人”。

二、“文心教育”的内涵

“文心教育”，简单来讲就是用美善的心塑造美好的心灵，形成柔和善良的本性与品行，它以文（一切人类智慧）为载体，渗透于教育实践的每个环节，通过塑造美好心灵，由内而外地改变行为方式，在行为方式不断装饰美化完善的过程中，进一步洗练升华内在的心灵，最后从内而外，又从外而内，知行合一，实现身心的完美协调与和谐统一。

“文心教育”本质上是一种成长教育的具体化、常规化表述，它指向集体人与自然人适性发展并向成熟阶段演变的规律。这种演变主要是内在的心灵，心对了，世界就对了，但同时它又是外在行为的，行为向善了，内心也会洗尽铅华，至善至美。“文心教育”是一种既由内而外又由外而内的螺旋式上升的成长循环，它指向知行合一的身心统一和谐，文化成人。

“文心教育”，装饰美化心灵，形成美好心灵，作为一种精神价值是文化办学的符号化具体呈现，这种日积月累积淀的文化符号，将成为学校师生价值共同体的行为自觉，积淀为学校的一种集体的人格。

“文心教育”办学思想主要包含下面几层内涵：

一是“文心教育”的实践本质是以“文”化“心”导行，以行“文”“心”深知，让师生拥有美好的心灵和健康向上的人文化行为方式。

二是“文心教育”的实践核心是通过教育塑造师生向美、向善的心灵，并外化、改变自身的外在行为方式，进而通过行为完善心灵，实现知行合一。

三是“文心教育”实践着力于促成师生心灵和行为的和谐健康成长，塑造一颗美善、柔和的心灵。

第二节　“文心教育”的理念体系

一、核心精神与办学理念

（一）核心文化精神：同心从心，心往力行

阐释：文化的本质是共同的价值观与价值的共同体，凝心聚力、同心同德是其基本前提。在心灵不断美化完善的教育过程中，从心所欲，以心导行是常态化的行为表现。心在一起了，力往一处使，同心协力的努力与付出、身体力行都是为了学校的一切。这样的文化精神下凝聚的力量，足以让学校发展永葆青春生命力。

（二）办学理念：文心化行

阐释：身心合一、知行合一。心与行一直都是一体两面、统一的关系。心灵指挥行为方式一直都是我们认知里的常识。塑造、养育一颗美好、和善、柔和的心灵是“文心教育”的过程，也是其目标。养心的过程中，自然会推动行为方式的良好转化，以心导行，文心化行，“文”的不仅是“心”，更是“化”而为“行”。

（三）品牌传播语：从心出发，向阳生长

阐释：“文心教育”以美好心灵的培养为起点，向着美丽心灵的目标不断奋进。塑造、装饰心灵的过程，点点滴滴积累的教育实践都离不开心灵的养育。从心出发，用心办好教育，使每个师生身上都由内而外散发出和善、美好的气息。拥有健全与美丽心灵的师生，心与心碰撞产生的火花是温暖和阳光的正能量，生命生长的路程一路向阳，光明与温暖常伴左右。

二、办学目标与育人目标

(一)办学目标:办一所同心化育未来的文化型管理学校

阐释:以文化办学为核心打造文化型管理学校,发展的过程本质上就是学校共同价值观铸造的过程,其基本的文化自觉是全校师生同心同德,凝心聚力,以良好德行相互影响,相互促进,实现学校全体师生的共同成长与超越。教育是用心推动心与心的交织、相印。一心为教育,同心为学校发展,春风化育的过程积淀的正是文化的底蕴。文化的才是属于未来的,文化的才是学校独特的办学标志,同心化育未来的文化型管理学校,水到渠成就成了学校的办学目标。

(二)育人目标:培养有雄心、慧心、壮心、雅心、苦心的“五心”学子

阐释:新时代素质教育以培养学生德、智、体、美、劳各方面综合素质全面发展为目标,它不仅有分数和升学的保证,更有完整的灵魂和坚定的价值追求;它不仅关注知识和技能堆叠的厚度,更关注体质、意志品质和涵养形成的高度。雄心、慧心、壮心、雅心、苦心的“五心”学子本质上是对德、智、体、美、劳全面发展的人的深度提炼与文化性表达。雄心是志向高远的理想信念,慧心是聪敏机智的智识沉淀,壮心是积极昂扬的奋进之力,雅心是儒雅和善的品行修养,苦心是坚忍顽强的拼搏意志。雄心、慧心、壮心、雅心、苦心“五心”并举的学校教育不仅关照学生的生命成长,更关注每个学生以知识和能力为基础的身心综合素质的健全发展,更关心每个孩子成长所需要的体魄、灵魂与蓬勃生气。面向学生成长的“五心”教育,“五心”并举培养形成的关键能力与必备品格的统一完整个体,将是一个身心和谐的大写的人。

三、一训三风

(一)校训:立心正行

阐释:“欲修其身者,先正其心。”(《大学》)心为内,主宰指引行。心若正了,指引的行为自然不会偏离正道,正所谓知行合一,知的不断深化就是

立心，就是心的不断完善与美化。教育的过程其实就是养心的过程，我心光明了，行为自发地向美善前行。一颗美好的、正气的心灵，外放散发的气质品行都是柔和善良的。

(二)校风：全心改变

阐释：成长是师生每时每刻都在发生的内在需求，每个人都渴望不断地自我超越，而是否能够不断超越自己关键在于自己内心是否做好充分的准备，愿意全心全意地去改变自己。教育是激发个体内在潜能，认识自我，超越自我，实现自我的过程，没有坚决改变的勇气，没有全身心地挖掘自己、挑战自己的决心，想要真正发展自己、成为自己是很难的。全心改变需要师生心往一处使，努力向上发展自己的优势，改变自我，营造校园昂扬的奋发之势。

(三)教风：以心传心

阐释：教育的过程是春风化雨，润物无声的无痕化影响。以塑造美好心灵，养成良善柔和品行的教育，本质上达到心与心之间的相互影响与感染。教书育人，立德为上，在良好的师德影响下，知识与技能，情感、态度、价值观的传递过程也将是塑造美好心灵的过程。教师施教的过程，其身心凝聚的良善德行，潜移默化地影响着学生。以心传心，教育不仅自发，而且相互成就。

(四)学风：心想行能

阐释：心是行为的内在动力，是改变外部世界的源泉，心对了，行为就能走上康庄大道。心就是学生的学习动力，学生能有饱满的精神，充沛的学习动力，学习就是一种自发向上的行为。天性的成长，就是知与行的统一和谐发展，心里意识到了，行为就能紧跟着做出反应；心里想的，行为能做到的，美好心灵统摄下的良善德行就能达成，学生就能“想学能学”“想行能行”。

第三节 “文心教育”的特征

深化内涵要旨，凝练内涵本质，“文心教育”的理念主要有下面几个特征：

一、生长性

“文心教育”从心出发，指向生命个体的成长，其遵循的是生命成长的自然规律，顺应规律，生生不息的生命，于教育就是心灵的不断生长成熟，进而指导行为的自觉转化。师生作为一个个个体，成长的过程永远是在不断的循环发展中趋于完善，成长的动态发展也是一直伴随着“文心教育”的实践不断深化。教育是生命发展过程的指导与引领，是不断向上生长的生命，是“文心教育”休戚与共的实践载体。生命生长，“文心教育”浇灌壮大。

二、向心性

心灵作为“文心教育”的核心演绎对象，是一切教育观念与行为的目标。一切为了心灵的成长，为了心灵成长的一切，师生的价值追求与行为方式都紧紧围绕在心的周围，没有无心的教育，没有无心的行为，用美好心灵指引的观念与行为，心永远都是其不可磨灭的自觉意识。向着心灵不断完善美好发展，使知行不断循环深入，心灵的美好也一直在旺盛地跃动。

三、同一性

“文心教育”以“文”化“心”导行，以行“文”“心”深知，知行合一是其基本前提。“文心教育”以教育实践塑造美好心灵，是经由身体力行来演绎心灵的美善与柔和，身心和谐是其重要的内容。教育是师生共同演绎的成长经历，以心传心，以行导行，师生相互影响的过程，生命奏响了同一的乐章，师生齐心同心，教育就是相互成就的美丽映衬。

四、实践性

“文心教育”不是理念上的倡导与呼吁，而是实实在在的教育实践活动。它深谙教育的基本组织方式，以实践贯穿师生校园生活的方方面面，教师的一言一行无不以“文心”为指引，塑造学生的良好品行与美好心灵。观念的转变、行为的改进无不在教育的实践中不断地完善与提升，没有哪一次的行为改进是脱离实践而自发生成的，更没有哪个观念的改变是脱离实践而凭空生出来的，实践的“文心教育”一直存在于教育的一切活动之中。

第四节　“文心教育”的理论依据

一、“文心教育”的学理本质

“文心”作为一个词语来表达，首先出现在刘勰《文心雕龙》中的“夫‘文心’者，言为文之用心也”，其意思是“用心为文”，简而言之就是“用心作文章”。我们将它迁移拓展为学校文化办学的理念，就不能仅仅停留在“用心教育”的表层含义上，它的内涵与价值应该体现一种更加深切远大、科学系统的教育追求：以文饰心，用人类的一切优秀文化成果来养育装饰进而美化内在心灵，其目的在于对内促进心灵的向上向善升华；以文化行，用人类的一切美丽的文字符号来塑造个人良好的行为处世方式，其目的在于对外指向个人气质品性的提升，内外结合，身心合一，最终实现个人美丽心灵的转向和个性人格的完整性发展。其学理本质是既由内而外从心到身，又由外而内由行到知，统一形成的一种不断螺旋式上升的个体成长循环，也是一种遵循认知发展，体现教育过程的科学主张，还是践行“立人树德”教育根本任务的独特追求。

二、立德的本质在于育心

人作为一个生命的存在，是一个身心合一的统一体，而心作为人的核心灵魂，是统摄个人一切外在行为的主宰，从形而上学的角度来说，人的一切意识行动无不受心灵的支配而活动。正因为如此，心灵作为个人的精神信仰一直是古今中外哲人们殚精竭虑、皓首穷经钻研的对象。可以这样说，心灵的问题解决了，个人的人生价值和意义也就相应地清晰明了了。

而教育作为个人成长过程中不可或缺的活动，其根本任务是“立德树人”，即完善、美化心灵的过程。从这点出发，“立德”也就不应该脱离“心”的养育而孤立存在。从更本源的角度——字的构造来分析，在“德”字演化构造的过程中，“心”一直是其重要的组成部分，所以从“德”字的构型来看，其内涵就有个体在实现目标时，应当做到内心意念与外在行为的表里如一，进而最终实现目标（道）的意思。

“人无德不立”，德是为人之本，是人独立于其他生命而存在的个性标识，而一个拥有良好的德性与德行的人，其心灵的至善澄明、柔和美丽无不蕴含其中。所以，育人在于立德，而立德的本质在于育心，“文心”教育的核心是文化心灵、践行塑造美丽心灵的教育。“同心同德”也就成了“文心”教育的育心立德的逻辑起点。

三、对中国传统“心”文化的传承

从“心”出发来理解“文心”教育是其理论的科学支撑。而“心”作为中国文化精神的承载，在文化历史里已有浩瀚的记载，具体到修身治学方面更是有众多具体化的阐释，细化到“心”，它的内涵与外延也在不断发展中完善。“求其放心”是学问之道的基础，找回迷失的心，一切修身治学才有成长的沃土。心找回了，“正其心”才能让个人的知、情、意、行走上康庄大道，让自我的个性成长成为可能。心正了，人才能专注于内在心性的良善成长，“心外无物”才能最终主宰个人的一切行为方式。这一“心”化演绎过程的理论打开方式要从“学问之道无他，求其放心而已矣”（《孟子·告子上》）开始，“求其放心”就是求学的方法、目的，没有别的，就是找回迷失的心。心找回来了，善心就会指引善行，行为就有了方向；心找回来了，个人的主体思维才会发生，学问才会融会贯通。“所谓修身在正其心者”（《大学》),修养身心,“心”的重要性不言而喻。“正其心”,也就是要以端正的心思(理智)来驾驭感情,进行调节,以保持中正平和的心态,集中精神修养品性。“心外无物”,“夫物理不外于吾心,外吾心而求物理,无物理矣。遗物理而求吾心,吾心又何物邪?”(王阳明《传习录》)阳明心学更是把心作为其基本核心,讲的就是一切事物天理不无以心为基础,接受心的管理。修身处世要在心内去寻求,专心探寻本心,也就是善心,由此善心主宰下身体力行地为善去恶。至此,“心”作为“文心”的核心要旨就有了基础性的理论阐释。进而文心,即道心。“心一也,未杂与人谓之道心”,“人心之得其正者即道心”(王阳明《传习录》),所谓道心,即指心之本质本体。为学之道心也就在求诸心,以知心、研心、尽心为尽人生之能事。

“文之为德也大矣,与天地并生者何哉?夫玄黄色杂,方圆体分;日月叠璧,以垂丽天之象;山川焕绮,以铺理地之形。此盖道之文也。仰观吐曜,俯察含章,高卑定位,故两仪既生矣。惟人参之,性灵所钟,是谓三才。为五行之秀,实天地之心。心生而言立,言立而文明,自然之道也。”“人文之元,肇自太极,幽赞神明,易象惟先。庖牺画其始,仲尼翼其终。而《乾》《坤》两位,独制《文言》。言之文也,天地之心哉!”(以上引用均出自刘勰《文心雕龙·原道》)在刘勰看来,“文”作为人类精神文化的文字符号载体,与天地并生,只有人才能参悟“文”并且用语言文字描述表现出来。由此“人文”之意即一切文字(包括思想),亦为“天地之心”,可见“文”与“人”在“天地之心”上达到了完全统一和贯通,实现了“人—文”一体,从而使“文”的“人本”意义得到确立。所以,“文”的过程其实是人心不断完善的过程,人总是在文化精神的陶冶下,让心灵不断趋于美好与澄净。

综上,育“文心”的目的和宗旨就是以“文”为媒介,向外求诸天地自然,向内探求心灵,“用心”于“自然之道”,内化为“道心”之质,身心同一演绎知行合一。

四、西方关于“育心”的研究

在西方,“心灵是安排一切的原因”(柏拉图《斐多》),“心”作为灵魂的主宰,是精神信仰的核心,更是教育努力成就的对象,教育本身也是人心与人心相互影响的生命成长,心灵安排好了,人的生长也就越发光明与旺盛了。“教师是人类灵魂的工程师”(加里宁),“教育是心灵的转向”(柏拉图《理想国》),教书育人导向心灵的改变,心灵的改变,按照美国心理学家威廉·詹姆斯的看法这是“最伟大的发现”——“地球上的芸芸众生，唯有人才能改变他们的存在方式，唯有人才是命运的创造者。人类可以通过改变自身的内心世界，从而改变自身的外在世界，这就是我们时代的最伟大的发现。”“内心世界”改变的深度和宽度，决定“外在世界”改变的方向和高度。

可以这样说，育心，以文育心，是人认识自己、改变自己，进而超越自己的成长进阶与智慧升级，更是教育的核心化追求与根本性目的。

育心的目的在于实现人的潜能发展，成为自己。实际上每一个人(无疑也包括几乎每一个新生儿)都会有积极实现自己各种固有潜力的心灵力量，“生命生生不息，都在积极地实现着它的活动，成为它之所是”(亚里士多德《尼各马可伦理学》)。“从人的天性中可以看出，人类总是不断地寻求一个更加充实的自我，追求更加完美的自我实现。从自然科学意义上说，这与一粒橡树种子迫切地希望长成橡树是相同的。”(马斯洛)这是生命的主动过程，是生命过程的本质，贯穿于生命的始终，就像幼芽会始终伸向远处的阳光一样，生命也会朝着成长与实现不断发展。教育也一样，其目的就是引导学生像橡树种子一样生长，成为自己，而这要从认识自己开始，从心里不断内省，正视自己的优缺点，进而扬长避短，充分发挥自身的潜能，努力向自己生命本该成长的方向成为自己。正如卡尔·罗杰斯在《论人的成长》里说的：“生命的过程就是做自己、成为自己的过程。”

如是，“文心教育”要育的那颗心，就是要实现人的潜能发展，就是在生命的生长过程中成就自己。这也是“文心教育”理论的逻辑发展深化。

成就自己还不是“文心教育”的最终目标，一个人成就自己的过程其实还在于不断地超越自己，个性化自我的文化价值，成为独立的“文化人”。“人是符号的动物”，能利用符号去创造文化，可以说“人是文化的动物”，是文化的产物。人只有在创造文化的活动中才能成为真正意义上的人，人性是自我塑造的过程，在创造文化的活动中会必然地把人塑造成为“文化的人”，这是人的真正本质，唯一本性。(以上引用均出自卡西尔《人论》)人性的文化性本身就具有丰富的教育意义，多姿多彩的文化塑造了无限丰富的人与人性，文心不仅在育心，更是在“心”的发展过程中使自己成为“文”的一部分，创造文化。“文心教育”从这个意义来说，就是一种使人“文化化”的过程。正如斯普朗格所说：“教育也是一种文化活动，这种文化活动指向不断发展着的主体的个性生命生成，它的最终目的是把既有的客观精神(文化)的真正富有价值的内涵分娩于主体之中。”教育作为一种人道主义事业，应把“文化人”的培养作为归宿，渗透于一切教育活动中。这正是“文心教育”理论的逻辑终点，也使“文”与“心”成为一个严谨的不断深化向上螺旋发展的统一体，“文心教育”理论至此也完成了自身的逻辑自洽。

“文犹动”(《史记·乐书》)，“文心化行”，随心而动，以修心为本，以立德为根，积淀生命文化底蕴，塑造美丽心灵，文化化成，最终成其所是。

第三章

“文心教育”的支持体系

“文心教育”的意蕴及理念体系概括表达了学校办学的价值判断和目标追求，是“学校教育的应然状态”。由“应然状态”到“实然状态”是一个艰难的思考与实践过程，也是一个深入精微的内在转化过程，还是学校办好人民满意的教育的必然选择。实践转化的成效主要取决于支持体系建构的精准到位，特别是组织上、德育上、教学上、环境上、课程上的实践开展。下面试作一一说明（其中课程问题将在第八章具体说明，而“润心环境”尚在论证，只能暂缺）。

第一节　同心组织

同心，根据《汉语大词典》的解释，主要有四个方面的义项：

①齐心，《易・系辞上》：“二人同心，其利断金。”②共同的心愿；心思相同。《孟子・告子上》：“欲贵者，人之同心也。”③志同道合；情投意合。唐・王维《送别》诗：“置酒临长道，同心与我违。”④指同一个中心或核心。宋・梅尧臣《杨乐道留饮席上客置黄红丝头芍药》诗：“万丝必同心，千叶必同萼。”

同心组织在这里指既有共同价值核心又志同道合的办学实体。用“同心”界定“组织”，既包含传统文化语义学的应有之意，也包含现代学校管理学的价值追求。

同心组织的本质是学校共同价值观在组织建设与实践运作上的核心追求,是组织行为的校内最高纲领和正确原则,也是评价组织行为"对错"(真理意义)、"好坏"(法理意义)或"高尚与低俗"(伦理意义)的刚性标准。同心的具体表现可概括为"三同":思想同频、认识同辙、实践同力。而同心组织的打造则相对繁巨,主要从三个方面实践建构:共识第一、团队至上、合作为本。

一、共识第一

共识,是组织内部对共同价值观的一致认知,是组织内部在思想上和认识上的高度统一。从纵向层面上看,共识是学校领导、中层和教师三者的共同认识;从横向层面上看,共识是校内成员在利益、制度、事业和使命等方面的共同认识。一个学校在共同价值观上形成组织共识,而组织共识将成为为学校奠定所有可能性的发展基石。

(一)共识是一种认同感与归属感

萨维奇在《第五代管理》中指出,怀疑和不信任是企业真正的成本之源。怀疑和不信任意味着认同感与归属感的缺失,意味着学校在办学成本上,尤其是人力资源成本上的虚耗,这种虚耗直接导致的是学校办学质量提升的举步维艰。共识建构的假设前提之一是——让所有人感觉在这个学校是安全的,都能担当职责赋予的能力,不会因为暂时的能力差距丢失价值和尊严或被边缘化。这是造就认同感与归属感的核心。

(二)共识是一种核心竞争力

福山在《信任:社会美德与创造经济繁荣》一书中指出:"效能最高的组织是那些享有共通伦理价值观的社团,先天的道德共识已经赋予社团成员相互信任的基础。"也就是说,共识造就信任,信任造就"效能最高"。《孙子兵法》"谋攻篇"中也指出"上下同欲者胜",即言官兵同心同德肯定能打胜仗。共识是组织内部一种不言而喻的契合,一种主动作为、主动担当的深切动机,一种"心往一处想、劲往一处使"的实践自觉。

二、团队至上

凝聚共识的主要目的是打造组织、团队的战斗力，前者是内在基础，后者是外在表现，一体两面，共同构建学校组织“其利断金”的实践张力。管理的常态就是带团队，带团队的本质就是熔铸同心。有些校长往往高估自己的精力、能力，以为自己能够代替所有部门、跨越所有学科，结果往往使自己沦入繁乱并让组织陷于观望。领导的确在人才的选拔和使用上可以发挥不可替代的作用，但就一般学校而言，“人才”是一个相对稀缺的概念。其二，比领导更有凝聚力的、对组织影响更为长远的应该是对同心文化核心价值的深度体认。其三，个人的力量永远是有限的，建立在个人力量基础上的团队智慧才充盈着无限的可能性，特别像教师这种职业，最短的那块“板”决定着质量“木桶装水”的高度。下面这则关于蚂蚁的生态现象，也许是关于团队至上的震撼解读：

在洪水到来时，小蚂蚁会倾巢而出，紧紧抱在一起，形成一个大大的圆球，人们称之为“蚁球”。小的蚁球有足球那么大，大的则有篮球那么大。蚁球便在洪水中随波漂流，中途会有小团的蚂蚁不断被浪头打开。如果能够靠岸，蚁球就会有秩序地一层层散开，迅速地一排排冲上堤岸，胜利登陆，蚂蚁们得救了。而那些留在最底层的蚂蚁是英勇的牺牲者，它们的尸体虽然最终只能在水中漂浮，但仍会紧紧地团抱在一起。

蚂蚁的“抱团”精神同样在南美洲的草原上上演着令人震惊的场面。酷热的天气，山坡上的草丛突然起火。无数只蚂蚁被熊熊大火包围，火的包围圈越来越小，很快，蚂蚁已无路可走。就在这时，惊人的一幕上演了：蚂蚁们迅速聚拢起来，紧紧地抱成一团，很快就滚成一个黑乎乎的大蚁球，蚁球滚动着冲向大海。随着“噼噼啪啪”的响声，蚁球很快就烧成了一团火球，火球外围的蚂蚁被烧死了，但更多的蚂蚁得以绝处逢生。

学校组织不是“蚁球”，一般也无生命之忧，但一定要在价值认同的基础上融入团队，才能最大化地实现自己的价值。正像郦波教授说的：“每个人的生命就像一滴水一样，就算你再饱满，放在阳光下没多久也就被蒸发掉了。这滴水怎么才能不被蒸发掉呢？很简单，放入旁边的长江大河，汇入汪洋大海之中，就永远不会被蒸发掉。这是为什么？这就是价值存在。

你把你这滴水放入长江、大河，就获得了一种价值存在。”哲学家叔本华说得更直接到位：“单个的人是软弱无力的，就像漂流的鲁滨逊一样，只有同别人在一起，他才能完成许多事业。”总之，组织中的个体都应该追求自己的独特价值，而这种独特价值的最大化要在团队至上的冶炼中才能更好地彰显出来。

三、合作为本

共识第一、团队至上侧重从同心组织的思想、认识上进行概括表达，而合作为本则主要从实践机制的角度阐述同心组织的现实可能和运作方式。

合作是文明的基础，也是现代化、国际化的关键词，更是我校打造同心组织的基础和载体。在具体的实践中，我们主要参照罗伯特·阿克塞尔罗德《合作的进化》和艾伯特·O.赫希曼《退出、呼吁与忠诚——对企业、组织和国家衰退的回应》的相关理论进行实验性尝试。

（一）善良与忠诚

学校组织的本质应该是善良的，而善良是合作成为可能并持久进化的根本保证。“如果一个善良的策略，如‘一报还一报’，最终被所有人采用，那么采用这个善良策略的个体，在与其他人相处时就能够表现得宽宏大量。事实上，一个善良策略的群体，能够像保护自己不受单个个体侵入一样保护自己不受任何这类策略的小群体侵入。”“这些结果绘出了一幅合作进化的图画。合作能从小群体开始，在善良、可激怒和某种宽容的规则中逐步成长，并且一旦成为一个群体，采用这种有识别力的策略的个体就能保护自己不受侵入，总体的合作水平是在上升而不是下降。换句话说：合作的进化是不可逆转的。”（《合作的进化》）也就是说，善良是相信每个个体都有独特的存在价值，善良是宽容不同个体暂时存在的可能差异，善良是呵护所有成员的身心健康，善良是人人平等的生命敬重……善良的组织着力培植的是忠诚的个体，哪怕是忠诚的反对派都能促进合作的进化。赫希曼认为：“如果没有忠诚的情感掺杂于其中，则成员们就很可能低估自己对组织的影响力。因此，退出决策的形成和实施就会悄然进行。忠诚主义者关注企业或组织的发展，因而，通常是挥舞威胁‘棍棒’的主体；退出或改换门庭对他们而言是一个痛苦的选择，除非是机关算尽，决不轻易离去。”（《退出、呼吁与忠诚》）任正非甚至鼓励这种忠诚的反对，他说：“如果真想了解华为的事情，就请看我们的心声社区。在心声社区里，即使骂公司的帖子也不会被封，反而是人力资源部要去看看他骂得怎么样，如果骂得很对，就开始调查，再看看前三年他的业绩，业绩也很好的话，就调到公司秘书处来，帮助处理一些具体问题，培训他、锻炼他，半年以后把他放下去，这些种子将来迟早是要当领袖的。”[①]

（二）组织愿景与个人利益

阿克塞尔罗德认为：“如果未来相对于现在是足够重要的话，双方的合作就会是稳定的。”因此，要让影响未来的不同方法系统化，“有两个基本的方法来做到这一点：使相互作用更持久和使相互作用更频繁”。在学校组织的日常生活中，要做到相互作用更持久、更频繁是相对容易的。如校内的各种仪式、会议、活动甚或是在同一环境中的邂逅，真是“抬头不见低头见”。在合作与非合作状态，不失时机地宣传学校已经做的、正在做的、将要做的，我们的学校会有一个怎样的未来。与此同时，我们必须尽量提升个人的收益值，不管是物质的还是精神的，也不管是心理的还是专业的。愿景的激励加上个人的获得感和成就感，是使合作稳定进化的另一种保障。同心组织需要美好前景的吸引，也需要现实利益的催化。

（三）相互关系与必需回报

在组织中，“一个促进合作的极好方法是教育人们关心他人的利益。家长和学校花了很大的努力去教育学生关心其他人的幸福。用博弈论的术语来说，这意味着这些长辈试图使孩子们形成这样的价值观念，即这些新一代的公民的偏好中，不仅有他们自己个人的利益，还至少在某种程度上结合了他人的利益”（《合作的进化》）。毫无疑问，这种利他主义的倡导容易使组织内部达成合作。因此，学校组织必须以包括制度在内的方式倡导并鼓励更多的人在更多的时候践行利他行为，让相互关心在校园蔚然成风。但与此同时，组织还需施行“必需回报”的相对宽容的合作策略。必需回报从道德的制高点上看，并不是一个理想的基础，却能够推动合作的伦理关系。如果单纯从道德的角度看，“己所不欲，勿施于人”是无条件合作

① 对话任正非两万字实录：最重要的是要沉着，我们想朋友遍天下[EB/OL].(2019-05-22)[2022-05-06].http://www.cankaoxiaoxi.com/china/20190522/2380835.shtml.

的最好策略，但在现实的具体运作中，它带有理想化的一厢情愿并有失公平。利他与回报是公平合作的基本规则，只有利他才能真正利己，只有必需回报才能使合作意愿不强的人能够自我控制、采取合作。“所以传授基于回报的善良策略对学生对社会并且间接地对教师都有帮助。难怪一位教育心理学家知道了‘一报还一报’的优点后，建议在学校里教会学生如何回报。”(《合作的进化》)

（四）可激怒性、合作退出与对话文化

合作的出现、发展和持续除了前面几个基本元素外，可激怒性、合作退出以及建立合作的对话文化也是同样重要的策略。所谓可激怒性，主要指回应不合作者的刚性制度，常言道：“组织有情，制度无情”，或谓之“提倡人性化管理，杜绝人情化管理”。当组织中的个体突破合作的底线，如劳动纪律上的迟到早退、师德上的体罚学生以及学校建立在“学生至上”核心价值追求上的相关合作规定等，可激怒性的策略随即做出反应。组织的善性是带着锋芒的，否则，合作将失去牢固的屏障。当然，学校组织是一个受过良好教育的团队，“有限的可激怒性是一个用表现达到稳定合作的策略的有效的特性。‘一报还一报’是用与对方背叛完全等量的背叛来反应。但在许多情况下，如果这个反应稍稍少于挑衅的话，合作的稳定性便可以得到增强。要不然，就很容易陷入彼此无止境地反应对方的上一步背叛。”(《合作的进化》)应该说，可激怒性是对合作进化的一种必要的策略选择，但在现实中，明显的合作背叛还是相对少见的，而比合作背叛更普遍、更要引起重视的是合作退出。其主要表现有：职业倦怠、消极工作、我行我素、随遇而安等。总之，其表现无“错”也无“功”，干多干少一个样，最好少干；干好干坏一个样，只要无过。这种现象既不是背叛，也不是我们所要的积极主动的有效合作，可激怒性策略并不适用。这种我们称之为合作退出的现象，其背后隐藏着人各不同的原因，可能是个人的、可能是家长的，也可能是组织的，而每一种“可能”还可能有迥乎不同的差异。解决这种现象的关键是找出其“人各不同”的原因，但更重要的是建立一种常态化、多样化的对话文化，以便消除遗留、凝聚现在、同心未来。学校组织也应建立一种对话文化，重建组织，促进合作，打造同心。

第二节 志心德育

德育是教育者根据一定社会和受教育者的需要，遵循品德形成的规律，采用言教、身教等有效手段，通过内化和外化，发展受教育者的思想、政治、道德和法制等几方面素质的系统活动过程。这是中国学校德育的通用定义，也是中国特色的“大德育”概念。在一种求全的、只要重要的就是必要的思维影响下，学校德育的内容还在无限延伸，如国情教育、心理健康教育、生命教育、环境教育、禁毒教育、廉洁教育等。“德育是一个筐，什么都可以往里装”，大凡能够举出其“重要性”一二理由的，即可大摇大摆地成为德育不可或缺的内容。人们或许忘记了一条常识性的原则：无所不包意味着无所适从、没有边界意味着取消其存在；属加种差是经典的定义方式，也是一个学科或一项工作研究所以深入和实践所以高效的基础。必须说明的是，我们反对的不是道德教育的重要性，而是道德教育重要性内容的泛化；我们反对的不是道德教育的根本性的作用，而是道德教育在“人之所以为人”这一核心上渐行渐远的淡化。我们认为，德育为先是必须坚守的观念，在这一前提下，最为重要的是如何实践道德教育核心本质的专业化。只有这样，我们才能直达实现中国学校教育“立德树人”的价值诉求。

基于现实性与专业化的思考，我们在基本的德育策略上赞同檀传宝教授提出的“守一而望多”的原则——“一”为道德教育，“多”为政治教育、思想教育、法制教育等与道德教育密切相关的重要性内容。与此同时，我们认为，把“一”划定为道德教育仍失于宽泛。“一”必须是道德教育中必备的关键素养，是决定道德教育以及其他教育的“牵一发而动全身”的根本性核心。这一核心，一方面既要体现传统中国与现代中国的主流价值观，另一方面又要体现自主发展、社会参与及文化基础的国际潮流。这一核心，我们认为就是“志心”：以人为本，必须以心为本；以心为本，必须以志为本。一句话，学生学生，向学而生，向志而长。学和志是一个人内在的互为因果的关系，为学要向志，立志即向学；学是学生的一种生活状态，志是学生的一种生命气象。换言之，志是学生全面发展的轴心，深切化、具体化、充盈化这一轴心，学生个体生命的发展将呈现自我期许的无限可能。“志之所

趋，无远勿届，穷山距海，不能限也。志之所向，无坚不入，锐兵精甲，不能御也。”(金婴编著《格言联璧》)

一、认识“志心”

《说文》:“志，意也。”“志”的本义为内心追求的目标。“心有所忆谓之意，意之所存谓之志。”志是“意之所存”，是心里始终追求的目标，这一目标不会因为时间或环境而轻易更改。这如同孔子所说的:“君子无终食之间违仁，造次必于是，颠沛必于是。”(《论语·里仁》)即便只是吃一顿饭或处急遽之中、危险之际，都不与“仁”须臾相离。“志心”就是这样一种之于目标深入血脉的坚守。“志心”，根据《汉语大词典》的解释是“心气”的意思，而“心气”最重要的词义是“志气、正气”。唐·韩愈《送侯参谋赴河中幕》诗:“尔时心气壮，百事谓己能。”宋·范仲淹《鄱阳酬泉州曹使君见寄》诗:“相期养心气，弥天浩无疆。”这说明“志心”不仅是一种如空气般不可或缺的精神，还必须是一种走正道、传播正能量的“正气”。“志心”的本质是“成为怎样的一个人”的心理期许，也是追求人生意义、价值、“应做些什么”的实践努力。

(一)为什么要有“志心”(人为什么要追求人生价值)

(1)人之所以要追求本身的价值，可能是想在茫茫人海中，为自己定一个位置；也就是要在茫茫大地上，为自己找一个立足点。有了这样一个位置或立足点，人就可以在意识中“确定”自己的存在。

(2)从人的力争上游之先天倾向来说，或者从人的自卑心理来说，人有一种期望“超拔”的愿望。“超拔”是向上的，高出于一个层次，“上”和“高”如同“优”或“好”，含有“尊贵”和“重要”，有值得欣羡和追求的意义。一个人要“出人头地”，做“人上人”，无论所指的出人头地之“处”或在人之“上”是什么，这个意向就在决定自己的价值。所谓“英雄”“豪杰”“忠诚”“义士”“圣”“贤”“才”“哲”都在这个方向之中。这些“人”之所以为“价值典范”，是因为得到了一般人的推崇和尊敬，在崇敬中所含的便是价值。

(3)人之追求人生价值，可能和人的“生命有限”有关。贾馥茗认为，西方哲学家和宗教家对“不朽”或“永生”讨论得相当多，但都从“生命”着眼。……比较起来，儒家似乎深明生死之理，接受了有生必有死的事实，所以把努力都放在“现世”，只求“尽一己之力”，“为天地立心，为生民立命，为往圣继绝学,为万世开太平”,以“负起自己生而为人的责任”,以造福天下后世的职志,且以贯彻古今的历史使命来建立自己的人生价值,为自己的生命建立了意义。

(4)为了找到“生存的理由”。尼采认为:“人唯有找到生存的理由,才能承受任何境遇。”“路漫漫其修远兮”是人生的常态,只有关于人生价值的精神追求,才能让人保持“上下求索”“矢志不移”的生命气象。

(二)要有什么样的“志心”(人要追求什么样的人生价值)

爱因斯坦认为:“不要去尝试做一个成功的人,要尽力去做一个有价值的人。”“成功”义同“胜利”,而价值在哲学中,与“善”“可取”“值得”“好”“应当”等概念具有共同的含义。前者是结果性的,后者是数量性的;前者是个别性的,后者是普遍性的;前者象征着某种高度,后者体认某种温度……“有价值的人”的底线是“做一个幸福的好人”,如教师教好了学生、医生治愈了病人,这是通过努力都应该能够做到的,都能为其生存的世界贡献这样那样的价值。当然,我们也鼓励学生“志存高远”,尽所能有更好的成长,尽所能有更大的贡献。这其中的要旨是:

1.尽量摆脱名利的羁绊

霍华德金森有一项长达20余年的调查研究,其报告《幸福的密码》最后的结论是:“所有靠物质支撑的幸福感,都不能持久,都会随着物质的离去而离去。只有心灵的淡定平静,继而产生的身心愉悦,才是幸福的真正源泉。”

2.根据自己的长处兴趣,在内心深处定义你的人生目标

弗洛伊德认为:“当你做小的决定时,应该依靠你的大脑,把利弊罗列出来,分析并做出正确的决定;当你做大的决定,如寻找终身伴侣或寻找理想时,你就应该依靠你的潜意识,因为这么重要的决定必须以你心灵深处的最大需要为依据。”

3.具体明确而又兼具挑战性

2004年7月1日,美国微软公司总裁比尔·盖茨在北京师范大学实验中学参加“教育部—微软公司携手助学”项目百间计算机教室启动仪式上,回答学生提问时说:“让计算机成为一种完美的工具,这就是我的梦想,毕生追求的梦想。到今天,这个目标已经实现了一半,我希望退休之前能够完全实现它。”目标具体明确,当然这是一个挑战性极大的目标选择,一般人无法企及。[①]

二、寄情“志心”

“志”内含“感情”意义。《左传·昭公二十五年》:“是故审则宜类,以制六志。”杜预注:“为礼以制好恶喜怒哀乐六志,使不过节。”孔颖达疏:“此六志,《礼记》谓之六情。在己为情,情动为志,情志一也。”寄情志心,就是要把“己情”内动于志,使之情志合一,抱一致远。因此,志心,不管解读为理想、目标还是人生价值追求,都要脉动内心深处的一往情深。美国著名作家爱默生说:“有史以来,没有任何一项伟大事业不是因为热忱而成功的。”伟大的事业需要“热忱”,平凡的事业同样需要“热忱”,哪怕是单纯为了提升自己“志心”的道德内涵,都要怀抱深挚的“热忱”。苏霍姆林斯基认为:“没有情感,道德就会变成枯燥无味的空话,只能培养伪君子。”情感是成功的原动力,情感也是人生价值实现的源头活水。一句话,情感,是人的内在生命(苏珊·朗格语);情感,是志心脉动的血脉。

寄情志心的核心是,尽量保持一种相对执着的情感品质。这就要求我们在以下三个方面做日常性的情感训练。

(一)内求可控

“我们绝不以自身的、自我评价的所谓情感质量苛求他人的回报、交换或反馈,我们既不施舍情感,也不乞求情感;我们力争做美好情感的辐射源,不做情感的‘黑洞’;我们不用情感做买卖,我们只用情感来建树友爱、争夺爱情;我们不设情感的陷阱,却情愿开辟景深幽美的情感溶洞,以储蓄和滴灌人间情感的奇花异葩;我们不允许情感之流的干涸,更不放任情感洪流的泛滥。我们臣服于一切有益于美化、升华我们的情感的道德感、理智感的规劝,但又决不听命于有损于情感健美发育的陈词滥调的囚禁。”(金马《情感智慧论》)可控,是在情感上自求和解。

---

① 盖茨首次走进中国中学课堂:考大学时我也很紧张[EB/OL].(2004-07-02)[2022-05-06]. https://www.chinanews.com.cn/news/2004year/2004-07-02/26/455094.shtml.

（二）外求化解

我们生在一个百年未有之大变局的时代，来自传统的或西方的各种情感纷纷扰扰，其中病态的必须屏蔽、积极的应该主动吸纳，一切以自己健康志心的成长为依据。哈佛大学长期作家赖德勒和他的同伴曾经断言：“当代社会的生存之战通常是情感的生存之战”，虽不无夸大，但精警地表达了日常生活中，情感之于个人生存与发展的重要影响。因此，我们对外在的情感现象必须保持警惕或谨慎，“不以物喜，不以己悲”，在丰富、完善自己志心的坐标上开放选择，主动化解。外在化解，是在情感上寻求与环境的发展平衡。

（三）深挚长久

内求可控与外求化解，其主要目的都在内心的相对平静、相对专注，而不是对内心情感世界的封闭。应该说，对人生价值的追求必须初心不改、矢志不移，在这一情感主轴之上，情感“换季”是保持初心、志心生命力的“土壤”，也是深化、强化初心、志心的“加油站”。我们以毛泽东及其诗词为例说明这一点。毛泽东在 17 岁那一年，父亲令其要么务农，要么经商。毛泽东给父亲留下一张纸条后离开了家乡：孩儿立志出乡关，学不成名誓不返。埋骨何须桑梓地，人生无处不青山。

“学不成名誓不返”的志向，虽不高远，但情感态度却异常豪迈而决绝。经过十余年风风雨雨，毛泽东在《沁园春·长沙》（1925 年）中“成名”的志向变得清晰而崇高，感情更加成熟而深挚：

独立寒秋，湘江北去，橘子洲头。
看万山红遍，层林尽染；漫江碧透，百舸争流。
鹰击长空，鱼翔浅底，万类霜天竞自由。
怅寥廓，问苍茫大地，谁主沉浮？
携来百侣曾游，忆往昔峥嵘岁月稠。
恰同学少年，风华正茂；书生意气，挥斥方遒。
指点江山，激扬文字，粪土当年万户侯。
曾记否，到中流击水，浪遏飞舟？

“成名”的核心已经裂变，本质化为“苍茫大地，谁主沉浮”这一关系国家、民族未来的使命担当，而感情在既往的豪迈中注入了深沉执着。正是这种一流的志向与一流的情感的合流，造就了毛泽东光辉灿烂的一流人生。

三、践行“志心”

如果说，“认识志心”是为了知道志、明确志，那么，“寄情志心”就是为了欲求志、激活志；而“践行志心”则是为了将对志心的认识与情感转化为一种日常的实践和生活方式。

（一）志心践行常模

志心不管是人生理想还是人生追求，其本质都是一种价值观，这种价值观将决定一个人如何生活与实践。可以说，志心，就是一个人人生观、世界观、价值观的核心。因此，在践行志心的过程中，我们必须让学生对自己的“志心”进行价值澄清（参照美国 20 世纪 70 年代价值澄清学派的操作策略）并建立践行常模：

1.选择

（1）完全自由地选择；（2）在尽可能广泛的范围内自由选择；（3）对每一个可选择途径的后果加以充分考虑，之后再进行选择。

2.寄情

（1）喜爱自己做出的选择并感到满足；（2）乐于向公众宣布自己的选择。

3.践行

（1）按做出的选择行事；（2）作为一种生活方式加以重复。

价值澄清的操作策略就是“志心德育”操作的基本模式。需要说明的，一是七个阶段完全经历后，志心才算相对具体明确；二是要充分尊重学生的主体地位，“教会学生选择”而不是自以为正确地“教会学生顺从”；三是要与学生的年龄及生活密切联系，重视教育题材、体验、方法的多样化；四是三次选择要有一定的时间跨度，第一次可在入学教育中试选，第二次可在具体“认识志心”之后，第三次放在学生对志心有了深入理解与一定体验之后，初中可选在初二上学期、高中则选在高一下学期；五是建立学校“志心德育文化”，促使“志心”根植于师生的生活方式及学校的有机文化氛围之中，关注志心、呵护志心、成就志心；六是教会选择、寄情、践行的基本方法;七是自由选择意味着自我担当,自我担当意味着直面自己的问题并主动寻找解决之道;八是开发志心德育校本课程《放飞志心》;九是建立“志心档案”;十是聘请校外“志心榜样”。

(二)志心作为一种生活方式的践行常态

当志心作为学生个体的内在动机与需要,展现了其向好发展、自我实现的主观欲求时,如何将这种“欲求”转化为一种生活方式成了践行志心的关键。在林林总总的践行方式中,我们认为,对话与体验是最主要的践行常态,对实现“志心作为一种生活方式”具有决定性的意义。

1.对话

对话是志心活在“嘴上”与“脑中”的生活样态,这种生活样态的重要意义在于提升志心思维的精准与张力。其中,最为主要的对话方式有如下四种:一是与经典人物对话。这主要是一种“穿越式”阅读性对话,古今中外的伟大人物为这种“对话”提供了无限丰富的智慧语境。二是与身边的榜样对话。这种身边的榜样可以是社会上的模范人物,更主要的是身边的老师、同学,他们就生活在自己的身边,他们践行志心的经验,散发着一种迷人的温度与馨香。三是与周围的同学对话。可以是主题班会式的,也可以是课余的漫谈,交流与触发、分享与共勉,让所有的人感到志心不孤、志心共振、志心可望。四是与自己的内心对话。每天花一定的时间对话自己在志心追求上的得与失以及如何让第二天的太阳比今天的更为明亮。对话是一种借鉴,也是一种模仿;对话是一种向往,也是一种思辨;对话是一种仰望,也是一种积淀。当对话无所不在,志心作为一种生活方式,特别是一种思维方式存在,使得“做人才被看成一件有希望的好事情”(马斯洛《人性能达到的境界》)。

2.体验

没有体验就没有德育。体验是志心践行的主要途径。现象学家梅洛·庞蒂认为:“身体并不是单纯的肉体,身体本身就具有‘我思’的功能;人只有经过身体的参与,让身体进入世界,才能实现自我。身体参与的具体形式就是体验。离开了体验,即便有理性上的‘知’,我们也未必真正能知。”体验,是学生对生活实践积极的、主动的参与,这种参与可能是学习实践,也可能是社会实践,还可能是自然实践,但无论是哪种实践,全身心投入才能积淀丰富的体验。这种体验是对个体存在的思考,也是对志心价值的体认;是对外在环境的响应,也是对内在心灵的倾听;是挥汗如雨的付出,也是意志品格的磨炼。当体验无处不在，志心作为一种生活方式，特别是一种体验选择，向着人生追求就又有了日胜一日的逼近。体验，用阳明心学的说法也许更为明晰——体验即“事上练”。学习即修行、生活即修行，不管做什么，都是一种体验、一种磨炼。王阳明先生认为：“人须在事上磨，方能立得住，方能静亦定，动亦定。”（王阳明《传习录》）一句话，人要把“事”当成精神的磨刀石，把实践体验当成志心的支撑点和生长点。

四、守望“志心”

“志”在中国古汉语中有“意志”的含义，其意为“心之所之”，即想要达到的目的。从“想要”到“实现”至少会有若干年，其间便要有一股持续不断的力量，这就是意志力。

“意志是由理性所掌控的。理性在认识方面形成了知识、科学、哲学，在行动方面形成了有意识的自觉的目的性活动，那就是意志活动。意志活动是理性在行动方面的运用，不是为了满足好奇心去单纯地认识世界、追求知识、爱智慧，而是用理性来掌握人的行动。意志活动的重要标志就是它有自己按照理性的普遍法则所设立的目的性。”（邓晓芒《哲学起步》）守望“志心”，就是要用强大而持久的理性意志来坚守价值、追求理想。

从“认识志心”、“寄情志心”到“践行志心”，只是“志心德育”的发生机制和一般过程，这一发生机制和一般过程并不是一蹴而就的，而是一种经年累月、任重道远的过程，离开了强大而持久的意志力，再美好的理想都只是白日梦。是意志力深化了认知、强化了情感、拓展了实践，使志心不管遭遇何种困难都能逢山开路、遇水搭桥，一直行走在通往目标的道路上。因此，在德育实践中，我们要极为重视以下三个方面的训练：

（一）程序和步骤

要达到你想达到、实现你想实现的，要做一系列的准备，首先要设计你行动的程序和步骤——先做什么、后做什么，从哪方面开始、从哪里突破，遇到问题如何解决、怎样克服自己一时无力解决的困难……尽量做到翔实周密。这是意志的工具性训练。

（二）强度和持久

意志发动之始，自知不是因为冲动，而是经过深思熟虑的计划，在认识、情感、计划等都已准备周详后，当全力以赴、心无旁骛，若如是，意志应有强度；另外，目标的追求不在一朝一夕，即使其终点不一定与生命的终点相合，也会是一个艰难的历程。这一历程与目标同样美丽，犹如夸父追日，虽败犹荣、虽死犹生，重过程甚于重结果，意志方能持久。当然，学校在这一过程中要尽量提供关于意志力强度与持久的训练，如体育运动、劳动等，让学生在爆发力与耐力的训练中体验意志的相同品质。这主要是意志的心理性训练。

（三）主宰与自律

“心的主宰作用使人超脱自然法则的约束，便是使人‘得到自由’。这是一种‘心灵的自由’，也是最高贵的自由。”“用通俗的事例说，心灵主宰自己就是使自己不屈服于本能的需要和嗜欲的诱惑，能够不为切近的‘享乐’或‘快感’驱策，而追求‘真正的幸福’。……心灵主宰之超出物质和本能需要以及排除嗜欲而有精神享受，见于‘杀身成仁’的舍弃生命；见于饭疏食饮水、箪食瓢饮、居陋巷而不改其乐；见于放弃本身享乐，不辞苦难，而救济贫苦灾难的人士；更见于追求心灵安宁并探讨精神领域的学者。它是人类进入人文境界后表现出来的人的特性。”（贾馥茗《教育的本质》）主宰的本质是，只要坚信自己的追求能让社会更加美好，就能放下一切羁绊，实现“虽千万人吾往矣”（《孟子·公孙丑上》）的自我选择、自我超越。而自律则是道德的本质，也是志心的本质；“自律就是给自己建立规则、建立法制，自己遵守自己的规律、自己的法则。”（邓晓芒《哲学起步》）主宰与自律，就是“我的人生我做主，我的人生肯负责”，这主要是自由意志的人格训练。这方面在学校教育中，主要通过美术类与科技类的创新活动来加以训练。

“志心德育”的本质是以“立志”为核心的德育文化工程，它以个性的本质为核心，以核心的关键为灵魂，在一种人生价值追求的驱动下，“牵一发而动全身”，激活德育，“晓之以理、动之以情、导之以行、持之以恒”的发生机制和“立德树人”的主流价值诉求，“道之所存”难且重要，吾辈当鞠躬尽瘁，奋力前行！

第三节 慧心教学

要解读慧心教学,我们得简要地理解教学中的不变与变以及慧心的主要意蕴,这是前提性的。教学中的"不变",是指教学的本质在于教授知识、培养能力、发展思维、提升智慧、塑造人格,也即促进人(即学生)的成长,这一本质是永远不变的;教学中的"变",是指教学实践必须在"人的成长"这一基点上发生、发展、演进,因社会进化而变、因人各不同而变。不变是变的出发点与归宿,变是不变的实现途径、方法、手段;不变是变的目的,变是使目的尽可能逼近、拓展与个性化。一句话,不变研究发展什么,变研究怎么发展。而慧心意为聪慧的心思,即智慧,其在教学实践中的具体表现可称为教学机智,教学机智是教学智慧的意蕴。顾名思义,慧心教学即通过智慧与机智促成学生的成长,是发展什么和怎么发展的内在统一,是教学情景中利他主义主观能动性与受教对象的无缝衔接,也是灵魂与灵魂在适当的时机以恰切的形式迁移、激发与点亮。主导教学中师生关系的是教师,教师的教学方式决定了学生的学习方式。因此,我们在谈论慧心教学的时候,侧重从教师的角度来展开。

一、教学中慧心(机智)的重要性

马克斯·范梅南认为:"教育智慧与机智指的是那种能使教师在不断变化的教育情境中随机应变的细心的技能。教育情境是不断变化的,因为学生在变,教师在变,气氛在变,时间在变。换言之,教师不断地面临挑战,在意想不到的情境中表现出积极的状态。正是这种在普通事件中捕捉教育时机的能力和将看似不重要的事情加以转换使之具有教育意义的能力,才使得教学的机智得以实现。"(马克斯·范梅南《教学机智——教育智慧的意蕴》)

根据范梅南教授的研究,机智之于教学的重要性主要表现在两个方面:

(一)机智能对意想不到的情境进行崭新的、出乎意料的塑造

范梅南认为:"在意想不到的情况下,教师应该马上知道该说什么或做什么,这样才能机智地修正偏差或重新将课堂引到具有教育意义的方向上来。"因为有慧心的教师能够深切地认识到课堂体验对于学生所学的最终意义,并在意想不到的情况下适切地分辨出教育时机中蕴藏的意义因素,从而将计划调整到适合学生的性情、状况或课程的教育价值上。慧心的教师知道教案是必须的,但课堂是生成的;根据教案以不变应万变是愚蠢的。课堂的每一分钟都具有价值,而只有机智能赋予它意义。

(二)机智在孩子们的心灵上留下痕迹

慧心不是油腔滑调或卖弄小聪明,其深层意蕴在于对人性、对真理的洞若观火。因此,体现慧心本质的机智不是一种技巧,尽管它在具体情景中要通过语言(包括肢体语言)、手段等来进行,但它关注的重心永远是学生成长中的积极因素。"'真正可以称作教育的教育基本上就是性格教育'。许多对教育有过深深思索的人认识到教育不能只限于给孩子们灌输某种知识和各种各样的技巧。教育学总是关注这个与众不同的人:这孩子是什么样的人,他正在成为什么样的人。"当一个孩子偷懒不刷牙就上床睡觉时,他的父亲与他商量:"那就只刷你想留下来的那几颗牙齿?"这是用一种幽默的机智告诉孩子刷牙的真相以及关于健康、成长的本质性联想。讲深了,这是现象学"现象即本质"在生活中的一种表现机智。机智看似一种偶然性的即兴表演,但又透析出"慧心"深处关于教育的、成长的用心良苦。只有这样,机智才是教学过程的重要表现形式,才能在学生们的心灵上留下积极有益的痕迹。

二、引领教师走向慧心教学的六个路标

约翰·哈蒂在《可见的学习》一书中总结出引领教育通往卓越的六个路标,我们对其建立在实证主义基础上的宏大研究敬佩有加。这里我们借用其"六个路标"作为引领教师走向慧心教学的参照,本校化的路标只能等待日后思考与实践的深入。

哈蒂教授的六个路标是:

(1)教师是学习最大的影响因素之一。

(2)教师需要发挥其指导作用,有影响力,有爱心,并且有积极参与到教与学当中的热情。

(3)教师需要注意到每个学生的所思所知,并以此来构建意义和有价值的经验,精通他们所教的内容并有深度地理解,提供有意义和适当的反馈,使每个学生通过不同水平的课程获得持续的进步。

(4)教师需要了解他们课程的学习目的和成功标准,知道他们在多大程度上帮助所有学生达到了这些标准,并且依据学生已有知识和理解与成功标准之间的差距,知道下一步往哪里去,即回答三个问题:"你要去哪里?""你怎么到达那里?""下一步去哪里?"

(5)教师需要从单一观念迈向多元观念,并把这些观念联系起来,然后予以扩展,使学习者能建构并重构知识和观念。重要的不是知识或观念,而是学习者对这些知识和观念的建构。

(6)学校领导和教师需要营造一个良好的学校、办公室和课堂环境,在那里,错误受到欢迎、被视作一种学习的机会;在那里,放弃不正确的知识和理解是被鼓励的;在那里,参与者能有安全感地去学习、重新学习以及探索知识和理解。

"六个路标"从影响力、激情、学科素养、师生关系等方面进行界定,既相对本质又相对周全,其中最为核心的参看该书"实践密码"章节,此处不再展开。

三、慧心教学的目标

我们认为,约翰·哈蒂教授《可见的学习》一书的研究结论,在我校现阶段的理解和实践水平上,适合作为慧心教学的未来目标。哈蒂教授认为:"有经验的专家拥有教学内容知识,可以灵活地和创新地运用到教学上;他们更善于根据课堂情境的背景特征进行即兴发挥和改变原有的教学计划;他们能从更深的层次去理解学生个体在任何规定的学业任务中的成功与失败的原因;他们如此了解学生,使得他们更能设计出适合学生发展需要的学习任务,吸引、挑战甚至是激发学生,而不是让学生感到单调乏味或者难以企及;他们更能为那些可能在学习新概念时遭遇困难的学生做出预测和规划;当事情进展不顺利时,他们能够更加容易地及时做出调整;他们更能对学生的成功和失败的原因生成准确的假设;他们带着明确的激情投入教学工作。"

这一目标主要包括:知识与知识运用、教案与教学机智、洞悉学习与最近发展区、关注与帮助后进生、成败与教学分析、激情投入等。

四、慧心教学的现实耕耘

我们相信,慧心教学的成熟将彻底改变学校的教学质量,但限于目前我校理论研究的程度,特别是在实践的力度上与理想的目标存在较大的距离,因此,质量的根本性改变任务仍异常艰巨。但我们不能因为艰巨就放弃或无所作为,我们只能立足现实、只争朝夕,沿着预定的目标竭尽全力。目前,学校主要致力于创造四个方面的机智,改变学生四个方面的“慧心”。

(一)师生关系与向学之心

向学之心是学生以学为主的根本性、主体性问题,也是慧心教学的起点和基础。根据《可见的学习》中的大量分析,大多数不希望上学或者不喜欢学校的学生主要是因为他们不喜欢自己的老师。中国传统文化也早有“亲其师”才能“信其道”的说法。因此,要培养学生的向学之心,打造慧心教学,师生关系是逻辑前提,也是与教学成效相伴始终的关键。史蒂芬·平克认为:“关系是一种态度,就像相信什么、想要什么、希望什么、假装什么一样。”(史蒂芬·平克《心智探奇》)也就是说,只要教师相信学生、尊重学生、帮助学生,学生会以同样的方式回馈教师,换言之,态度决定关系。“在以人为本的教师的班级里,学生学习更投入,更自重和尊重他人,抵制行为更少,有更多的非指导性(学生自发和调控自己的活动),学生的学业成就更高。……(教师)要表现出他们关注每一个拥有自己人格的学生的学习(从而向学生传递有关他们自己的目的和优先事务的强烈信息),并对学生有着深入的移情,‘理解他们的看法,与他们交流,使他们获得其自我评价的有价值的反馈,感到安全,并带着同样的兴趣和关怀去学习理解他人及学科内容’。”(约翰·哈蒂《可见的学习》)可以说,良好的师生关系是慧心教学的第一机智。我们以魏书生的一堂公开课(在一个基础差的班上开的公开课)来加以说明:

课前,他跟学生商量:“魏老师要讲公开课了。”学生说:“别在我们班讲,到那个好班级讲。”他问:“为啥?”学生说:“我们什么都不会。”“不会才要学。”学生说:“学也学不会,我们紧张。”“上课又不是打仗,紧张什么。”

"上课是我们的弱项。""是弱,不弱咱能到这儿来嘛！千万别想向老师们展示咱们有多强,需要展示一个真实的状态:我们很弱、起点很低、成绩很差,但我们决不自甘放弃,我们会从很低的起点上一点点朝前挪、一步步朝前走,展示循序渐进、不断向前的状态怎么样?"学生们说:"那他们不嫌我们慢?""不嫌,咱们不是慢班嘛!"学生问:"老师您讲什么课?""讲小说《最后一课》。""那咱们提前预习一下吧!"

"预习什么呢?"魏书生问学生。学生说:"生字。""这课几个生字?""4个。""4个生字还记不住吗?""老师,这点事没问题,肯定给你记住。""还有什么?""生词。"魏书生又问:"几个?""7个,有点多。"学生答道。"那去掉一个。""还是有点多。""去掉4个,剩3个了怎么样?""3个可以啦!"魏老师再问:"还有什么?""还有文学常识,小说三要素……"大家都一一做了预习,信心百倍地准备好了。

上课的时候,老师们全来了,教室坐得密密麻麻的。"我往前面一站,学生们乐了,心领神会嘛！谁也不紧张。"魏书生开口问:"咱们该学哪课书啦?""《最后一课》。"学生响亮地回答。"《最后一课》的体裁是什么?""小说。""预习了吗?""预习啦!""预习什么?""生字。""几个?""4个。""谁会?""全会!""好,还有什么?""生词。""几个?""3个。""谁会?""全会!""还有什么?""文学常识。""怎么样?""全会!""真的假的啊？谁来说说?"学生们个个踊跃举手,课上得热火朝天、兴高采烈。老师们看得目瞪口呆。"这是咱们全校最差的一班学生吗？学生学习积极性怎么这么高呢？真是难以想象啊!"(刘彩琴《魏书生的教育人生》)

魏书生这堂"商量"出来的公开课,质朴得有点"土",但体现了对学生(主要是适应不良的学生)的尊重与信任,从而为学生找到了进入课堂的可能性,找到了建立师生良好的教学关系的途径,也培养了学生的向学之心。这个课例在机智上的表现主要有三点:

1.克制

"克制的一种特别之处在于忍耐,能够沉着平静地等待。"这在课例中主要表现在要认识几个生词的商量细节。"何时克制自己,何时忽略什么事,何时该等待,何时'不去注意'某件事,何时后退几步……这些机智的领会对孩子的发展来说是一个十分珍贵的礼物。"(范梅南《教学机智》)

2.对孩子的体验的理解

在课例中主要是对孩子们的"紧张""慢""什么都不会"等既往体验

的理解。范梅南教授认为:“对孩子的经历保持开放,意味着努力避免用一个标准的和传统的方式来处理情况。这里的思想开放意味着一个人试图从成人(老师和父母)以外的角度来看待孩子的经历。”(范梅南《教学机智》)

3.尊重孩子的主体性

这个课例体现了机智的一个重要原则,即“把他人看作主体,而不要看作客体”,这是“尊重”的本质性表现。范梅南教授认为:“一位机智的教育者认识到要跨过街道走过来的不是孩子,而是老师。老师必须知道‘孩子此刻在哪儿’,‘孩子是怎样观察事物的’,这个学生从他本身的角度遇到了什么样的困难,因而不能跨过街道走进学习的领域。老师应该站在孩子身边,帮助孩子认识要跨过去的地方,为孩子寻找有效的方式,帮助孩子顺利走到另一边来,走到这个另外的世界中来。……一个增强了意识、提高了责任感和理解力、茁壮成长的世界中来。”(范梅南《教学机智》)

师生关系主要是在教与学的过程中建立起来的,但也不排斥在教学之外的辅助性实践。我们想说的是,师生关系的健康发展是慧心教学的第一机智,是提升教学质量的恒久力量。

(二)不确定性与尚思之心

在我们传统的教学里,从过程到方法、从提问到答案,一切都是预设的。我们的教学太急于教给学生什么,以致经常剥夺了学生自主思考的机会以及发展思维的可能性。雅斯贝尔斯认为:“在一个人的理论学习过程中,尽可能地涉足实用材料,着实是一个很好的理念。但即便如此,最重要的因素仍然是:活跃的头脑、领会问题并提出疑问的能力、方法的掌握。”(雅斯贝尔斯《大学之理念》)理论学习如此,其他方面的学习亦如此。可以说,让学生学会思维,乃是教学的中心,更是慧心教学的本质。因此,培养学生爱思能思乐思,无疑成了慧心教学成败的关键。

那么,如何搭建平台、提供机会、启迪思考呢?我们认为,最重要的机智是,改变传统教学的预设性,让教学进入一种基本上可以预期的不确定之中。理查德·格里格和菲利普·津巴多认为:“判断和决策过程必须以一种让你能有效地处理不确定的方式进行操作。”(《心理学与生活》)判断是通过它你形成看法、得出结论以及对事件和人做出评论性评估的过程;决策是在没有提示的情况下,自发地做出选择,选择和拒绝可用的选项的过程。在日常的教学实践中,不断地做出判断与决策乃是思维训练的主渠道。认知心理学奠基人之一赫伯特·西蒙认为,“同人类所生活环境的复杂性相比,人类的思维能力非常有限”。因此,人类一定愿意“找到问题的‘足够好’的解决方法以及行动的‘足够好’的路线”。据此,西蒙提出,思维过程受到有限理性的指导。你的判断或决策可能并不像理想中的那样好——那样“理性”,但是,你会看到它们怎样产生于你把有限的资源应用到要求迅速行动的情境这样的过程之中。(以上文字参见《心理学与生活》)总之,让教学陷入一种相对可控的不确定性中,学生的学习也就处在一种不断做出判断与决策的思维运作之中。

范梅南《教学机智》一书中有一个这样的例子:

在十一年级的英语课堂上,每个学生都被指定一个短篇故事来作讨论和解释。老师向学生反复解释了通读所有故事的重要性:“你当然不会愿意来讨论一篇其他人没有读过的故事吧。这些故事都很有趣,请大家都通读一遍。同时这也是尊重你的同学们。”这点大家都明白。(当老师提到以前老师常常准备和学生讨论一些学生根本就没有兴趣阅读的材料时,他们似乎吃了一惊)

现在每一个故事大家都读了一遍。每个学生对指定的故事还阅读了多遍。故事的讨论常常是非常生动活泼的,同学们的理解既带有个人的看法,又很有见地。就像每一个读者一样,学生们往往都基于自己经历的背景来理解这些故事。斯蒂芬正在脑海里搜寻词语来解释洛里所讲述的故事,他说尽管故事很有趣,却对他“一点用也没有”。这时,老师请求允许她来解释一下斯蒂芬的观点。老师运用斯蒂芬的话,十分巧妙地阐述了用来娱乐的“消遣文学”(escapist literature)和增加我们理解力的“阐释性文学”(interpretive literature)的区别所在。两者都是很有价值的文学形式。而且,当然,有时对于一个人来说是阐释性的文学,对于另外一个人来说却是消遣性的文学,因为这个人只觉得故事很有趣,但并不为故事所打动。

结果,由于老师的巧妙干预,斯蒂芬和洛里两人都发现他们各自对这篇故事的看法得到了老师运用的文学概念的确证。老师也很高兴,因为,为了帮助斯蒂芬和洛里澄清对故事的不同反应,她成功地以一种他们俩都很可能不会忘记的方式,使他们俩的学习更加稳固。他们将明白阐释性的文学是那种打动某个人的文学,但它也可能对另外一个人来说还不足以动人心弦。我们有时都读过这样一本书,它就像一段余音缭绕的旋律一样,不让我们摆脱出来。我们必须去理解它。我们将它推荐给朋友们阅读,以期与他们一道来讨论。阐释性的文学是那种让我来理解语篇而又好像语篇在理解我的文学。相反，消遣性的文学，可能仅仅因为它给我提供的经历或兴奋才有价值。但是，阅读消遣文学的体验是瞬间和短暂的、易于忘记的，就像在周日下午喝杯及时的咖啡一样。

范梅南认为“个性成长就是深层次的学习”。实际上我们也可以说，深层次的学习就是思维的加深与拓展的学习。而以上的课例只是关于故事的讨论——一种简单的不确定性，至于“创造力项目”“基于问题解决的学习”“合作与竞争学习”“探究式学习”“项目式学习”等所呈现的不确定性之于思维的训练则远超一般性的故事讨论。从根本上说，慧心教学的基本过程，就在于经由不确定性的方式开启教学的思维世界，让学生在其中自主地判断与决策，在神思激荡中打开智慧发展的无限可能。

（三）价值引领与成人之心

慧心教学以唤起学生的向学之心为起点，以训练学生的尚思之心为基本过程，但这其中仍欠缺一分教学的灵魂。这一灵魂涉及教育的核心性追求，也涉及慧心教学的价值取向。这一灵魂就是对真、善、美的内在欲求，即成人之心。价值引领是终极性的教学机智，它从最根本的、最长久的角度撬动向学、尚思的内在动力以及生长方向，它赋予学习以生命的意义，又让生命因学习而充盈饱满。瑞士教育家裴斯泰洛齐指出：“成人期望好的品质，孩子愿意对它们敞开胸怀。但是，孩子想要那些好的品质并不是为了老师。孩子是为了他自身才想要那些好的品质。而且，你想让孩子具有的好品质不应该受到你的心血来潮或一时激情的支配；相反，它必须本身就是好的，在本质上就是好的。而且，它必须让孩子觉得它就是好的。然后，在孩子期望同样好的品质之前，孩子必须感觉到你是根据它的情境、它的需求来期望好的品质。孩子想要所有他喜欢的东西。孩子想要所有那些给他信任的东西。孩子想要所有那些唤醒他内心伟大的期望的东西。孩子想要所有那些给他以力量，那些使他能够说‘我能够做到’的东西。但是，这种期望的产生，不是用言语，而是通过对孩子无微不至的关心和因此而唤醒的孩子内心的情感和力量来达到的。言语并不能产生事物的本身，而仅仅能够唤醒对事物的意识和清晰的看法。”（裴斯泰洛齐《斯坦瑟信》转引自马克斯·范梅南《教学机智》）所谓的“期望”就是引领与自我引领，所谓“信任的”“伟大的”“力量的”等即品质的、价值的。价值引领的机智将深切而又持久地影响学生成为他想要成为的人——既“合格”而又兼具独特个性与价值的人。数学家苏步青先生回忆自己的成长经历时,满怀深情地述说了其初二数学老师杨霁朝老师的价值引领对他产生的巨大影响:

他满脸热血,一身热情。第一堂课,老师没有马上讲数学题。“当今世界,弱肉强食。列强倚仗船坚炮利,对我豆剖瓜分,肆意凌辱。中华民族亡国灭种之危迫在眉睫!”他一口气讲到这里,在座的每一位同学都感受到了救亡图存的责任。接着,杨老师把话引入正题:“要救国,就要振兴科学;要发展实业,就要学好数学。”这堂课使我彻夜难眠,终生难忘。

我想,过去陈玉峰老师(小学五年级)教我好好读书,报答父母的培育之情;国文老师要我当文学家,历史老师要我当史学家,都没有跳出个人出息的小圈子。而今杨霁朝老师的数学课,却让我把个人的志向和国家的兴亡联系起来,我动心了,也仿佛感觉到自己懂事了一些。

以前,我并没有对数学产生多大的兴趣,尽管前两年的数学成绩也总是全班第一。我觉得文学、历史才有浩瀚的知识可学,而数学不免显得简单乏味了。但是杨霁朝老师的数学课能吸引住我。那些枯燥乏味的数学公式、定理一经他讲解就变活了,那一步步的推理、演算、论证,就像一级级台阶,通往高深、奇妙的境界。杨老师还带领我们测量山高、计算田亩、设计房屋,这些生动活泼的形式在学生中间产生了极大反响。我在这些活动中干得最起劲,杨老师出了许多趣味数学题让我们竞赛,每次我都能取得好名次。(苏步青《神奇的符号》)

应该说,价值引领是一种神奇的机智,它为学习提供动力,为生命注入底蕴,为人生指明方向;它使枯燥变为鲜活,使抽象变为奇妙,使负累变为享受。因为价值引领,慧心教学让学习成为风景、让生命插上翅膀。

第四章

“文心教育”的实践

第一节　管理者十条

为了更高效地开展学校办学实践，从根本上提升学校的办学水平，充分满足“办好人民满意的教育”的时代要求，我们积极探索并确立学校办学管理的发展之道。

张俊伟的《极简管理：中国式管理操作系统》一书中，对“管理”一词有过语义学角度的形象解读。他认为，“管”原意为细长而中空之物，其四周被堵塞，中央可通达。使之闭塞为堵；使之通行为疏。管，就表示有堵有疏、疏堵结合。所以，管既包含疏通、引导、促进、肯定、打开之意，又包含限制、规避、约束、否定、闭合之意。理，本义为顺玉之纹而剖析，代表事物的道理、发展规律，包含合理、顺理的意思。管理犹如治水，疏堵结合、顺应规律而已。所以，管理就是合理地疏与堵的思维与行为。但随着人类社会由农业、工业进而跨入信息时代，管理“疏堵结合、顺应规律”的内涵与外延都发生了深刻的变化。正如管理学之父彼得·德鲁克所说的：“这不仅是一场在技术上、机器设备上、软件或速度上的革命，更是一场‘观念’的革命。”基于此，德鲁克认为：“管理是一种工作，它有自己的技巧、工具和方法；管理是一种器官，是赋予组织以生命的、能动的、动态的器官；管理是一门科学，一种系统化的并到处适用的知识；同时管理也是一种文化。”管理已经从经验管理时代、科学管理时代走上了文化管理时代。

呼应信息时代发展和民族伟大复兴的呼唤，我校在办学管理上主要以文化管理为目标，渴望建构“基于价值的领导”，在共同价值观的建立、管理者角色的转变、畅通信息沟通机制、完善管理标准、打造高效团队等方面进行开拓性的实践探索，并主要以“管理者十条”（图 4-1）作为实践纲领，边学边做边改。下面是这十条的相关解读及实践故事。

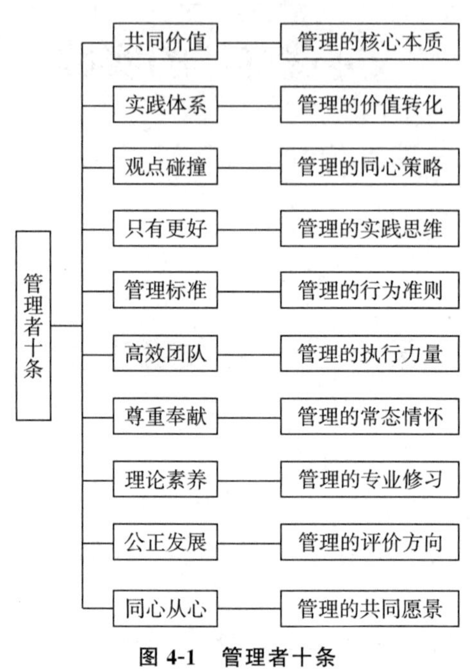

图 4-1 管理者十条

一、“共同价值”是管理的核心本质

学校的办学管理应以共同的价值观为核心，这已是学界共识。石中英教授认为：“它是从多样的学校价值中抽取的带有基础性的或能够成为不同价值主体共同选择的价值目标。”这说的主要是共同价值观的凝练。张东娇教授认为：“价值观是关于价值的一定信念、倾向、主张和态度的系统观点，决定着人们对事物的判断、选择和取舍，从而影响和决定着其行为。它能够形成一种组织文化氛围，对人产生内在的规范性约束，是培养认同感的关键；能够把个体目标与组织目标结合起来。”这主要是关于共同价值观的解读。台湾中原大学张光正认为：“有理念（即共同价值观）之组织方能长治久安，有理念之组织方能塑造优质之组织文化，有理念之组织方能凝聚组织之共识，有理念之组织方能分享共同价值观。”这说的主要是共同价值观之于组织的意义，即之于管理的重要性。

我校的学校文化管理以“文心”为核心关键词，其共同价值观主要体现在“同心从心，心往力行”的独特追求上。“同心”是教育理念，“从心”是教育主张，“心往力行”则是教育实践的过程与方向。“同心从心，心往力行”已经成了我校耕耘现实文化的“犁耙”、培养认同感的“灯塔”、构建竞争力的“柱石”、打造可持续发展的“图腾”。一句话，“同心从心，心往力行”不仅是我校管理理论上的逻辑演绎，也是我校管理实践上的全面拓展。目前，我校主要从“文化人”和“文化力”两个方面实践这一核心本质。

（一）培养“文化人”是管理方针

“文化人”有三层含义：一是“变成”，意指“文化人”是一个改变的过程，也是一个改变的结果；二是“以文化人”，意指“文化人”主要通过知识等的教化来达成；三是知识渊博、举止优雅的人，意指“文化人”的主要特征。学校是育人的场所，其本身就是一种文化存在；人，是教育的出发点和归宿，而作为处于“文化存在”的学校的“人”，自然是以一种“文化人”的角色存在其中。这样的“文化人”与传统的作为“容器”被灌注的“工具人”就有了本质的区别。因此，作为培养“文化人”的学校，必须本着依靠人、尊重人、激励人、成就人的原则，从物质文化、行为文化、制度文化、精神文化四个层面，或有形或无形地淬变“人”的精神气质，最终达成“文化人”“腹有诗书气自华”的高贵风度。

（二）打造“文化力”是管理形式

沈曙虹先生认为：“学校文化力是学校文化所产生的‘能量’，是学校文化元素对学校成员发展的作用力和对公众的影响程度，是基于学校文化的一种特定的、个性化的综合力量。”他又说：“作为价值观的学校文化，它往往体现在办学理念上，这个办学理念必然会产生精神力；作为行为方式的学校文化，它往往体现在办学行为上，这个办学行为必然会产生行动力；作为物化形态的学校文化，它往往体现在办学环境上，这个办学环境必然会产生形象力。”简单地说，“文化力”是学校管理内在生成和外在践行的文化自觉，一种不言而喻、无须提醒的进取力量，它与传统管理主要依靠外在的强力控制迥乎不同。因此，如何让共同价值观穿透办学理念、办学行为、办学环境成了激活、放大“文化力”的关键，成了学校办学管理优质高效的“定海神针”。

目前，我校在培养“文化人”、打造“文化力”的实践中付出了尽可能多的努力，办学管理从外延式向内涵式发展也取得了初步的成效。主要经验被我们通俗地称为“软硬兼施”：一是“硬件要软”，赋予办学条件、设施等较为丰盈的思想文化，“让每一面墙壁会说话”（苏霍姆林斯基语）、让每个角落“讲故事”；二是“软件要硬”，促成办学管理、办学理念、办学实践等体现办学本质、脉动办学规律，实现人与学校的刚性发展。

案例1:

学校发展，在于发展新时代教师精神
——校长眼中的新时代教师精神培育与实践

百年大计，教育为本。教育是事关国计民生的大事，党的十八大以来，习近平总书记始终把教育工作摆在突出位置。“兴国必先强师”，今天的学生就是未来实现中华民族伟大复兴中国梦的主力军，广大教师就是打造这支中华民族“梦之队”的筑梦人，从“‘四有’好老师”到“引路人”，习近平总书记对教师群体的角色定位和使命担当不断提出新的更高要求。教师是学校发展最重要的因素，学校的发展往往是通过教师的具体教育行为来实现的，人无精神则不立，因此培育新时代教师精神事关学校的发展大计。

一、新时代教师精神的内涵

何谓新时代？习近平总书记在党的十九大报告中指出，当前我们正处在中国特色社会主义新时代，“这个新时代，是承前启后、继往开来、在新的历史条件下继续夺取中国特色社会主义伟大胜利的时代，是决胜全面建成小康社会、进而全面建设社会主义现代化强国的时代，是全国各族人民团结奋斗、不断创造美好生活、逐步实现全体人民共同富裕的时代，是全体中华儿女勠力同心、奋力实现中华民族伟大复兴中国梦的时代，是我国日益走近世界舞台中央、不断为人类作出更大贡献的时代。”新时代之“新”在于进入了一个新的发展阶段，发展环境和条件都发生了新变化；在于面临着新的社会主要矛盾，对党和国家各方面工作都提出了新的要求；在于迈向新的奋斗目标，即将全面建成小康社会、踏上全面建设社会主义现代化国家的新征程。

所谓教师精神，就是教师群体在心理、意识、思维、个性和行为方面所表现出来的一种状态和面貌，它是教师群体所普遍尊奉的理想信念、价值追求、道德风尚和赖以生存发展的精神支柱和灵魂。在新时代背景下，教师精神不仅是立足本职乐于奉献精神、团结协作积极进取精神、传承民族文化及革命传统精神，而且还要具备党和国家命运忧患精神、国际社会风云变幻忧患精神、人类生存环境忧患精神以及深度思考文化教育与经济建设、科技进步、和平发展等方面关系的具有新时代特点的精神。

二、开展新时代教师精神培育研究缘由

（一）教师队伍不良状况

在经济高速发展的当今社会，面对房价、子女培养费用急速提升等问题，作为教师也不可能独善其身，个别教师无法做到全身心投入学校的教育教学之中，依然在课余时间进行有偿补课等；在这个知识爆炸的时代，学生学习的途径也越来越多，一些教师对自我要求低，故步自封，缺乏潜心研究学术、学情、提高自己的认知能力的热情，想凭“一本教材、一本教参、一本教案”来完成教师生涯，教师“不读书、不研究、不合作”的现象屡见不鲜。

（二）在教师精神培育方面，学校普遍存在的缺失

在学校制度建设方面，缺乏有利于教师精神培育的管理办法，导致学校现有的教育教学规章制度不能充分发挥管人育人的作用；在学校物质建设方面，缺乏对教师足够的物质基础保障，导致学校出现教育人才外流和教学工作懈怠的现象；在学校教师专业技能培养方面，缺乏对教师个人专长的肯定和支持，影响了教师整体业务水平的提高；在学校师德教育方面，缺乏对教师家国情怀的培养，导致部分学校老师忘记了社会主义学校究竟是为谁培养人的教育目标。

（三）培育新时代教师精神的迫切性

教育事关国家的兴衰存亡，教育兴则国家兴，建设强盛的国家离不开教育，“教师是立教之本、兴教之源”，说明了教师在国家发展过程中的重要作用。新时代赋予教师塑造灵魂、塑造生命、塑造新人的时代重任，广大教师必须成为先进思想文化的传播者、党执政的坚定支持者、学生健康成长的指导者，因此，培育新时代教师精神对培育优秀的教师队伍的重要性不言而喻，势在必行。

三、基于校本下的新时代教师精神培育路径

学校如何开展新时代教师精神培育？笔者认为重点应从以下四个方面开展新时代教师精神培育工作：

(一)加强制度建设激发教师的履责精神

新时代教师精神培育从最朴实的角度来说,就是对教师的爱校之心的培育。教师对供职学校的爱心,能够激发出教师强烈的热爱教育事业的责任感,激发出教师真诚的爱护学生的责任心,使教师充分认识到教好书是作为一名教师应该履行的最基本的职责。

如何培育教师的爱校之心呢?往往要看教师的供职学校如何制定出能够激励教师奋发向上、全心全意做好本职工作的各项规章制度。健全的制度是学校发展的基础,是教师发展的动力,同时又是一项强有力的保护措施,避免一旦出现师生矛盾、家校纠纷,受到冲击的总是教师的现象。深化制度建设的主要思路是:

(1)制定和修改规范型的岗位职责制度,包括机构职能、岗位职责、操作规程、事项规定等类别。规范型制度是学校发展的重要前提和基础,它规定了部门和岗位操作层面的一般要求,具有明显的"刚性"特征,其主要作用是保证组织运行的稳定性和有序性。

(2)建立民主型的学校管理体制。学校实行校长负责制、党委发挥政治核心与保证监督作用、教职工代表大会和工会参与民主管理和民主监督体制。形成民主型的学校管理体制有利于学校党、政、工各部门既各自发挥职能,又相互依靠、相互协调,形成管理合力。

(3)制定激励型的分配制度。激励机制是学校的核心发展力,学校以分配制度改革作为突破口完善学校的激励机制,为学校发展注入动力。其分配原则是:多劳多得、优劳多得、重责多得和向关键岗位倾斜。这能使教师干事创业热情高、干劲足。

(4)完善发展型的教师成长制度。在学校管理的诸要素中,教师是学校的第一资源,是管理的第一要素,完善发展型的教师成长制度与校长的"学校发展教师、教师发展学校"的办学之道相吻合。

(5)符合新高考等重大改革的方案。如走班选课方案、学生综合素质培养和职业生涯规划等,以积极的姿态拥抱新高考带来的机遇和挑战。

(二)"暖人心"工程提升教师奉献精神

新时代教师精神的培育除了强调教师的春蚕精神、蜡烛精神等奉献精神外,同时还要注重加强教师在教育教学实际工作中的物质基础保证,使新时代教师精神培育工作落实到实处并且得以可持续发展。

自 2015 年 9 月始,学校在全校范围内开展了"暖人心"工程。根据教师人数多、居家远以及早读、午休、晚自习等多数教师都要下班和学生们在一起的现状，学校食堂设立了教师专用窗口和教师专用餐厅，解决了教师们的后顾之忧。现在，老师们吃的是工作餐，议的是工作上的事，感受到的是学校对老师们的关怀体贴，心中想的是应该如何为学校的教育教学做贡献。

物质是精神的基础，基础扎实了，精神就稳固了。如今走进学校，你会感受到老师们步履轻盈，谈笑风生；学生们笑脸如花，神采飞扬。干净整洁的校园，一条“红毯”大道贯穿南北。学校南边的生物园内，假山奇石清泉和飞鸟走兽昆虫点缀其间，生态与文明相融，自然与人文共生，可怡情可励志。学校教学楼、实验楼、图书馆、艺体馆等一楼一风格，楼内宣传栏一层一主题，阵阵文化馨香扑面而来，如入芝兰之室，久而自芳。刚建成的校史馆以时空变化为主线，贯穿学校发展 40 余载历史，通过文字、图片、实物等解读一个承载厚重文化积淀、洋溢蓬勃教育生机的学校。师生们在重温学校的悠悠历史中溯文化之源，见文心化行，谱发展新篇。

（三）以课题研究为抓手，保证教师专业精神与个性和谐发展

新时代教师的精神培育必须高度重视培养教师牢固的专业精神，教师只有拥有过硬的专业知识并且把知识有效地传递给学生，才能成为一个基本称职的教师。教师同时还应具有独特的个人专长，这种个人专长对他成为一个完全称职的教师，对其所教学生的个性发展，对学校的整体教育教学质量提高都是十分重要的。学校新时期教师精神培育课题研究在强调教师树立牢固的专业思想基础上，十分注意鼓励教师发展个人专长，并将个人专长应用到教学实践中去，促进学校教育教学质量的提高。

苏婷老师在多年的初中语文教学中摸索出一套独特的教学方法，形成了自己的风格，深受学生欢迎，入职仅数年就由一名教学新手成为一名教学能手，多次在区、市、省及全国各级教师教学技能大赛中获得优异成绩。苏婷老师于 2018 年 11 月获福建省第四届中学教师教学技能大赛初中语文组一等奖和综合素质特等奖，又于 2019 年 9 月获全国第二届中学青年教师教学大赛二等奖。2019 年 9 月，学校将苏婷老师破格提拔为校教科室副主任，以此带动这些既有牢固专业知识又有自己独特专长并且敢于创新敢于实践的青年教师更快成长。

此外，厦门十中还有一大批既有专长又有开拓创新精神的老师，除了在课堂教学中独具风格，平时还利用课余时间指导学生参加各种有益的社会实践活动和学科比赛，取得了非常好的成绩。2019 年 7 月 28 日，在英国谢菲尔德大学举办的世界教育机器人大赛中，初一黄泓杰、初二曾欣言两名学生囊括了本次大赛的初中组普及赛、扩展任务赛两项冠军以及团队展示赛的最佳创意奖。近几年在校领导的关心指导下，在欣欣之成智能科技馆的协助下，校教科室主任张立健老师、物理组黄嘉鑫老师创建了学校人工智能实验室，组建了机器人竞赛队，分别于 2018 年和 2019 年参加教育部中国科协组织的中国青少年机器人竞赛，获得好成绩，并在国际赛场上绽放了胜利之花。

（四）加强家国情怀培育，提升教师敬业精神

新时代教师精神培育中对教师的敬业精神培养是重要的一环。然而，教师的敬业精神不仅体现在有丰富的专业知识、高超的教学能力、骄人的教学成绩上，更重要的是要有明确的教育方向和准确的教育目标，即对党和国家的教育方针政策的正确理解和精确把握，要有对党对国家对人民的强烈的热爱之情和高度的责任感。

一段时间以来，一些学校甚至政府部门热衷于开办所谓的“中美高中课程实验班”，把最优秀的生源、优秀的老师、优秀的资源放到办实验班中去，并采用小班教学，将实验班办成了贵族班。学校、社会、政府把实验班学生能考入多少美国、加拿大、澳大利亚名牌大学作为衡量学校办学质量的重要标准。这实际上是忘记了社会主义的办学方向，忘记了无产阶级的办学目的，忘记了党和国家的教育方针。这种思潮的存在，对新时代教师精神培育是十分不利的。

培养教师的敬业精神首先要加强对教师爱党、爱国、爱人民的教育，加强党和国家的教育方针、政策及法律、法规教育。学校践行“学校发展教师，教师发展学校”的办学之道，通过各种会议、讲座、研讨会、培训班等形式对教师进行新时期社会主义核心价值观、党的各项方针政策教育，培养教师忠诚党、忠诚祖国、忠诚人民的新时代教师精神，使每个教师都能成为贯彻党和国家的教育方针、政策的模范标兵。近年来，我校先后获得了多项国家、省、市、区各级先进单位的荣誉称号，多位教师被评为国家、省、市、区各级先进个人。

培养教师的敬业精神还包括教育教师对中华传统文化的自觉了解、学习和传承，把热爱中华文化扎根在心上，落实在行动上，念叨在口中，融进教学里。自 2015 年年底以来，学校提出“文心化行”的办学理念，把“以心正行，以体健体，以美育美”作为学校的办学特色，给学校的老师、学生和整个校园带来了焕然一新的精神面貌。一进入校园，右边是一道“文心”艺术长廊，展示学校师生书法、绘画、摄影等艺术作品，体现全校教师和学生的文化艺术涵养。校园里每座校舍都有一个中华文化主题的宣传内容，学校有专门的学生书画室、教师书画室，每年定期举办学生教师的书法比赛和书法展览，举办中国象棋、围棋比赛。整个校园洋溢着浓厚的中华传统文化的气息和热爱祖国的真切感情。

培养教师的敬业精神还要加强教师的爱家乡、爱学校、爱学生的思想教育，在校园内形成尊师重教、爱生护生的良好气氛。学校长期坚持举办师生互动文艺活动、体育活动、感恩宣讲会以及歌颂祖国、歌颂家乡、歌颂学校的文艺表演诗歌朗诵会和闽南曲艺表演等。学校还开设闽南话教学校本课程、乡土地理校本课程等。校史馆把学校培养出来的优秀人才、曾在学校任教的优秀教师以及学校取得的重大成就，作为在校学生和老师的生动的爱校教育的活教材，对发扬学校优良传统，提升学校教师的精神品质产生了重要作用。

四、对新时代教师精神培育工作的思考

（一）单从学校层面上培育新时代教师精神，力量太单薄，无法引发社会共鸣

我们应从政府办学的层面，让教育投入更多，向教师倾斜，确保教师工资待遇不折不扣落实到位，提高教师的地位待遇，让广大教师安心从教、热心从教，同时，社会营造出依法保障教师的合法权益及尊师重教的氛围，这种风尚一旦形成，教师会觉得自己的工作有意义，有利于新时代教师精神培育工作的开展。

（二）学校缺少管理教师的淘汰机制

目前，上级主管部门将学校当作行政机构来管理，学校对教师进出、教师淘汰无话语权。一个人一旦进入教师队伍，几乎就是铁饭碗，尤其存在工作干好干坏差别不是很大的现象，这种氛围下又从何谈起教师的敬业精神和责任意识？我们必须建立更加科学、合理、有效的教师评价机制、管理机制、交流机制，尤为重要的是建立后进教师的管理制度，给予学校用人管理更大的自主权，可以对不能胜任教育教学岗位的教师予以问责。

（三）校长对培育教师精神的认识及影响

培育教师精神，并不是短时间内就可以完成的。像嘉庚精神，是在校主陈嘉庚先生的奠基下，几辈人传承与发展中形成的。因此，校长在校任职年限的长短、校长对前任校长观念的传承与发展、校长对培育教师精神的认识等，无不影响着教师精神培育工作。

随着教育形势的发展，学校面临的困难将越来越多，新时代教师精神

培育任重道远，唯有迎难而上，别无选择。我们要继续建章立制，加强学校精细化管理建设，坚持新时代教师精神培育，提升教师整体的育人水平，让教师的发展成为学校发展的主动力。

（执笔：厦门十中书记、校长　王阳灿）

案例2：

“人文管理”的力量
——共同价值是管理的核心本质

在我校文化管理背景下，我们反复强调，“同心从心，心往力行”是管理的共同价值。厦门十中作为“福建省文明学校”“福建省教工之家”“厦门市五星级优秀基层工会”，以新时代的精神诠释“文心教育”，用“文心”来寓意以人为本，运用“人文管理”，以人为出发点，通过各种“文心”手段，有效地规范和引导着教师的行为，促进教师与学校形成共同价值，十中的向心力、凝聚力和战斗力得到增强，大家共同努力，共同奉献，发挥出巨大力量，达到了发展学校的目的。

一、建立以人为本的制度文化

多年来的实践经验告诉我们：教师的价值取向单靠开会教育、行政管压手段是不行的，很难达到预期的效果，而需要建立一套关心人、培育人、满足人的物质与精神需要的“以德治校”的制度文化。每一年教代会，学校行政领导对各项制度的制定都十分重视，提出了“领导顶层设计、教师集思广益”的要求，要求各处室新拟定的方案和制度，都要听取各方面意见，进行认真研究，并反复补充、修改，再提交教代会代表团审议通过。如《厦门市第十中学2020年核增奖励性绩效工资发放对象及发放办法》，数易其稿，自上而下，再自下而上来回多次博弈，最后排除“杂声”，达成共识，经教代会代表表决通过后执行，保证了工作有章可循。学校人文制度就是要建立在以发展教师主体为原则，以提升教师的生命价值为取向上，形成富有人文情怀、创新活力与团队精神的制度文化体系，让所有教职员工工作生活在一个规范有序又富有人文气息的环境中，领导与教师、教师与教师、学生与老师，相互尊重、相互理解、和谐融洽。

二、构建文化管理的激励机制

激励就是调动人的积极性。为激励教师，传播正能量，学校积极推进

“强素质工程”，坚持每年举办庆祝教师节活动，表彰一批优秀教师、优秀教育工作者和优秀班主任等；积极组织教职工参加厦门市“劳模班组”、五一劳动奖章、“工人先锋号”和“五个十佳”等先进集体和个人的创建和评选，还开展了“我身边好老师”和“文心化行，师爱永存”等系列报道，涌现出一大批先进人物和教育教学能手。这五年来，学校有516人次获得市区以上专业技能比赛和论文等奖项，国家级有8项，省级38项。2018年11月25日，苏婷老师荣获福建省第四届中学教师教学技能大赛综合素质项目特等奖，并在2019年9月的全国中小学青年教师教学竞赛中获二等奖。此外，学校设立师德意见箱和专线电话，让家长、学生及社会各界人士对师德进行监督，使全体教师能在工作中对照不足，扬长避短，激发和保护教师的敬业乐业精神，逐步形成一支业务精湛、积极向上、有共同价值观的教师团队。

三、建立和谐融洽的人文环境

搭建民主平台，营造民主、平等、和谐的管理氛围，学校除了每年的教代会外，还采用了每月金点子的形式，让教师参与学校的决策与管理，为学校发展征集好建议、好点子。五年来，所征求到的有价值的提案共计33个，如学校实施的“厕所革命”“食堂革命”、开辟学校第二食堂、推动初中送餐进班级工作等，都来源于教师的金点子，解决了学校在改革和发展中存在的问题和困难，学校食堂还被评为“省A级食堂”。虽然这些工程不大，但意义重大，责任重大，是解决学校师生后顾之忧的“民心工程”，不但提升了师生的生活幸福指数，还提供了舒心惬意的工作环境。学校发展靠全体员工的集体智慧与共识，让教师对学校产生认同感和归属感。慢慢地，教师的职业意识、价值取向等，与学校的主体文化协调一致，形成了教师和学校团队价值观，“脚踏实地、艰苦奋斗、团结拼搏、敢为人先”的十中人精神成为学校文化的主流。

四、打造风清气正的团队

新时代人们越来越追求“美好生活”。为提升员工的幸福感，工会切实行使工会建设、参与、教育和维护四大职能，调动了广大教职工的积极性。除了坚持组织落实“温暖工程”外，学校充分发挥工会组织的特点和优势，校领导和工会干部每周至少一次深入科室、年段、教研组等开展调研，从尊重、理解、关心、支持教师入手，倾听呼声，摸清和掌握真实情况，特别关注自律性差、工作积极性低、家庭经济困难、心里困惑多、无理取闹等各类特殊群体的教师，采取“人非圣贤，孰能无过”的科学态度，以“面对面、心贴心、实打实服务职工”的谈心谈话形式，潜移默化的文心教育，用真诚的心态去感染每一位老师，动之以情，晓之以理，这样既坚持了原则又融洽了关系，在帮助教师认识不足、改进工作、克服错误的同时，引导全体教职员工发扬十中人精神，朝着学校的既定发展目标，在和谐氛围中积极进取、努力工作，逐步树立起正确的世界观、人生观和价值观，打造了一支风清气正的十中团队，在推动学校深化改革发展上做出积极贡献。

人文管理，从心出发，倡导一种共同的价值观，为员工树立一个榜样，为员工创设舒心愉快的工作环境，体现出对员工的人文关怀，这就是学校管理的关键点，体现了校园文化制度下的一种温情，让学校和谐稳定，向阳生长。

（执笔：厦门十中副书记　吴丽玉）

二、“实践体系”是管理的价值转化

共同价值是管理的核心本质，但如果不能有效地将它转化成为实践体系，那就成了“空中之音，相中之色，水中之月，镜中之像”——虚假的忽悠。诚然，“转化”是一重要且难的过程，但没有这一过程，学校的特色发展与品牌打造也就沦入虚无。

正如前文所言，我校的共同价值观是“同心从心，心往力行”，那么，如何将其转化为实践体系呢？为了提升其在实践过程中的传播性，我们套用了大家认知更为到位的一句流行语“心往一处想（同心、从心）、力往一处使（化行、力行）”并进而将之简化为两个字“想”（心）与“能”（行）作为核心关键词来构筑全方位的管理实践体系。

（一）在行政管理上，让管理团队“想管能管”

在行政管理上，以共同价值观打造文化型管理，让管理团队“想管能管”。“想管”是因为“同心”价值观的浸染与认同——一切为了学校、为了学校的一切，在这个前提下，每位管理者都可以根据自己的职责标准与专业个性，发挥自己的职能优势，既不是听命行事，也不是按部就班，而是以主人翁的角色担当起发展学校的责任，做事不唯上、不为名、不媚俗，而是致力于职责价值的自我实现。“想管”是“能管”的基础性前提，“从心”的主张和角度，让每位管理者洞悉学习与实践的方向和焦点，朝夕积淀，易于穿透实践的路径，“能管”的“力行”能够“把个人目标与组织目标结合起来”，成就价值增长的风景，并给“想管”注入更为深切的自信和更为充盈的幸福。渐渐地，“想管能管”成为每位管理者自内而外而又自外而内的价值循环与成长建构。

（二）在德育实践上，让学生“想行能行”

在德育实践上，学校以一切为了学生，为了学生的一切的“同心”，立足自然人和集体人的心理特点，专业演绎学生“天性”向“个体习性”发展的逻辑，让学生“想行能行”。“天性”是个体先天具有的固有属性，是独一无二的，虽难以改变却可以引导。不同的天性蕴藏着各不相同的心理的、智能的特点，实践的关键是找出其“不同”，并从未来发展的可能性出发，引导“不同”，发展“不同”的潜在价值。“引导”应着力于针对性的适切讲究，才能引发德育专业性、高效性的追求。只有这样，德育实践才能诉诸学生的心灵，点亮学生的认知和行为，让他们不仅“知道”而且能够“做到”，形成“想行能行”、知行合一的个体习性。

（三）在教学开展上，促成教师“想教能教”

在教学开展上，以不确定性和对话为主轴，因材施教，促成教师“想教能教”。《心理学与生活》一书中有一重要的研究结论“判断和决策过程必须以一种让你能有效地处理不确定性的方式来进行操作。”而在我们传统的课堂里，所有的教学环节及答案生成都是预设的，不是生命的、能动的、动态的、自然的水到渠成。久而久之，教师按套路出牌，学生亦步亦趋，教学必然了无生趣，犹如一条冷漠的流水线；久而久之，教师的“想教”成了职业的无奈，“能教”成了职业的假象。我们倡导“同心”的共同价值观就是想从根本上改变教师“想教”的“燃点”，深切地打开充满激情的职业认知；同时，我们把研究性学习等引入课堂，借以打破课堂死水一潭的超平衡态，让教与学进入一种生命力、学习力勃发的不确定之中。在不确定性中，教师与学生的关系变成一种“平等对话”，“教学相长”的古老经典变为现实常态并幻化出无限可能。不确定性的开放性和对话的民主性，彻底颠覆了教学传统，引导着、促成着或倒逼着教师走上“想教能教”的康庄大道。

案例 3:

❋"守望生命"现影踪,"向阳生长"在"武林"

"文心教育"不仅是理念上的倡导与呼吁,更是实实在在的教育实践活动。"从心出发",也是对师生生命旅程的关爱。这种实践精神,在我校毒品预防教育的组织方式上体现得淋漓尽致。

2002 年,国家禁毒委、教育部等联合下发《关于进一步加强中小学生毒品预防教育工作的通知》和《中小学生毒品预防专题教育大纲》。我校在 2001 年 3 月已制定了"务实为本,重在实效"的原则,毒品预防教育工作的操作、研究和实施正式铺开。

我校的毒品预防教育工作稳健、审慎、灵活,既有坐在教室里的学习,也有"走出去"的现场学习。2001 年 7 月,我校借用厦门市杏林区公安消防大队的营址,举办了"首届厦门市中学生毒品预防教育夏令营",开创了我市中小学毒品预防实践教育的先河。

彼时,校园毒品预防教育工作从零开始,没有可供参考借鉴的教育组织方式。我们就靠着自己的力量,一份份地阅读《禁毒周刊》,一本本地阅读与毒品预防、毒品危害相关的专著,一笔笔记录阅读的所得、所思、所悟,一天天积累教育的实践经验。终于,毒品预防教育校本课程走进课堂,让师生的毒品预防教育有本可依。更有"禁毒小卫士"专用本面世,共筑学校、家庭和社会三位一体的禁毒教育桥梁。"禁毒小卫士"专用本创设了新的学习方式,以"一人学习,全家学习,亲友学习,社会受益"的模式,使人民群众也能够接受禁毒知识的熏陶和教育,铸起抵御毒品侵害的思想防线,为我校的教育管理新增了一块"文心化行"的阵地。

通过实践,实现教育的价值。在构建毒品预防教育实践体系的过程中,我校得到了各级主管部门的极大赞誉。2003 年 6 月,学校成为"厦门市禁毒教育示范学校"。2013 年 5 月,学校的毒品预防教育展室升格为"厦门市集美区禁毒教育基地"。2013 年 6 月,学校被评为"福建省毒品预防教育示范学校"。2015 年 1 月,学校被国家禁毒委员会办公室授予"全国毒品预防教育创新单位"。2015 年 12 月,学校荣获国家禁毒委员会办公室、教育部授予的"全国学校毒品预防教育工作先进单位"。2016 年 3 月,学校被厦门市禁毒委员会办公室推荐为福建省"六个专项治理"展示项目。2018 年 6 月,学校荣获"全国青少年毒品预防教育'6·27 工程'示范学校"。10 年一个跨越，成为省级示范校；5年再次晋级，成为国家级示范校。

目前，我校的毒品预防专题教育已走过了整整19个年头。所有的成绩都离不开林建华老师19年的付出。建华老师在2016年5月执笔了《爱的影踪(2001—2016)厦门市第十中学毒品预防工作回顾》。该书好评如潮，迅速成为兄弟学校进行毒品预防教育的蓝本。

截至目前，已有我校毒品预防教育基地得到了领导的关心和指导：(1)公安部副部长王小洪莅临我校参加“福建省毒品预防教育示范学校”颁牌仪式并为学校已升格的“集美区禁毒教育基地”剪彩；(2)人社部副部长张义珍率领国家禁毒委员会督导组在省、市、区领导的陪同下来到学校，实地督导、检查学校的毒品预防教育工作。

在“研究状态下工作，在工作状态下研究”，这是林建华老师的工作准则。为了预防教育的科学性、有效性，他潜心钻研，他编写的“毒品的知识与危害”教案与课件荣获全国教育科学教育部“十五”规划课题“创新学习研究与实验”优秀成果一等奖；编写完成了《务实为本，重在实效》《福建省厦门市第十中学“禁毒小卫士”专用本》，两项成果各荣获全国中小学思想道德建设活动优秀成果一等奖。几年来，他在《禁毒周刊》上发表了《如何加强校园毒品预防教育》《如何动员学生志愿者开展校园禁毒宣传》《它带给我温暖和力量》《充分发挥学生自我教育自我管理的作用》等7个作品，2011年和2013年在《当代教师与教研》杂志上分别发表论文《爱的影踪——中学生“禁毒志愿者化”的有效实施》《浅谈如何发挥毒品预防教育示范学校的作用》。专家给出的评价是：扎实、新颖、别具一格的自助式宣传策略，形成校园禁毒宣传的“溢出效应”。在《中国禁毒报》上发表的《让新生未进课堂先进“禁毒讲堂”》，着重反馈了学校组织开展青少年毒品预防教育“五个一”活动的概况，成为各校活动开展借鉴的范本。

一分耕耘，一分收获。19年来，在学校主创者的大胆探索与不懈努力下，久久为功，师生牢牢守住了三道防线：思想防线、心理防线、行为防线。学校每年超过4800人在校，师生涉毒为“零”。主创者多次在不同级别的会议上做经验介绍，《禁毒周刊》、《中国禁毒报》、《法治日报》、《厦门日报》、《厦门晚报》、《海峡导报》、《集美报》、福建电视台、厦门电视台、集美区电视台分别对我校的毒品预防教育工作进行过报道。学校在毒品预防教育方面取得的成绩在持续发酵，厦门理工学院师生、集美区法制夏令营师生、厦门市毒品预防教育夏令营师生、厦门市海沧实验中学师生、湖里区进修学校部分教师、厦门市“快递小哥”等都听过他的讲座，反响热烈。2018年6

月,林建华老师荣获厦门市首届“最美禁毒人”的光荣称号;同时也荣获了全国青少年毒品预防教育“6·27工程”优秀教师。

脚踏实地,用岁月描摹禁毒的刻度;科研领航,用理智谱写禁毒的乐章;示范辐射,用激情点燃生命的光彩。厦门十中在这块“武林”里可谓独领风骚,俨然一艘领航的旗舰。

(执笔:厦门十中教师　林建华)

案例4:

践行实践体系是管理的价值转化

——用德育实践点亮学生的心灵

党的十八大报告指出:“坚持教育为社会主义现代化建设服务、为人民服务,把立德树人作为教育的根本任务,培养德智体美全面发展的社会主义建设者和接班人。”“培养什么人、怎样培养人”是事关党和国家前途命运的重大问题,也是我国社会主义教育事业发展必须解决好的根本问题。“立德树人”要求我们必须坚持德育为先,“德为才之帅”,德是做人的根本,是一个人成长的根基。教育是塑造人的灵魂的伟大事业,是“心灵与心灵的沟通,灵魂与灵魂的交融”,是“一棵树摇动另外一棵树”。这与我校“文心化行”的办学理念不谋而合,“文心化行”这一我校师生的共同价值是管理的核心本质,但如果不能有效地将它转化成为实践体系,那就成了“空中之音,相中之色,水中之月,镜中之像”——虚假的忽悠。那么,我校“文心化行”的共同价值观如何转化为实践体系呢?这就要求德育处在德育实践上要立足于“一切为了学生,为了学生的一切”,因为只有这样,德育实践才能诉诸学生的心灵,电光石火般点亮学生的认知和行为,让他们不仅“知道”而且能够“做到”,形成“想行能行”、知行合一的个体习性。我校德育处利用学校的环保教育特色,不断深入探索德育实践体系,将“文心化行”落地于环保教育实践中。

一、低头弯腰做环保

为了应对目前严峻的环境形势,深入贯彻习近平总书记提出的“绿水青山就是金山银山”的“两山论”以及关于垃圾分类的重要讲话,我校秉持“环保十中人,美丽十中家”的环保教育理念如火如荼地开展了垃圾分类进校园的活动。在厦门慈济慈善基金会志工的大力支持下,我校对新初一和新高一的学生都会进行厦门十中新生入学环保培训。同时，在德育处的组织下，年段和班主任积极响应以及学生的积极参与下，每周五中午的厦门十中垃圾分类环保回收成了一个大家乐于参与的学校重要活动；活动包含环保理念培训和垃圾分类回收，每周五中午由学校的学生环保讲师团和慈济志工对参与环保培训的学生进行环保理念的培训和垃圾分类回收技巧实操演练，同时学生环保志愿者也到学校的环保教育站，热情地参与到垃圾分类环保回收活动当中。垃圾分类环保回收要整理全校可回收物品，工作量非常大，是一项又脏又累的活儿；但是在学校垃圾分类环保回收新风尚的影响下，环保志愿者却乐在其中，他们的无私奉献成了校园一道美丽的风景线。

二、抬头挺胸说环保

为了更好地将垃圾分类进校园推向深入，将学校“文心化行”的办学理念融入环保教育之中，学校德育处在学生环保志愿者当中培养出了一批在生活中环保理念的坚定践行者组成厦门十中学生环保讲师团。学生环保讲师经过多轮的培训后结合自己的环保实践开始在同学当中宣导环保理念，包括地球环境危机、“垃圾分类十指口诀”、“一日五善”、“我的环保故事”等，学生环保讲师除了自身带头低头弯腰做环保，同时也不断地践行“抬头挺胸说环保”的理念，环保的种子在厦门十中逐渐生根发芽，垃圾分类在厦门十中成为新时尚。

三、文心——从手上环保到心灵环保

学校环保回收的资金有一半捐给了厦门慈济慈善基金会作为爱心助学基金，另外一半资金回拨到了各个班级作为班级的公益基金；2016 级初中年段曾经在 2017 年初二年时将环保回收的资金 3600 多元捐给了 2015 级初中年段（当时初三年）一个生重病的同学，在师生和家长当中引起了很大的反响；孩子们举手之劳的环保行动就可以帮助到身边需要帮助的人，这就是最好的爱心教育，孩子们的环保行动也得到了反馈。

环保回收过程中我们倡导“清净在源头”“不用少用，回收再利用”“爱物惜物”等环保理念。例如，在回收打包纸类时我们倡导不同纸类分开回收，打包时要仔细将纸张捋直、角对角、边对边，整齐叠好，对为我们学习立下汗马功劳的纸张要有感恩之心，即使回收，也要让它们体面地离开；倡导纸张双面使用，没写完丢弃的本子应回收再利用；同时，还倡导孩子们自带环保水壶，不喝少喝瓶装水和饮料，做到垃圾减量。慢慢地，用到一半就被抛弃的本子越来越少了，自带水壶的孩子越来越多了，回收的纸张和饮料瓶被整理得漂漂亮亮……

学生环保志愿者队伍和环保讲师团汇聚了一大批积极上进、充满正能量、热爱生活的孩子，许多孩子来到这个美好的集体后实现了完美的蜕变：高三年的孙玲玲学姐在学业非常紧张的情况下每周仍积极参与到环保站的垃圾分类环保回收当中，不怕苦不怕累，同时在慈济志工的培训之下，她通过努力成为厦门十中环保站的第一位学生环保讲师，带动了一大批学生环保讲师成长起来；初三年的林凯欣、俞磊就是孙玲玲学姐带出来的两位优秀的环保讲师代表，他们通过生活中低头弯腰积极践行环保，并抬头挺胸说环保，不断地在十中和兄弟学校撒下环保和爱的种子；初二年的葛浩天、王泠熙又是在前面三位优秀环保讲师的带动之下成长起来的第三代厦门十中优秀环保讲师的代表，他们不仅爱心满满，充满正能量，而且善于分享、乐于分享，并立志用科技助力环保。初一年的优秀环保讲师李愿祺暖心地为正在做回收的慈济师姑仔细擦汗的画面让人动容。2016 级初中年段 19 班的王宏伟则是环保志愿者中从环保活动中获益良多的典型代表，王宏伟不善交际，比较自卑；再加上父亲教育方式不当，造成亲子关系比较紧张，学习成绩随之下降，还一度离家出走；自从加入环保站志愿者队伍以后，逐渐受到环保志愿者群体正能量的感染，在学校德育处老师、班主任、慈济志工、环保志愿者小伙伴不断的鼓励和赞美下，特别是慈济志工陈爱珠师姑的不断跟进，王宏伟同学在垃圾分类环保回收活动中逐渐找回了自信，学习上也不断进步，最后迎头赶上，考上了理想的高中。

在德育实践上，学校以一切为了学生，为了学生的一切的“同心”，立足自然人和集体人的心理特点，专业演绎学生“天性”向“个体习性”发展的逻辑，让学生“想行能行”。“天性”是个体先天具有的固有属性，是独一无二的，虽难以改变却可以引导。不同的天性蕴藏着各不相同的心理的、智能的特点，实践的关键是找出其“不同”，并从未来发展的可能性出发，引导“不同”，发展“不同”的潜在价值。我校德育处在学校德育工作中，立足于德育实践，深入贯彻我校“文心化行”的办学理念和共同价值，同时以环保教育为落脚点，最大限度地开发环保教育的德育功能和价值，“文”学生的“心”，从手上的环保升华到心灵的环保，于无声处点亮了学生的心灵之光。

（执笔：厦门十中教师　王小宁）

三、“观点碰撞”是管理的同心策略

办学智慧最大化，是办学管理理念以及实践被深度认同以及形成办学最大合力的关键，而从不同观点碰撞中汲取思想、从善如流则是其支撑。在这方面，我们借鉴了杰克·韦尔奇的“无边界”管理理论以及“听证会”制度（我校加上了常态的“提案”制度），想方设法地让不同观点（主要是建设性的）在学校自由流动，让其中符合共同价值观的思想产生结构性的碰撞，由此来触发、引领、凝聚更大的办学智慧。

根据“无边界”理论，我们要让观点、思想自由流动并成为学校的实践智慧。

（一）消除一切交流障碍，特别是影响重大的“四堵墙”

（1）垂直的（等级的），校长—分管副校长—处室主任—年段长—备课组（或教师），管理者和被管理者楚河汉界、泾渭分明，缺乏文化管理扁平化的管理重点与效率。

（2）水平的（处室间的），教务处—德育处—总务处—教研室—办公室等，处室之间画地为牢，相互隔阂，所谓的分工在现实中变成了“分家”，造成了管理的堵塞与分解，而不是管理的畅通与合力。

（3）外部的（家长的、社区的），学校存在的理由，原本是办好家长、社会满意的学校，但现实常是学校一方闭门造车、向墙虚构，缺乏拉动社会支撑体系的意识与力量。

（4）地理的（不同学校之间），不同学校的办学方针本无区别，只是选择的路径可以千差万别，因此，建立良好的竞争与合作关系极为重要。但现实中，学校大都“占山为王”“自给自足”。

这“四堵墙”不拆除，不同观点的碰撞就缺乏广阔、深厚而又肥沃的土壤。

（二）提供思想观点碰撞的渠道与平台

学校若不能提供思想观点碰撞的渠道与平台，那各种思想观点充其量是蔓生的野草，除了自生自灭之外，可能还有碍观瞻；学校对不同观点进行建设性分析与评价并把好的观点与建议推广到全校，形成群众性的办学语言的策略也将无从谈起。基于此，我校结合“无边界”理论，配套了提案制度和听证会制度。对提案人提案时间、提案内容不做任何限制,唯一有限制的是学校必须在一周内给予答复,对提案中事关学校发展的建设性的意见,再经由提案人相应完善后适时召开由各方代表(含校外的家长、专家等)参加的听证会。听证会以坦诚、开放为基调,鼓励各方畅所欲言、言无不尽,不以身份论高低,只以价值定贡献。听证会之后,学校组织人员会同提案人再做深入细致的可行性论证,并形成实施意见或方案在校内试行,同时邀请提案人及持有不同意见的同志继续给予监督、批评。

听证会的功能主要是建立信任、释放思想、听取意见、寻找办法,让主人翁角色和荣誉感成就管理常态,让"基于价值的领导"和"去行政化"成为学校的发展模式。杰克·韦尔奇认为,任何限制思想和学习自由交流的东西都是有害的,思考和思想比规定或文献重要,我们必须确保没有人被排斥在产生新思想和搜寻更好的做事方法的过程之外。从不同观点、碰撞中汲取思想并实践,其本质是建立以民主为核心的文化管理体系,其目标是建立以价值为导向的学校文化竞争力。

案例5:

做有温度、有效度的校本研训

学校办学管理形成共同的价值观之后,如何在日常管理中实现这种共同价值就成了所有管理者需要考量的问题。管理工作要讲究方法,没有科学的方法,目标就难以实现。因此,各管理者必须根据自己的管理范围,选择科学的方法,更要有虚怀若谷的心态,在管理过程中吸收多方面的建议,集中群众的智慧,广泛吸收有益的意见,将集思广益和制度建设相结合,以求最大限度地在管理过程中实现共同价值。

教科室的主要工作是根据学校的办学目标和发展思路,组织学校教育教学的科学研究,提升教师的专业水平,进而全面提高学校的教育教学质量。我校教师年龄结构的特点是老教师比例大,青年骨干教师断层明显。老教师的教学经验丰富,但专业发展空间不如青年教师大,体力精力也在一定程度上成了部分老教师持续发展的阻力。如何在有效地开展扎实的教科研活动的同时,兼顾不同年龄段、不同学段、不同学科的教师们的需求,推动不同教师的专业发展,成了教科室的攻坚项目。

以教育阅读活动为例。开展教师阅读活动的本意,在于通过读书活动，推动全校教师阅读教育教学类书籍，以期在校园内营造“坐下来”进行教育教学研究的氛围。于是，过去的读书活动常是统一指定某本教育经典专著进行阅读，请教师们手写读书笔记一本，提交读书心得一篇。考虑到教师们的学科学段不同，所选书目往往是不涉及具体学科的教育经典专著，如：苏霍姆林斯基的《给教师的建议》，约翰·洛克的《教育漫话》等。

活动布置之后，老师们的声音很多，一些老师说，“我大学时就已经看完这本书了，学校就不能推荐一点有新意的教育教学专著吗?”一些老师说：“这么厚的书，拿起来就想睡觉了。”一些老师说：“我们已经教了二三十年的书，老习惯很难改，现在再学习这些理论也用不上。”还有一些老师说：“为什么不让我们读一些马上能用到教学中去的书呢？我们只是一线的老师，又不是研究理论的专家。”如此一来，阅读活动的效果可想而知。虽然读书笔记和读书心得大家都交了，但大多是“源于网络”，发生真实阅读和反思的老师极其有限。阅读活动成了负担和形式，我们想要以此营造“坐下来”研究的初心也无法达成。

但我们坚信，自我提升的愿望一定是在绝大多数教师心底的。问题的关键还是在于用什么方式才能更好地激发老师们阅读、提升的实际行动。于是，我们以在线文档的形式邀请全校老师一起为阅读活动提意见。令人惊喜的是，许多老师参与到了集思广益、观点碰撞的过程中来，我们收到了几十条建议。我们将老师们的意见和建议进行分类，向当地的文化媒体人请教新颖有效的阅读活动形式。最终，针对老师们提出的三大类问题，我们分别制定了相应的解决策略，大致包括以下三类：

第一，应当充分考虑教师们的学科差别和年龄差距，不在书目选择上搞一刀切。文科老师和理科老师选择的书目可以不同，也应当不同。新教师和成熟教师选择的书目可以不同，也应当不同。可以将唯一阅读群体划分为多个阅读共同体，分别开展活动，有针对性地解决不同类型教师的不同问题。

第二，应当充分考虑阅读活动的实效性。规定提交整本的手写读书笔记，等于逼迫大家整段、整篇地抄写书中内容，耗时虽多，但并没有发生多少真实的阅读。而提交读书心得的电子文稿，大部分老师也是上网复制、粘贴。鉴于此，老师们提出口头讨论比书面提交更有效，随文批注比大段摘抄更有效，结合教育教学工作细节研讨比个体封闭式阅读更有效三个观点。

第三，应当充分关注阅读能量转化的问题。老师们提出，阅读不应该只是停留在"读"和"写"两个层面，更应该直指对实际教育教学工作的指导。由此，我们决定在阅读研讨的过程中，充分关注书本与实际工作的联系，并聘请校外专家出席沙龙活动，听取并指导教师们的阅读反思与困惑。

经过几轮的思维风暴、观点碰撞，我们制定出三个备选方案，再请校级领导、教研组长、骨干教师共同探讨。集思广益之后，三个备选方案都保留下来。三个方案的共同目标是打造"文心沙龙"品牌活动，在这样的顶层设计之下，分别针对青年教师专业成长、骨干教师教科研能力提升、全体教师的工作与阅读积极性提升制定相应的沙龙方案。

方案一：

活动名称："文心沙龙"之青年教师论坛

活动目标：提升青年教师教育教学理论水平，创造教师交流、探讨问题的平台，营造书香氛围。

活动内容：共同阅读教育专著，并按照"世界咖啡"模式进行阅读分享与交流。

方案二：

活动名称："文心沙龙"之骨干教师教科研论坛

活动目标：提升骨干教师教科研能力，推动群体向研究型、创新性教师转变。

活动内容：共同阅读教科研专著，并聘请校外专家，引领各学科骨干教师通过阅读与交流加深对教科研的理解，并促进跨学科交流，实现跨学科有效融合。

方案三：

活动名称："文心沙龙"之教师阅读兴趣论坛

活动目标：以兴趣为划分，形成教师阅读兴趣共同体，提升全体教师工作与阅读的积极性。

活动内容：教师根据阅读兴趣自主选择共同体融入。共同体组织并开展阅读与实践活动，定期轮流开展形式多样的活动。

为了更好地让"世界咖啡"模式融入文心沙龙，学校总务处听取了老师们的意见，专设了沙龙活动厅，为沙龙活动准备了一体机、圆桌、沙发、咖啡机、茶具等，沙龙活动厅布置得实用又雅致。老师们不仅愿意到沙龙活动厅参加阅读活动，还常把教研组活动地点也安排在这里。

有了沙龙活动厅，我们再推行这三套沙龙方案，老师们参与活动的积极性明显变高了。青年教师共同体的共读和分享活动充满了朝气。虽然各级教研活动频繁，一定程度上影响了活动的全勤率，但老师们不再把阅读沙龙活动当成负担，反而会因为错过活动而感到遗憾。骨干教师论坛也开展得有声有色。我们邀请了柯艳瑜老师针对课题研究进行现场指导。柯老师的耐心指导让骨干老师们看到了自己的优势与劣势，让老师正确面对阅读专业书籍和专业论文的难度与重要性。沙龙从心理上和方向上，给骨干教师的课题申报工作提供了帮助。

观点的碰撞，让我们的“文心沙龙”得以顺利开展。同心协力，才能让管理走近教师们的心，才能实现提高教师的专业发展水平和职业成就感。形式多样的“文心沙龙”让学校的阅读活动有了新的活力和可延续性，使学校的校本研训有温度、有高度、有效度。

（执笔：厦门十中教师　张立健）

案例6：

水能载舟，亦能覆舟
——学校教代会职能作用剪影

大海航行靠舵手，诚然，校长的英明决策是学校扬帆起航的关键。但十中建设发展的背后，是教职工积极参与到学校管理，为学校发展建言献策的教职工代表大会。2019年12月底，厦门市第十中学十届一次教代会落幕，春风化雨，阳光和煦，本次大会，让学校在制度化建设方面步入了一个新的台阶，将立德树人的总目标落到实处，代表们充分发扬了主人翁精神，自始至终能以饱满的热情和主人翁的姿态积极参会，并本着实事求是、求同存异、从大局出发的原则，负责任地履行了代表的职责，让教代会充分发挥了职能，真正实现了教职工参与学校管理，充分体现了学校和谐、人文、民主的管理理念。

一、教代会规范化、程序化、制度化、经常化；实现教职工民主管理与监督

九届六次教代会共收集提案七份，涉及新高考综合改革学校规划方案，由洪副校长提出，洪老师、郑老师附议。2017年我省出台了《福建省深化考试招生制度改革实施方案》，新一轮考试招生制度改革全面启动，到2021年，福建省将形成分类考试、综合评价、多元录取的考试招生模式。提案提出了四条整改意见，包含成立新高考改革领导小组，由王校长挂帅，由各处室主任、高中教研组长组成专家团队领会精神，积极应对新变化，总之,新高考改革既是挑战,也是机遇,在这一场变革中,我校是迎难而上,还是知难而退? 可以说这是一场逆水行舟的挑战,不进则退,只有勇敢迎战,才能闯出一片新天地,与会代表 100 人,就高考的 14 门学科,考生的总成绩怎么算,选考科目有哪些,面对新高考,我校有哪些应对的措施与办法,历史孙老师、化学吴老师、物理姚老师等各学科组长都提出了切实可行的应对策略。会上,大家还针对"学生节假日卫生轮值安排","教师公务请假扣除课时费问题","提高教研组长及备课组长津贴建议"展开了热情洋溢的讨论。每份提案都要打印成册,含"立案"、"退回重提"、"作为意见、建议、转——直接答复提案人"以及"提案工作小组"和"校领导"批复、"承办部门"签字落实等。

二、教代会提案有制度,能落实,为学校发展保驾护航

我校自 1998 年成立党政工共建领导小组,2008 年获评省先进"教工之家"以来,努力调动广大教职工参与学校管理的积极性,尽全力做好提案征集和处理工作,不断提高教代会的提案质量,已经成为促进学校全面工作发展的重要环节。2017 年 2 月,学校通过了《厦门十中教代会提案征集处理制度》。以后每次大会的提案数均在七份以上。提案必须一事一案,一案一表。每次教代会有提案汇总、提案处理,乃至讨论审议材料都装订成册。九届五次教代会,还讨论并通过了初二年代表团《对各项提案的表决方式的建议的提案》。尤其是十届一次教代会的提案:《2020 年核增奖励性绩效工资分配方案(讨论稿)》,《教师专业发展奖励办法》,《教学常规检查实施方案(讨论稿)》,以及关于做好服务教职工的若干规定,更是一石激起千层浪。凡是涉及教师的发展和奖惩,都经过激烈的分组讨论,针锋相对的辩论,几易其稿,方二次成册,印成《厦门市第十中学十届一次教代会(讨论审议材料)》《厦门市第十中学十届一次教代会(修改后再次提交部分)》。

"心会跟爱一起走",从提案征集到落实处理,每一个环节都严格规范,每一位代表先从个人角度出发,放眼每位教师的利益却又"淡化小我,成就大我""爱我十中""十中是我家",这是每次大会的主旋律。

回首第十届教代会,我们扬帆起航,审议通过了王校长《守初心砥砺前行,担使命共谋发展》的工作报告,明确了"理念引领,特色办学"的方针,在健全体制、落实职责的基础上,充分发挥"文心化行"的办学特色,从(1)抓课堂、塑教师,夯实"文心"课堂教育;(2)打造课内外、校内外融为一体的"文心"课程内容;(3)构建面向全体培养能力,发展特长的课程实施模式这三个方面,积极开展"文心"教育活动,全员育人,立德树人,以"文心化行"

办学理念为指引，开创我校德育品牌工作的新局面，巩固了省级德育先进校成果，深化省级“文明学校”的建设。展望未来，我们豪情满怀，省级“文明学校”的复评，是我们的共同目标，“从心出发”“向阳生长”。

（执笔：厦门十中教师　李秀玉）

四、“只有更好”是管理的实践思维

前面我们谈及从不同观点碰撞中汲取思想并实践，在特定阶段、特定项目上找出最好的实践并将之推广到整个学校。但随着认识的提高以及实践的深入，“最好”总是相对的，它是一种近似“相对真理”的范畴。俗话说得好，没有最好，只有更好。对于我校的管理实践而言，发展只有阶段，没有结束。杰克·韦尔奇认为，“来自人类心灵的思想流绝对是无止境的”，“预测并不是管理的全部内容。管理应该是如何对变化做出反应，如何随变革的需要发展。管理应该是适应性的，而不是关于精确性的学问。”可以说，管理一方面是“因变应变”，现实发生改变了，管理随之应变；二是“以变生变”，当我们有了更好的想法、做法，就着力于促成现实管理的蜕变。前者是相对被动的，后者是绝对主动的。因此，当变革进行的时候，我们已经开始“专注于发展更好的方法、更好的思想”。积极主动是我们的基本习惯，而广取博取则是基本原则——我们并不在意提出更好想法的是某个同事、某个部门，或哪位家长、哪位专家，我们只致力于分析其想法之于发展的内在价值。正如马斯洛所说的：“每个人都是我的老师，我不是戈尔茨坦主义者，也不是弗洛姆主义者或阿德勒主义者或其他什么，我从不参加任何狭隘的派别组织。我向所有人学习，拒绝关闭任何门户。”一句话，谁的看法不重要，重要的是这种看法的价值在哪里。我们的实践思维是：想好了就做，看准了必改！

如：“同课异构”，这是很多学校都在实践的一种教学研讨方式。一开始我们的做法与大部分学校并无不同，也是同一课程内容请不同的教师授课。经过几次“同课异构”，有教师提出“异”的程度不够，可以在“异”字上做更深的文章。于是，我们决定让不同的团队分别集备，不局限于一位教师的“异”，而是尽量放大方式方法以及风格的“异”，让异构的教师采用不同的观念、思维、方式同台竞技。结果，“异”的空间拉大，信息量爆炸了，覆盖的人群视野拓宽了。再往后，又有教师提出，既然已经形成了完全不同的教学观和方法论，那就不要一般地停留在听课评课的层次上，应该借此展开理解上和实践上的对话，在相互质询和辩论中激活对教育教学的全部积淀，张扬开放性思维空间，生成包容性的教学智慧。于是“同课异构”辩论赛开场了，一次原本并不复杂的“同课异构”活动变成了一场翔实而又活跃的专业提升运动。

关鸿在《诱惑与冲突》一书中这样总结艺术家的创造规律：“他们的创造力总是在自己最成功的地方否定自己，在自己最喜爱的地方突破自己，在变化中求得肯定和再生。”“只有更好”就是办学管理的不断否定与肯定，一种哲学意义上的自我超越。弗兰克·戈布尔这样评价弗洛伊德：“他是个多产的作家，当获得新的经验材料时就改变自己的理论；但他的一些中心思想相对说来始终没有变。”“只有更好”就是为了“多产高产”，让管理智慧层出不穷、永不枯竭；“只有更好”就是为了变得更好，让所有人知道，变革永远只是开始。一句话，改变的是我们对教育的认知与实践水平，始终不渝的是办“更好”的教育、办“更好”的学校的追求。

案例7：

践行“只有更好”是管理的实践思维

——初三年段管理工作纪实

“只有更好”是管理的实践思维。预测并不是管理的全部内容。管理应该是如何对变化做出反应，如何随变革的需要发展。管理应该是适应性的，而不是关于精确性的学问。因此，面对在变化中发展的学生和家长，年段作为管理者必须随之应变，以变生变。

本届初三年4月20日开学，班主任每天要完成健康系统的填报，更要关注疫情防控期间学生的心理健康，工作量比平时增加很多。学校因此给毕业班的班主任每人配备一位助理班主任。年段协助德育处选拔责任心强的科任担任，刚开始只是帮忙登记并分发口罩。具体还要协助班主任负责哪些工作，大家还是一头雾水，随着毕业班工作的深入，中考报名工作提上议事日程，事情紧急，且信息校对量巨大，对准确率的要求更是严苛。

在这种情况下有班主任提出，希望助理班主任能够帮助完成学生每日健康检测的登记。经过讨论发现，因为原班主任账号登记权限问题只能由原班主任完成登记。于是大家再进一步商讨，决定由助理班主任负责在班级群里面催促家长完成出门前的体温登记，保证原班主任在登陆系统的时候，能够迅速完成体温上报工作。随着中考报名工作进入白热化，原班主任实在无法顾及班级体温监测的管理。年段在助理班主任工作群当中详细描述了班主任近日承担的繁重的工作，于是便由杨锦慧等助理班主任老师主动在群中分享督促家长完成体温监测的相关细节操作，使得其他助理班主任有法可学。操作起来相当便捷。这很好地协助班主任完成了特殊时期的班级管理。

年段管理者在其间所起的作用不仅仅是协助学校选拔得力的助理班主任，更是将好的工作方法积极主动地在工作群里分享，加强沟通赢得同事间的相互理解，激发大家的工作热情，共同完成学校布置的任务。

管理一方面是“因变应变”，现实发生改变了，管理随之应变；二是“以变生变”，当我们有了更好的想法、做法，就着力于促成现实管理的蜕变。前者是相对被动的，后者是绝对主动的。

在数学和英语A、B分层教学的经验基础上，2020届初三年物理也采取了A、B、C的分层教学，在颜志超、黄政、蔡小兰等三位老师所任教的班级中局部实践，并不断通过检测数据监控教学效果的变化。经过一段时间的实践，发现它并没有太显著的辅查效果，并且根据平时的观察发现，在分班的过程当中，这对其他科的教学存在一定的影响。于是年段与物理备课组商量之后果断叫停。这虽然不是一次成功的实践，但年段和物理组不断深入研究比对，所收获的不能成功的原因，激发了他们在后一个阶段的教学当中去寻找更好的辅助方式，也为将来进一步开展深入的分层教学提供了宝贵的经验。

当变革进行的时候，我们已经开始“专注于发展更好的方法、更好的思想”。积极主动是我们的基本习惯，而广取博取则是基本原则——我们并不在意提出更好想法的是某个同事、某个部门，或哪位家长、哪位专家，我们只致力于分析其想法之于发展的内在价值。2020届初三年有近一半的班主任是第一次带班或做班主任年限较短，对处理学生之间的矛盾缺乏经验，有时候急于保护弱小，主持公道，对本班同学的处理难免过于严厉，例如写保证书，将保证书交给受欺凌的学生保管。拿到保证书的同学回到自己班级，被本班同学询问，展开保证书，被情绪激动的同学拍照上传，并各种发帖，再各种转发，导致一桩现实中的小矛盾，升级为网络暴力。原本施害一方在网络上的名誉受损，激起了家长的严重反弹，年段和发生矛盾的另外一班的老班主任及时介入处理，认真听取了名誉受损的学生家长的反馈，并征求了发生矛盾双方的学生的意见，迅速组织材料发帖，利用现代网络平台帮助受损方恢复名誉。在操作的过程中老班主任对如何保护双方的隐私想得特别周到，这教育了所有涉事的孩子们如何在未辨明事情真相之前，不充当发泄不良情绪的键盘侠。

在处理整个事件的过程中，新班主任、老班主任、年段长，甚至学生和家长，视野总是受限的。所以作为管理者，年段长必须积极主动，广取博取，虚心听取相关人员的想法，找出其想法的发展的内在价值。

管理者有管理者的计划，然而，事件的发展另有计划，正所谓“计划不如变化”。因此，年段作为管理者应敢于否定自己，突破自己，不能故步自封，应在变化中求得肯定和再生。在实践中，我们要用“只有更好”的思维管理年段，让年段管理能跟得上变革的节奏，甚至看穿它、超越它，制定行动策略，把握住教育的未来。

（执笔：厦门十中教师　蔡兰英）

案例 8：

践行“只有更好”是管理的实践思维
——学校环境文化建设纪实

俗话说：“只有更好的，没有最好的。”这是学校总务在运用科学的方法、手段，通过有目标地组织协调工作，搞好总务各部门的工作的基本原则。作为总务主任如何践行学校“文心化行”的办学理念，是我们在实际工作中不懈追求的目标，我们按照现代管理原则与方法，科学地组织、调动有关人力、物力、财力等，以最短的时间取得美化、文化化校园的最佳效果，厦门十中成了一所花园式的学校。

一、“厦门学校校园第一道”的建设纪实

厦门市第十中学创办于 1975 年，校园占地面积 101 亩，贯通校园南北的主干道水泥路已修建 30 多年了，道路上的不少地方坑坑洼洼，严重影响了师生的通行和校园的美观。2017 年学校领导拟对该道路进行改造，但经了解该道路周边自来水管、电缆线、光纤等线路布设极为复杂，施工一有不慎，整个校园的水、电、网络都将瘫痪，会严重影响教育教学工作的正常进行。为此学校领导与总务处多次探讨，寻找最佳方案。他们曾到园博苑、环岛路等地方实地考察取经，研究解决办法，最后确定了在原来水泥路的基础上铺设彩色沥青的方案。该工程在2018年暑假竣工。这条彩色沥青道路从学校南门延伸到北门，与校园内周边的运动场塑胶跑道、单双杠场地的塑胶活动区及校园内的建筑物融为一体，大大地提高了校园环境的观感。厦门市教育局德育处许界群处长来校调研时称，这是"厦门学校校园第一道"。

二、文心亭、师德墙的建设

为了更好地将学校"文心化行"的办学理念融入校园环境建设中，学校充分利用校园的地理位置，拟将校园南大门入口右侧的镀锌管葡萄架改造为校园艺术长廊，将南大门入口左侧年久失修的挡土墙改造为师德墙。因教育局资金紧张，学校的申请报告无法得到批复。王校长与总务处多次拜访杏林街道，寻求资金支持，最后在杏林街道主任的支持下，经街道两委会研究通过，于2018年7月拨付给我校160万元完成了艺术长廊的改造工作，将原来的镀锌管葡萄架改造为防腐木的葡萄架兼师生艺术展览为一体的艺术长廊"文心亭"，广大师生的优秀书画作品也得以展示；将学校南大门左侧的旧挡土墙改造为砂岩质的"师德墙"，厦门十中的师魂、师表、师能、师智也得以呈现。学校南大门区域成了润物细无声的厦门十中校园文化环境的一个重要组成部分。

学校彩色主干道的修缮和校园内"文心亭"与师德墙等建设，使整个校园文化建设得到了提升，师生们对此赞不绝口。这里的文化元素对学生起到了潜移默化的作用，校园内公物被损坏现象也明显减少了。来到学校的各级领导和学生家长们对学校的变化给予了高度的评价。校园建设助力学校办学目标——生活的花园、求知的学园、成长的乐园、精神家园的提升。

我认为教育的本质是一种生产力。校园建设好了、美了、漂亮了，对学生的心灵是一种触动，也是一种熏陶，他们自然也会去爱这个家园。同时学校教育是培养人才的，学校是建设社会主义精神文明的阵地。学校总务管理不仅要为教学提供良好的条件，充分发挥设备的作用，更好地为教育教学服务，更要让学生在美好的环境中得到文化的熏陶，助力学生的真、善、美素养的提升，还要培养学生劳动的观念和爱护公共财物的良好品德，做践行"只有更好"是管理的实践者。

总之，后勤工作没有最好，只有更好。我们要在学校领导和全校师生的共同努力下，建设一支过硬的后勤队伍。后勤工作人员以校为家，有强烈的事业心、责任感，工作态度勤恳努力，肯干肯开动脑筋，肯钻研学习，自觉适应建设现代化学校的需要，努力提高专业技能；强化自身的服务意识，变被动应付为主动进取，想教职工所想，做教职工所做，急教职工所急，以主人翁的态度高质量地做好教育教学服务工作。

（执笔：厦门十中教师　郑高颜）

五、“管理标准”是管理的执行准则

管理标准，是指学校内部对需要协调统一的管理事项所制定的标准。健全学校内部管理标准的意义在于：(1)知道什么是正确的事和如何用正确的方法做事；(2)提高做事效率，建立高效的管理秩序；(3)分清责任归属，避免或减少管理失误；(4)“新人”方便上手，“老人”易于精通；(5)人人自主工作，学校依“法”治校；(6)总结、提高、拓展以及经验推广方向明确、路径清晰。目前我校内部建立的管理标准主要包括：基础管理标准、行政管理标准、德育管理标准、教学管理标准。基础管理标准，主要是日常的、一般的、共性的、特别是与劳动纪律相关的标准，如上下班标准、教学常规标准等。“基础”是建筑物的地基，也是学校办学管理的根本；基础标准主要划定管理的底线与边界，越线即犯规，人人平等，无一例外。它是内部管理的刚性规范。

（一）行政管理标准

行政管理标准主要是职能性的、程序性的标准。如：办公环境、公文管理、档案管理、保密管理、印鉴管理等，其中最为重要的是计划制定和决策程序等的规范标准。如：计划制定，我校为避免“为计划而计划”的形式主义，提出了计划制定文本的简明格式：背景分析、一般任务、重点任务。背景分析主要包括各相关管理工作取得的进展以及存在的主要问题分析；一般任务主要是学校管理中的规定动作（如：体育节、艺术节以及上级布置的工作任务等）如何进一步做得精细、做得有特色；重点任务是计划文本的主体，事关学校发展过程中原来已经在做的或者新一年竭力开拓的工作。重点任务必须包含三个方面的内容：这是一件什么事？（本质界定）为什么一定要做这件事？（意义阐述）如何才能做好这件事？（时间表与路线图）这样的计划文本既简明翔实又易于操作，让标准变成了有序高效的行政运作。

（二）德育管理标准

德育管理标准主要包括管理范围、内容和要求；与教学工作等的关系；德育条件；德育工作者（主要是班主任）的职权与条件；德育工作者的考核、评价及奖惩办法；等等。如德育管理的范围、内容包罗万象，没有具体的管理标准，方向何从、规律何循、效果何评等都将陷于公说婆说，或流于“做了”的形式主义。以班级集体建设为例，我校推行的是文化型管理，那就必须配套“班级文化建设标准”作为班集体建设方向、规律等的定性规范。特别是班训（班级精神）凝练、班级日志、教室布置、组织机构、活动开展、班级舆论、自我管理等方面的本质性要求，让班级文化既有统一标准，又能个性绽放，让班级文化成为学校文化管理的基点和窗户。

（三）教学管理标准

教学管理标准主要包括教学管理的范围、内容和要求；与德育工作等的关系；教学条件；教学工作者的职权与条件；教学工作者的考核、评价及奖惩办法；等等。其中，最为核心的是教师素质标准（参见“教师十条”）和课堂教学标准。我校目前的课堂教学标准主要聚焦在四个方面：重难点解决的精准到位、教学关系的对话互动、教学过程的不确定性和可预期性、课后反思的自我性和思维性。教学管理标准使质量提升有了遵循的准则与坚实的支撑，并成为教师自我管理、自我完善的建构性目标和实践性方向。

案例 9：

❀教学管理的“四个精心”

“文心”内涵丰富，对于教学管理而言，它包含了高标准和严要求的管理文化。我校注重教学常规管理的规范性，严格落实教学管理的“四个精心”，不断促进教师提升课堂教学的精准性、有效性，全方位提升我校教学工作的质量，并成为教师自我管理、自我完善的建构性目标和实践性方向。

一、精心制定学期教育教学计划

学期教育教学计划是备课组乃至教研组走向积极式工作的起点。我们要求各备课组在开学筹备期间召开组内会议，讨论、制定本学期的教育教学计划,并在开学第一周内按照校历制定具体到课时内容的教育教学计划,让组内教师的教学安排有据可依,保证全组的教学进度和基本质量。尤其是毕业班年段,他们的教育教学计划不仅要具体到课时,还要具体到每课时的教学要点;不仅要体现全局性,还要体现阶段性。毕业班教育教学计划的制定,应参照往年的各级质量检测时间,设置相应的阶段节点。这样的精心计划,为我校各学科教育教学目标的实现提供了有效保障。

二、精心开发校本课程和课程资源

作为区域内最有影响力的完全中学,我校在校本课程的开发与实施方面形成了自己的标准,即校本课程的校本性、实用性、趣味性。

校本性,即校本课程的开发必须要把我校的学情、校情、地情放在首位。只有这样才能满足我校学生的实际需求。实用性,指的是校本课程的开发要有利于学校和学生的自身发展,不仅要充实具体,同时还要在德智体美劳五个方面进行拓展延伸,以实现学生知识的拓展、能力的提升、思想的进步。趣味性,是提升学生学习兴趣的保障之一。我们的校本课程设计大多结合学生在生活和学习中的体验和经历,同时,校本课程的教学资源丰富多彩,使学生对校本课程学有所得,思有所获。

标准严格,是校本课程质量的保障。以我校集邮校本课程"收藏历史"为例,这一校本课程根植于20世纪八九十年代创校初期的校园文化。历史老师林运峥及英语老师宋白先后组织集邮小组、夏令营、邮展等活动,颇受师生欢迎。20世纪90年代后,孙鸣亮等几位热心的老师继续推动校园集邮,有兴趣小组、校本课程及社团活动等形式,编写了《收藏历史》教材,兼顾校本课程的校本性、实用性、趣味性及严谨性,融入历史学科知识,经油印讲义—试用—修订几个环节,完成校本课程的开发,配套教材共18课时,附思考题,符合选修课规范,图文并茂,于2008年正式出版,课程实施后广受学生好评。校本教材参加2010年杭州全国邮展获镀银奖,于2014年全国集邮校本教材网络展评中获大、中学组二等奖。

同时,我校林建华老师开发、实施的毒品预防教育校本课程开全市先河,课程实施效果显著,我校因此先后被评为"全国学校毒品预防教育工作先进单位"、"全国青少年毒品预防教育'6·27工程'示范学校"。我校的毒品预防教育校本课程也成为兄弟学校进行毒品预防教育的蓝本。

此外,硬笔书法校本课程、闽南语校本课程、陶艺校本课程、高中各学科校本选修课程等,都成为我校教学的有机组成部分,为学校课程增添了活力,延展了空间。

在课程资源的开发上，我校各学科积极以丰富、真实、生动的课程资源助力各学科课程目标的实现与学生学科素养的提升。以我校天文社为例。天文社是我校地理学科组的老师们为了实现课程内容实践化、生活化的目标，为了培养和提升学生对天文的爱好而成立的社团。天文社自 2011 年 11 月正式成立以来，多次邀请省内外知名天文专家、厦门市气象局专业人员到校讲课。同时，我校地理学科充分开发了环境资源、气候资源等，带领学生在行星观测、气候观测中提升学科的核心素养。借助这个社团平台，我校学生学习地理学科的兴趣十分浓厚，地理学科成为我校的优势学科，在区域内颇有影响力。

三、精心备课、上课、评课

备课、上课、评课是教学最重要和最基本的三大环节。严格管理这三大环节，也就抓住了优化教学的关键。

备课是起始环节，我校教务部门要求教师以备课组为单位，每周固定时间开展集体备课活动。为了确保集体备课的全员参与和效度，我们设定了“六有”标准，即有主备人，有书面教案初稿，有主评人，有集体研讨过程，有书面教案定稿，有课后反思。毕业班的备课组活动，还要求毕业班领导小组的相应成员参与、指导。

上课是集体备课成果的实践。对这一环节的管理，我校则坚持“高效开放”四字原则。高效，意在提醒教师注重课堂 45 分钟的效果，必须在规定时间内完成教学任务，实现教学目标，并且兼顾作业布置的高效。开放，意在营造我校的学术氛围，让教师间的交流打破年级、学段乃至学科的壁垒。

在“高效开放”四字原则之下，我们设定了“一要两不要”标准。第一，所有教师要随时准备被听“推门课”。课堂永远是对所有老师开放的。第二，所有教师不要拖堂。我校教学管理条例还将拖堂行为归为“一般教学事故”，从制度上为高效课堂提供保障。第三，校级领导每学期听课不少于 20 节，教务教科主任每学期听课不少于 30 节，普通教师每学期听课不少于 18 节。

教师、领导在听课之后，必须要贡献“智慧”，进行多种形式的评课。听校级组内公开课，必须进行课后研讨，总结得失，提取经验；听区级、市级观摩课、示范课，必须进行组内研讨，指定 1～2 位主评人，做细致的点评；同时结合组内情况，找到差距，找到问题，以他山之石，攻我山之玉。

以高标准、严要求进行教学三大环节的管理，让我校的教学质量长期保持在区域前茅。更为可喜的是，日常扎实的教学工作，为一部分特别努力的年轻教师提供了迅速成长的平台。年轻教师们也在各种教育教学评选活动和竞赛中脱颖而出，取得了傲人的成绩。

四、精心设计作业，编制校本作业

作业是课堂教学的延伸。好的作业既可以有效巩固课堂教学内容，检测课堂教学的效果，又能培养学生的学科能力，拓展学生的视野，同时，不占用学生过多的时间。我校教务管理条例中明确规定，初中阶段所有学科布置的课后作业不超过 2 小时，高中则不超过 3 小时。

为了让作业更为有效、更有精准，我校要求所有中高考科目编制学科校本作业。校本作业要求紧贴学情设计，严控单次作业量，选题精而新，设题体现层次性，并且排版美观。校本作业设计并非一成不变的，而是每年都向使用年级征集修改意见，不断更新、修改，力求让校本作业真正校本化。校本作业投入使用以来，既有效避免了家长盲目地购买教辅材料的现象，也极大地减轻了教师和学生的负担，更进一步实现课后作业与课堂教学的有机结合，从而巩固教学内容，提升教学质量。我校的校本作业开发多次获得了上级的肯定。

（执笔：厦门市十中教师　吴瑞芳）

案例 10：

正是出于各种管理标准的意义考虑，我校特别注重各方面的制度建设，以制度形式明确各处室、各部门的具体职责、明确各种活动该如何开展，以制度为保障、以“人本”为出发点、以推动“学校发展”为落脚点，努力建立和完善现代学校管理制度，全方位推动我校教育教学和管理等工作的开展和可持续发展。近些年来，我校及时结合具体的工作实际，依法依规通过教代会修订并完善了学校的一系列规章制度，如促进教师专业成长方面的《学校名师工程管理机制及教师专业化成长奖惩制度》、教学管理方面的《学校教职工工作事故认定及处理办法》、学科发展层面的《学校优质学科培育奖励机制》、《学校特色创建机制及奖励方案》等。当然，实现学校的各项发展目标需要制定各种科学的制度性的标准，但这些目标的实现与否还在很大程度上取决于学校各层级的管理者和教师对学校发展目标执行的过程和效果，执行制度才能确实发挥制度管人、制度育人的成效。

以我校名师工作室为例，其组建成立的标准和依据正是上文提及的《学校名师工程管理机制及教师专业化成长奖惩制度》《学校优质学科培育奖励机制》等相关制度。当前我校实行名师工作室负责制，负责人及工作室成员各司其职、各负其责，如在规划制定上，名师工作室负责人的责任是必须做好该学科的建设发展规划，工作室的所有成员必须依照个人现状拟定专业的成长规划，且学科的建设发展规划及个人专业成长规划须交由校务会研究通过后方可执行；在具体工作层面，名师工作室负责人必须定期组织学科教师开展外出参观学习、同课异构、课题研究、论文撰写、晒课等一系列展示个人素质及才华的活动，除此外，每学期组织学科教师交流个人的成长心得、论文展示等分享活动，并将文本资料汇总报送学校教科室统一管理。近些年来，在上文提及的相关标准性管理文件和制度指导下，学校的各名师工作室极大地带动了相关学科的发展，具体以地理学科建设和发展来说，我校地理学科现今已经成长发展为市级优质学科，目前正拟创建省级优质学科。在地理学科的成长和优质化创建过程中，就离不开学校的市地理学科带头人黄滨岚老师创建的名师工作室的有力推动。目前地理学科已有两名教师获得厦门市学科教学技能大赛一等奖，尤为可喜的是，我校地理教师陈萍参加2017年厦门市第四届中小学中职校幼儿园教师教学技能大赛，获高中组特等奖。名师工作室带领下的各学科也呈现着良性的竞争与合作，几年来，我校学科间形成“你争我赶”创建优质的氛围，不断涌现出在地方较有影响力的优质学科，有效地提升了学校的教育教学质量和水平。

在教职工奖罚方面，我们也根据学校的相关制度标准明确奖惩，极大地提高了教师的工作积极性和对学校的认同与归属感，如2017年我校用于奖励教师专业发展奖励成长的资金有10多万元，用于中考、高考、会考奖励的资金有70多万元，且通过学校的微信公众平台、校园网公布优秀教师的评选结果，并推送优秀教师的感人事迹，让这些优秀教师赢得社会的广泛赞誉。当然，有奖有罚，与此同时，我校也根据上文提及的《学校教职工工作事故认定及处理办法》惩戒了11人次的教职工。

学校各方面工作的协调统一和有序展开需要各种管理标准的制定和执行，当然，需要明确的是，管理标准并非一成不变的，而应与时俱进，根据时代和学校发展的具体情况进行修正完善，以更好地推动学校的可持续发展。

（执笔：厦门十中教师　姚智昌）

六、"高效团队"是管理的执行力量

共同价值也好，管理标准也罢，要卓有成效地变成实践的现实，主要靠人，靠一个关心、支持并愿意为之奋斗的群体，尤其要靠一支高效的管理执行团队。这支团队必须有大局意识，"同心从心、心往力行"是他们共同的价值观；必须有协助精神，愿意优势互补、共担责任是他们的合作关系；必须有服务精神，主动自愿、尽心尽力是他们的奉献态度。一个学校如果能够形成这样的骨干管理力量，一定能在办学过程中不断创造管理质量的奇迹。当然，这样的团队需要条件，也需要时间。但我们不能指望这样的团队会从天而降，只能创造条件促其尽快形成。目前，我校主要以执行力作为核心，以"三度"作为抓手，向着管理的理想型团队迈进。

（一）速度——快

比尔·盖茨有句名言："微软永远离破产只有 18 个月。"他说的是速度决定企业的生死存亡。学校办学虽然不会因速度问题导致破产，但打造优质教育的目标同样需要速度，因为你可能耽误了一批批学子最好的成长机遇和发展可能。最容易让管理者忽视速度节奏的是，每天面对的是一些平凡的甚至琐碎的事，殊不知这些"平凡""琐碎"是学校教育本质的重要组成。魏书生先生认为："把一件小事持之以恒地做下去，就会成就一件大事；把平凡的事情做好，就是不平凡。"洋思中学靠抓学生的"日日清、周周清、月月清"的学习常规创造了"洋思奇迹"，即是抓平凡小事获得成功的经典范例。因此，我认为学校管理团队良好的执行力的第一个表现就是速度，哪怕是看上去无关紧要的小事。于是我提出了强化办事速度的基本原则——每天三件事：必须做的事、应该做的事、可以做的事，以此作为提升执行速度的实践抓手。经过一段时间的训练，做事的思想意识和简洁干练有了明显的改变。

（二）效度——好

做了一件事和做好一件事是有本质区别的；前者可能只是数量上的无效统计，后者却是质量上的有效保证（即效度）。但"效度"（好）也是有层次性的。比尔·盖茨认为："聪明人能把事情做好，精明人能把事情做得更好，高明人能把事情做到最好。"据此，我校结合管理十条中的"只有更好"

及“管理标准”把效度设置为三个层次:一般性效度、发展性效度、理想性效度。一般性效度(做好),指完成计划中预期的目标或达成管理标准的要求;发展性效度(最好),指超出了现存标准或预期目标,想法、做法有发展、有超越;理想性效度(更好)指向未来做得更好的可能性思考。“三好”齐抓,让“好”既有现实的坐标性,又有发展的开放性。

(三)新度——创新

教育界有一种流行的说法:“人无我有、人有我新、人新我深”,窃以为这是团队执行力“新意”的内涵性界定。只是我更看重“有”的意义、“新”的价值和“深”的方向,因为它们都不可能孤立存在。从根本上说,“有”“新”“深”都是一种相对性的存在,都必须建立在本校可能性发展的土壤上,否则,就是好高骛远的教育浪漫。基于此,我校对“新意”的实践主要聚焦在如下三个方面:一是只借鉴、不比较,凡是适合本校实践的、以前从未采用过的,都为“新”,以此鼓励学习借鉴;二是讲成长、求改变,凡是能够超越自己既往做事习惯、方法而又效果明显的,都为“新”,以此激励自己成为更好的自己;三是倡独特、扬个性,凡是带有独创符号的、哪怕暂时并不适合在学校推行的,都为“新”,以此鼓励做一名有价值的管理者。基于学校现实的考量,我们对“新”的理解与实践有较大的“高低”落差,一切为了让“新意”有丰富的内涵,让“新意”的追求成为一种管理文化,毕竟严格意义上的创新实为不易。

案例 11:

❋高效团队是管理的执行力量

——2019 届高三年段工作纪实

教育教学质量是一个学校的生命线,是关乎一个学校的办学声誉、社会形象的重要因素,高考成绩就是最最重要的一个办学指标。这也是目前各个高中学校领导最为关注的、最投入精力的一项工作。而要较好地完成这一工作就必须要靠一个关心、支持并愿意为之奋斗的群体,尤其要靠一支高效的管理执行团队。

为了让高三年段成为一个有大局意识、协助精神和服务精神的高效团队,我们做了以下几件事:

一、首先成立2019届高三领导小组

学校成立了以王阳灿校长挂帅的高三领导小组，教学副校长洪晋成蹲点年级，部分中层领导挂靠相应班级，既加强了高三工作的领导，又确保了学校对高三工作各方面的支持。

学校领导班子高度重视、常抓不懈，强化服务是保持备考工作适度紧张、高效运行的动力。坚持每周行政会首先研究讨论备考工作，集思广益，完善措施，齐抓共管。

二、明确高三工作的指导思想、工作思路、备考要求，树立三种意识

1.指导思想

树立质量意识，狠抓过程管理，落实备考要求，力争完成任务。力争完成任务：实现实考双百计划，本一上线100人，本二上线400人。

2.树立质量意识

要牢固树立高考质量意识，坚持以追求高考的高质量为高三工作的中心。

3.狠抓过程管理

要围绕"追求高考的高质量"这个中心，狠抓学生学习过程管理，狠抓教师教学过程管理，狠抓教研、训练过程管理。

三、早安排，早行动，提前进入高三复习状态

在全面总结2018年高考的基础上，我校提早谋划，暑假期间，对本届高三的复习备考工作进行了全面安排部署。2018年高考结束之后，我们立即组织高二师生进行全面部署动员，增强了全体高二师生迎战2019年高考的时间紧迫感和任务紧迫感，进一步激发了大家的干劲和斗志，提前进入了下一轮的高考备考状态；拟定好新一届领导班子、班主任及科任老师的搭班组建，制定目标和计划。

四、制订了高考的具体四层目标

年段目标：尖子生和潜力生，本一培养对象名单及人数，提出实考双百计划；

具体做法：尖子生自选导师辅导和潜力生指定导师辅导；

学科目标：（市均分及市排名争取进入前十名）；

班级目标：本一线培养对象名单及人数、本二线名单及人数、艺考生名单及人数；

教师目标：平均分及贡献率；

层层分解，任务落实到班，这些超前的工作，有力地促进了备考。

五、通过各种会议，统一思想，营造氛围

管理层面有学校高三领导小组会议、年段各班组成员会议(挂靠领导)、年级班主任会议、年级备课组长会议等；教师层面有全年级教师大会、有关学科教师座谈会、备课组会议、班级教师会议；学生层面有高考相关年段学生大会，考后总结暨表彰大会、班级班会等；家长层面有家长会、部分家长座谈会等。

年段过程管理：定期协商，每周一次工作小组会，每月一次年段教师会，每次月考或大考考后进行质量分析会。教育学生绝不只是班主任的事情，年段积极推行的导师制，就是要让每位教师人人做学生的成长导师，让学生人人受到应有的关爱。根据各班班情，开展对临界生的跟辅工作，落实学生名单，拟定好计划，班主任定期向年段长或跟班领导反馈。分层次教学，设置了高三年9班艺考班的创建工作，在高一就开始规划，让美术组黄茂金老师、音乐组老师利用选修课选拔人员、提前培训，体育组王仁君、王雄林老师利用寒暑假及下午第四节进行组队集训等工作的开展，在质量分析会上，让市质检成绩优秀的备课组组长或老师作相应经验的介绍，特别是老教师帮带新教师的经验交流。

除了上述活动，我们还以阳光体育为载体，激发学生活力，借助学校心理健康咨询室，对高三学生开展必要的心理活动。经过一年的努力，2019届高三，在王校长的亲自领导下，经过所有高三教师的努力拼搏，高考取得了辉煌的成绩。一本达线108人，一本上线率达22.4%，其中1名超过600分，二本达线458人，二本以上达标率为95.2%。理科高考高分550分以上有12人，达标率与超标人数皆居全区属同类学校第一名。这是我校在省一级达标校这个新的平台上实现的新的跨越。

总之，要取得年段高考的好成绩，年段团队管理工作作为实践行为，各种管理工作系统的组合和优化，是获得年段管理良好效果的关键因素。我们要形成“同心从心、心往力行”，优势互补、共担责任，主动志愿、尽心尽力的骨干管理力量，一定能在办学过程中不断创造管理质量的奇迹。

(执笔：厦门十中教师　吴福林)

案例 12:

❋高效团队是管理的执行力量

厦门十中初中2018级目前共有20个班级,988名学生,以及86位科任教师,可以说是一支数量极其庞大的队伍。学生数多,生源复杂,在一定程度上给我们的管理工作带来了一定的难度。因此,拥有一个高效团队是能让我们创造管理质量奇迹的必胜法宝。

高效团队的建设上,年段始终要坚持两手抓:一手抓班主任团队建设,一手抓备课组建设。一支高效的班主任团队是年段管理中德育工作的骨干力量,更是班级管理的核心。同时,高效的备课组团队,能调动科任教师的工作积极性,促进学生的全面发展。

一、高效的班主任团队建设

班级是学校组织教学、开展活动、实施决策的最基本的基层组织。学习的一切管理效果最终要通过班级来体现。班主任是班级活动的组织者和领导者,是班级学生的教育者,是联系各任课老师的纽带,是年级管理中德育工作的骨干力量,更是班级管理的核心。他直接影响着学生的健康成长,对整个学校的教育教学质量起着至关重要的作用。在初中2018级的20名班主任中,有11名是新班主任,因此,在年段管理中,我们一直以来的重点任务就是培养、建设一支师德高尚、业务优秀、素质过硬的班主任团队。

为此,我们做了以下几个方面:

1.坚持每周一下午召开班主任例会,将例会常规化、制度化

在周例会上,除了总结近期的班主任工作,及时传达学校各部门的精神、布置近阶段所要完成的任务,还会剖析目前工作中存在的问题,集思广益,群策群力,将各种小矛盾及时地扼杀在摇篮里。

2.通过经验交流,提高班主任的工作能力

年段每学期都会不定期地安排班级管理工作中较优秀的班主任介绍工作经验,通过交流,取长补短,促进整个班主任队伍的共同进步与成长。

3.为年轻教师安排带教工作

充分发挥有经验的老班主任的"传帮带"作用,以老班主任的高尚师德、对事业的执着和奉献精神来感染年轻班主任,用年轻班主任的大胆开拓进取的精神来激发老班主任,促使老少共进,从而促进整个班主任团队

的发展。

4.注重引导班主任进行总结与反思

我们要求班主任努力做到两点：一是树立“教育无小事，事事皆育人；教师无小节，节节作楷模”的思想，做好反思，并从细节入手，设计每日反思的问题。二是坚持撰写教育反思的案例，深入地思考班主任工作中的得与失，更加深入地学习，不断改变自己的教育方法和方式，提高自身素养，用自己的人格魅力征服学生，做一个受学生喜爱的班级管理者，并在每周例会上邀请不同的班主任将反思中有价值的经验进行分享。常规性反思能帮助班主任树立更科学的教育观，有利于打造一个科学的高效团队。

5.职业倦怠，提升班主任幸福感

众所周知，班主任工作十分的烦琐而又艰辛，为了激励班主任们的工作热情，年段每学期都会组织班主任团队活动，如年段的趣味运动会，龙虎山拓展活动、到金门学习交流等。学校通过这些活动，缓解班主任们工作的疲惫，让他们调整心态，更好地去面对学生，也增强了班主任队伍的凝聚力、向心力。

二、高效的备课组团队建设

现行的教育体制下，初中年段管理的成效最终是通过学生的中考成绩来衡量的。教学质量是一个年级组、一个学校的生命线。因此，年段教师的教学水平、教学能力、教学管理能力直接影响着教学质量。随着素质教育的不断推进，课堂改革的步步深入，对教师的师德修养、教学能力和开拓创新的能力提出了新的要求。新形势下，依靠单个人的力量难以在课程研究与开发、高效课堂设计与开展和有效教书育人等多方面实施新的突破，这就要求我们在年段管理中加强备课组建设，依靠团队的力量激发不断的创造力。

为此，我们做了以下几个方面：

1.严格落实集体备课制度

按照“四定”（定时间、定内容、定地点、定主发言人）“四备”（备课标、备教材、备学生、备方法），要特别重视在集体备课指导下的个性化备课，每节课围绕教学目标和学生实际，恰当地确定三维目标，把握好教学的重难点，选择好教材，做好必要的学法指导，设计好每个教学环节，通过师生的共同努力，使学生学会、会学。

2.落实分层作业

要着重培养学生自主作业的能力，作业题要优选，真正做到减负提质，容量要适度,要体现层次性,尊重学生的个体差异。另外,作业要及时批改,及时反馈,调整教学策略。

3.进行针对性辅导

鼓励备课组要求组内教师尊重学生发展的差异性,厚爱后进生,不断给予期待。课堂教学分梯度,作业设计分层,做到“三个优先”,即后进生作业优先批改,进步优先表扬,有困难优先帮助。

4.做好阶段性检测

让学生明白,在学校读书,主要任务是学习,而考试是检查学生学习效果的有效途径。要开展单元达标训练,平时在教学中,力求做到堂清、日清、周清、月清的“四清运动”,及时反馈,调整教学策略,改进教学方法。

5.做到“四精四必”

对学生作业和试卷要做到“四精四必”,精选、精编、精讲、精练,有发必收,有练必批,有批必评,有错必纠。

6.开班科任联席会

协同班级管理,大家可以互通有无,聚焦问题,分析交流自己对班级出现的不良现象的认识,经过分类整合,最后依据学生在自己课堂上的表现,结合大家分析出来的原因,采取相应而有效的整改措施,最后收到辨证施治的目的。

在过去的两年里,我们年段不仅在期末市质检中取得了良好的成绩,也逐步形成了稳定团结、积极进取、拼搏向上的段风学风!笔者认为,这与年段坚持践行着我校“文心化行”的办学理念及“以心正行,以体健体,以美育美”的办学特色,并重视建设年段高效团队的工作管理是分不开的。

总之,年段管理工作不是一朝一夕能完成的。我们要不断寻求新的思路和方法,敢于突破思维定式和传统的经验束缚,以团队的力量,在相互鼓励中学习,在集体探索中成长。

(执笔:厦门十中教师　吴希芸)

七、“尊重奉献”是管理的常态情怀

美国心理学之父威廉·詹姆斯认为:“人类内心最深沉的渴望就是得到充分的尊重。”尊重是管理文化的关键词,从某种意义上说,没有尊重就没有管理。李进成老师这样赞美尊重:“尊重是昂贵的黄金,但没有标价;

尊重是悠长的时空，但没有尽头；尊重是生命不朽的延续，即使脉搏停止跳动，仍会源远流淌。尊重的价值：在于它的永恒，在于它的与日月同辉。”李老师以文学的表达凸显了尊重的价值。实际上，尊重的本质不是物质的，何况在我们日常的管理活动中，能给予管理对象的物质待遇也是少之又少的；尊重的本义是尊敬、重视，是伦理学的，也是心理学的，其核心是精神性的。所谓“士为知己者死，女为悦己者容”（《史记》），讲的就是尊重给对象的一种精神性的抉择。但我们要的不是一种带有管理策略的尊重，而是一种伦理的、主要指向管理者高尚素养的尊重。

基于此，我校在日常的管理活动中，主要倡导并实践下面三种尊重方式。

（一）平等对话

玛格丽特认为：“真正的交流是一种平等的对话。”“平等对话”是管理者之于管理对象的一种尊重。其中，没有身份、地位、血缘等外加因素，也不夹杂自大、自私、多疑等负面心态；这种尊重带有“再伟大的人都穿过开裆裤”的假设前提，坦然地分享自己的成败得失，透明地表达自己的看法、想法。平等是一种深入骨髓的尊重，对话实则是其外在的表达方式。

（二）理性体谅

杭州二中原校长叶翠微认为：“让一个有缺点的人走在校园里，天不会塌下来。”实际上，人皆有缺点，只要不是原则性的刚性的问题，都应该以理性的包容给予建设性的体谅，这是人性练达的尊重式和解，也是给成长文化预留的空间。

（三）竭力成全

要在学校现有条件的基础上，尽量成全管理对象的生活化需要；要根据管理对象的自身特点，尽量成全其在学习机会、工作条件等方面的专业化需要；要通过来自学生（含毕业生）、家长、媒体、机构（包括学术机构）等的认同，尽量成全管理对象的社会化需要。尊重是管理的核心性元素，人大都是为尊重而活的，也是为尊重而拼搏的。

如果说，尊重是管理者之于管理对象的伦理关系，那么，奉献就是管理者之于学校的道德关系；奉献是一种更高层次的尊重，是把学校发展当成自己崇高事业的“初心”和“使命”。习近平总书记指出：“思想境界提高了，道德修养加强了，对个人的名誉、地位、利益等问题就会想得透、看得淡，知所趋、知所避、知所守，不为名所累、不为利所困、不为情所惑，就能自觉把精力最大限度地用来为国家和人民勤奋工作，而不去斤斤计较个人得失，不去利用手中的权力牟取私利。”[①]我认为，习近平总书记的这段话也是对奉献精神的最好解读。

当然，作为学校管理者，我们与总书记的要求还存在着艰难的距离。目前，我校主要倡导三条奉献底线：一是奉献时间，这是人人必须做到的。原则只有一条，只要学校工作需要，人人必须在岗到位。二是奉献利益，这是人人可以做到的。这一条主要指向评优评先、职称晋升等，只要与教师的利益发生冲突，管理者就应该主动退让。三是奉献智慧，这是人人可能做到的。不仅在其位谋其政，还要想方设法谋最好的“政”、谋更好的“政”；不仅要谋岗位职责之“政”，还要参与谋学校整体发展之“政”。

案例 13：

❀以奉献之心，行管理之责

我校倡导三条奉献底线：一是奉献时间；二是奉献利益；三是奉献智慧。这是人人可以做到的。大家不仅要在其位谋其政，还要想方设法谋更好的“政”、谋最好的“政”；不仅要谋岗位职责之“政”，还要参与谋学校整体发展之“政”。学校工会紧密团结和依靠全体教职工同志，围绕学校的中心工作，以构建“民主、文明、和谐、幸福的十中之家”为目标，认真履行工会工作职责，积极推进学校的民主管理、民主决策与民主监督，主动关心教职工的工作与生活，不断提升教职工的职业幸福感。

关心教职工，为教职工的工作与生活做好服务工作，是工会的主要工作职责。我校曾老师由于从小口吃，害怕与人交流，久而久之导致自闭。1988 年 8 月从集美师范专科学校毕业后分配到我校，在教务处从事后勤工作。目前，夫妻俩育有一个女儿，妻子在社区当环卫工人，女儿目前还在就读大学，家庭经济条件比较困难，加之家人之间缺乏必要的沟通交流和温

---

① 习近平同志 2008 年 5 月 13 日在中央党校 2008 年春季学期第二批进修班暨师资班开学典礼上的讲话[EB/OL].(2008-05-13)[2022-05-06].https://www.ccps.gov.cn/xxsxk/xldxgz/201812/t20181223_126874_4.shtml.

暖关怀，曾老师的自闭症越来越严重，几乎不与任何人交谈，上班时怕遇到同事，经常躲到学校某个无人的角落，自己口中念念有词。学校工会了解到这一情况后，多次深入其家庭进行家访，从经济上给予更多补助，另一方面，动员其妻子多加关心照顾，劝说其本人定期就医治疗，加强康复训练。同时，学校工会副主席还联系曾老师的大学同学并告以实情，同学们得知曾老师目前的困境后，纷纷慷慨解囊相助，并组织当年的班委到家中关心慰问。功夫不负有心人，曾老师的病情有所好转，日趋稳定，渐渐地敢与熟悉的人交流，还能协助传达室为学校各科室年段分发报刊。

在日常的工会工作中，我们时刻秉持着“文心化行，以心暖心”的工作理念，尽量做到细致入微，在学校现有条件的基础上，尽量成全教职员工的生活需要。我校吴维娜老师于 1988 年参加工作，仅工作六年就因精神疾病被迫居家养病。居家养病的吴老师，带着一个尚在中学就读的孩子，寄居在父母家中。丈夫与她分居十几年，拒绝与她联系，只是负责孩子的辅导费用及每周 200 元的基本生活费。吴老师的父亲病逝之后，80 岁老母与吴老师母子二人的生活更为艰难。工会得知此情况，当即向学校领导汇报，认真研读相关的帮扶政策文件，主动伸出援手，在上级政策允许的范围内，为其申请“集爱基金”等各类困难补助金两万多元，一定程度上缓解了其生活的困窘。此外，工会于各种节假日，多次代表学校，深入其家中探视慰问。为了方便帮扶工作，工会相关负责人和吴老师的母亲建立了微信联系，以便及时了解情况，协助其解决各种困难。常规性的节日慰问品发放时，体谅吴老师母亲年岁已高，行动不便，工会负责老师自垫邮费，由快递送上门。吴老师的母亲于 2018 年年初不幸因车祸去世。工会得知消息，也在第一时间通过各种渠道和吴老师的表哥取得联系，重新建立了联系渠道，与吴老师的丈夫添加了微信，以便今后的帮扶工作能继续顺利开展。

奉献爱心，彰显十中仁爱情怀。工会积极组织教职工参加慈善捐助、志愿服务活动，不仅为学生，更尽到了社会责任。2018 年 1 月 15 日早晨，十中老师以及和十中老师有联系的社会各界人士的微信朋友圈被一条署名“厦门十中工会”的呼救信息刷屏了：“陈振溪（厦门十中老师），因心血管破裂，下午紧急动手术，急需大量 O 型血及血小板（不是 O 型血的也可以献血，请说明是互助献血，可以调剂 O 型血给陈振溪使用），请老师们也广泛转发，发动各种力量为其献血！手术时间是四点，请有意向帮助的老师朋友四点前献血。到厦门市各个献血点均可，献血时请指定为：集美第二医院 3 号楼 11 层 23 床陈振溪使用。”是的，信息中的陈振溪老师，彼时是我校初三年的段长。陈老师于14日晚，因突发心血管破裂疾病，被送往医院，需及时手术。因病情危急，手术、输血刻不容缓。工会在14日晚得到消息，第一时间在学校工会群发出通知，于是，15日清晨，老师、学生家长乃至社会各界热心人士，都纷纷自发地加入抢救陈老师献血活动中。由于抢救及时，陈老师终于转危为安，今已康复出院。而在这次“抢救振溪老师”的活动中，学校工会潜心“服务教职工，关心教职工工作生活”，当好“娘家人”的工作作风及效率，再次得到了广大教职工乃至社会的点赞，更是温暖了十中人的心。

在学校党委的领导下，工会将继续团结和依靠全体教职工，一心一意谋工作，全心全意做服务，在原有的工作基础上，力争有所提升和突破创新，进一步深入到教职工中间去，关心了解广大教职工的心声，为教职工提供更高品质的服务，更加贴心暖胃的关怀与慰问，让教职工获得更大的职业幸福感。

（执笔：厦门十中教师　高仕该　周宝丽）

案例14：

尊重奉献是管理的常态情怀

——记安全、有序、有爱的校园供餐

我校的教育体量大，在校学生和教职员工为4800人左右。要安全有效地完成供餐工作，对于后勤部门来说是一场极大的考验。在这场考验中，除了要有食品安全意识，他们还要以尊重的态度面对师生，以奉献的情怀投入工作，这样才能真正使得供餐工作成为我校“暖人心”工程的一个部分。

我校初中招生面广，有很大一部分学生的住所离学校很远，加上许多家长因工作原因，中午无法回家保证孩子用餐，种种原因造成大量初中生需要留在学校用餐和午间休息。但我校空间有限，加上学校食堂硬件不足，食堂窗口及座位数远远不能满足大量学生用午餐的需要。学生放学留在食堂用午餐，则要花半个小时排队。学生不愿排队，到校外摊点用餐，就无法保证用餐的食品安全；还容易因为往返时间过长，导致校外用餐的学生无法按时回校午休，存在严重的安全隐患。这不仅给学校午间管理带来困难，也让家长平添了许多担忧。为解决以上问题，学校于2017年开辟第

二餐厅，专供高中女生就餐。但初中用餐拥挤现象仍无法彻底解决。

于是，学校决定为需要在学校午间休息的全体初中学生全部配餐到班级用餐，确保学生能准时用餐和午休。初中留校午餐的学生数约为1800人。而一份午餐需要经过采买、验收、贮藏、粗加工、切配、烹调、装盒、点数、运送，最终才能到达每一个学生的桌面。如此多的环节，每一个环节都要细细讨论之后才能一步一步确认。同时，学校德育处、初中各年段通过“每月金点子”平台，向学校提出送餐建议，学校接到建议以后，校长马上召集学校总务处、厦门“家的味道”餐饮管理有限公司商讨解决办法，拟定配送午餐到班级的初步方案。为了让供餐工作推进得更有序有效，我校又于2019年9月6日，由校长主持召开由学校总务处、德育处、集美区杏林市场监督所、厦门“家的味道”餐饮管理有限公司共同参加联席会商讨相关送餐事宜，审查配餐公司的资质，共同研究送餐的可行性、安全性方案，研究应急处理机制等。此外，限于食堂空间和人手有限，无法为全体留校午休的初中生供餐，经过反复的研讨，最终学校决定，食堂力所不能及的部分，由厦门“家的味道”餐饮有限公司旗下的全资子公司为部分初中年段送餐到教室。进入筹备阶段以后，总务处、德育处、厦门“家的味道”餐饮管理有限公司、初中年段、家长委员会进行具体操作细节的再次探讨，由学校总务处和厦门“家的味道”餐饮管理有限公司开始开展各种筹备工作。

学校总务处和厦门“家的味道”餐饮管理有限公司共同制定了厦门市第十中学初中年级午餐配餐方案，形成可行的送餐方案，建立有序的配送流程，于2019年9月15日正式配餐，整个过程仅用10天就完成。这10天凝聚了学校领导、总务处、食堂等相关人员的无数心血。

新冠疫情发生以后，全国上下团结一心抗击疫情。随着疫情抗击初步胜利，我校迎来了高三年全体师生的返校复学。复学的筹备工作千头万绪，而其中的用餐工作又是重中之重。疫情防控和生命安全应当摆在首位。简单地要求全体高三学生回家用餐，是不符合我校学生家庭实际情况的，也是缺乏担当的。如何在疫情之下为高三师生提供安全、有序乃至有爱的供餐服务，成了学校领导和相关部门反复研讨的重点。

在王阳灿校长的领导下，我校火速成立了“高三年复学配餐领导小组”，学校组织多个部门认真分析论证配餐方案，建立科学的用餐体系，将学生餐厅用餐区域划分成以班级为单位的区域，由一名学生作为引导员，引导学生就座用餐，采用单人、单桌、定位、定人、同向就座，统一坐在餐桌的左边用餐，做到用餐时不讲话，文明用餐，光盘行动。为了避免学生排队整理餐盘造成聚集，学校经商讨论证后决定学生在用餐后可即时离开，餐盒留在位置上由食堂员工统一回收、清洗。引导员负责监督学生的用餐情况和配送餐的食品卫生、品质等。

特殊时期，供餐压力大，食堂无法提供往常的自选餐品服务，只能改为大众配餐的服务形式，这必然无法兼顾不同学生的需求。本着“以生为本，以人为本”的理念，为了优化服务质量，学校德育处收集学生用餐情况的意见，对食堂的用餐情况进行评价，汇总用餐建议反馈给总务处，总务处和食堂协商解决。每天，“高三配餐家校交流”微信都很活跃，家委和学校的总务部门、食堂人员，或是讨论问题，或是提供建议，或是互相鼓励。微信群成了疫情防控期间配餐工作方面家校沟通的桥梁。

我们终于以尊重的态度和奉献的情怀，在保证供餐工作安全、有序的前提下，还打造了有爱的服务。配餐过程师生反应强烈，受到学生、家长的高度肯定，也得到了上级部门的赞赏。

2020 年 5 月，全国疫情阻击战取得阶段性的胜利后，学校迎来全面复学，这给学校师生用餐带来了新的问题，我校食堂面积小，要是单人单桌，只能容纳高三年段的学生用餐，其他年级的学生必须配餐到班级分开用餐，能不能解决用餐问题成为学校复学的关键指标。学校领导再次组织总务科、德育科、食堂经理等相关人员进行研究讨论和现场模拟论证，最终提出了一套可以操作的方案，除初一年段由央厨配送，其余年段本校食堂配送。配餐前组织了全校的用餐调查确定了用餐标准，总务科立即采购餐盘、保温箱等设备，食堂员工从原来的 28 人增加到 74 人。经过一个星期的紧张准备，学校终于在开学前一天完成了配餐前的各项准备，保障了学生开学后能吃上安全、可口的饭菜。

炎炎夏日如期而至，每天中午食堂送餐人员依然准时送餐到位。师生们看着他们头发上闪闪发亮的汗珠、热得通红的脸、身上湿透的衣服，更加强烈地感受到自己手中这份饭菜的温度。有爱的温度，源于我们尊重师生的初心，源于我们奉献师生的情怀。这是一份简单的饭菜，这也是一份并不简单的饭菜。“文心化行”，一份饭菜也在用自己的语言，述说着组织者的文心，也在用自己的方式，影响着师生们的行为。

（执笔：厦门十中教师　柳灿耀）

八、“理论素养”是管理的专业修习

众所周知，学校管理者必须具备相对渊博的理论素养，主要包括文化水平、专业知识、教育理论、学校管理、法律常识、艺术修养等。缺乏必要的理论素养，在今天这个办学专业化的时代是无法成为一名合格的学校管理者的。但“理论”这一概念所涵盖的范围是任何个体穷其一生都难以洞悉周全的。因此，它必须有相对清晰的边界，否则，理论素养的修习势必陷于盲目无序。我认为，应该把握这样几条：一是方向。学校管理者的理论素养主要包括政治学、教育学、心理学、管理学、社会学、文化学、哲学等。二是过程。先学什么，后学什么，什么阶段学都要根据自身的积累合理安排。三是坐标（或体系）。要基于“学校办学管理”这一基点，建构相应的理论素养体系。四是内化。一定要将所学尽可能融会贯通，内化为自身的管理语言。五是实践。要善于根据所学将其中的原理、规律、方法转化为实践操作的原则、依据、工具、办法等，在做前学，更要在做中学。为了便于掌握及验证，我根据个人的体会，从“一般性”的原则出发，将理论素养的积淀分为三个层级：管用、好用、化用。

（一）管用

管用的标志主要有两条：一是对学校教育的本质有较深刻的理解；二是对这一“本质”的办学管理实践有一定的想法和办法。这是根本性的、前提性的、方向性的。脱离了这一本质，所学理论可以说要么无用、要么不管用。关于学校教育的本质，条分缕析地看清教学主张、依据以及不同实践路径是必须的。因为这是方向性的，关乎科学的、文化的实践展开。选择好并付出富有成效性的实践，是你的理论素养管用的标志。在我看来，所谓的“幸福教育”“创造教育”等高大上的提法都是一种让人“摸不着门”（孔庆东语）的伪命题，也是理论素养不够用、不管用的表现。这一阶段的理论素养主要表现在一般教育学、心理学、管理学等较为基础的、常识的学习，知道学校办学管理“管什么”和“怎么管”，属于理论素养“实用性”修习阶段。

（二）好用

好用是在管用基础上的一种层级性提升。这一阶段的主要标志：一是能从不同的理论角度解剖学校办学中存在的问题，并提出前瞻性的解决方案及备选方案；二是各种管理工具熟练掌握。就前者而言，现代管理理论（包括企业的先进管理理论）、教育心理学、社会学、领导学等都要有较好的心得；而后者则要像中国人吃饭时使用筷子一样熟练，特别是SWOT分析法、SMART原则、POCA循环管理、6W2H分析法等各种分析、统计、管理工具好用，是因为你已经拥有较为专业的劳动工具和一双透过现象看清本质的抽象化的眼睛，以及快速践行的灵活的手脚。这一阶段属于理论素养"艺术化"修习时期。

（三）化用

化用是学校管理者常态下的最高层级，相当于学者办学。其主要标准，一是熟悉中西文化史、教育史、心理学史、哲学史；二是精通各种管理理论；三是洞悉世界一流品牌学校的办学经验。因此，他能够培养一大批超群的师生、能够拥有属于自己的办学语言和办学话语权。这一阶段属于理论素养"哲学化"的修习时期。

当然，这种划分纯是个人看法，一切都是为了理论素养的专业修习。也许，我终生都无法达到"化用"的阶段，但我乐意像科幻作家亚瑟·克拉克所说的那样去努力："我永远都没有长大，但我永远都没有停止生长。"

案例15：

学习是管理者的专业修习

——从专业教师到德育主任的成长历程

百年大计，教育为本；教育大计，教师为本。在我国的教育体系构建中，教师是教导学生专业知识的人员，是为国家输送素质型人才的中流砥柱。学校的发展，离不开教师个体的发展；要办好人民满意的教育，教师个人的理论素养的提升和专业的成长就显得尤为重要。教师的成长、学校的教育教学管理水平的提升，都离不开理论素养的提升。本人作为一名教育工作者，在自己的教育教学生涯中，努力提高自己的教学业务能力、提升理论素养和育人水平，不断完善和提高自己的师德师能水平，实现从一个"老数学教学匠到新德育主任"的蜕变，为教育事业的发展做出一份微薄的贡献。

一、积蕴教育能量，更新专业理念，提升专业水平

“工欲善其事，必先利其器”，要做好教师这份工作，必须要有过硬的教学本领。本人于1991年8月入职，刚大学毕业的我，深知作为一名数学教师，必须具备较高的数学专业素养和数学文化素养。当时的厦门十中是一所城镇结合部的学校，学生个体差异很大，他们的性格、习惯等也有所不同。不少学生学习习惯很差，学习方法不当，学习成绩不理想。在工作之前，我总觉得教书不就是把书本上的知识灌输给学生，多做多练多记不就得了。工作以后发现这种教学方法不对，对于学生来说，他们都有自身的一套学习习惯，我们在讲台前不断地重复讲一个知识点或一个定理的时候，学生不一定就能接受。于是，我一边摸着石头过河，认真备课、查找资料，一边积极地向教学经验丰富的教师学习，当时我们数学组的优秀老师比较多，都是我学习的榜样，我把握一切机会向同组教师学习，跨学科学习，学习他人好的经验，自己积极探索适合自己教学风格的有效教学策略，强练教学基本功，提高自己的教学能力以提高教学质量。我在教育教学工作之余，努力提升自己的素养，于1997—1999年完成数学教育硕士的学业。

任何一种能力的提高，都是一个潜移默化的逐步积累的渐进过程，教师业务能力的提高也不是三两天工夫就能奏效的。“台上三分钟，台下十年功”，通过十几年的不懈努力，本人的教学业务能力与日常教育教学实践和教育科研活动有机地结合起来，教学能力有了很大的提升。数学课堂教学的板书，具有教科书级别，美观又有逻辑性，学生下课用手机拍板书成了常态。“十年磨一剑”，二十多年的努力，自身的教学功夫越发精湛，做到“精业”，本人也实现了从数学教书匠到高中年级段长到德育主任的角色转变。

二、提升理论素养，提高教学教育水平，读书学习是一条至关重要的途径

多年来，我坚持读有关教育的书籍，丰富自己的文化涵养，成为学生喜爱的老师。书是我们的良师益友，我们不光要读本专业的书，还要多读一些课外知识，我们在课堂上给学生讲课的时候，有的时候可借助课外知识来讲解案例，或者作为课堂情境来创设课堂教学氛围。单调的数学课堂中穿插幽默的语言和事例，对学生来说既学习了知识，又长了见识，学生自然就爱上课，对讲授的知识也乐于接受。“半亩方塘一鉴开，天光云影共徘徊。问渠哪得清如许？为有源头活水来。”朱熹的这首诗道出了一个朴素的道理，那就是我们只有不断地学习，不断地丰富自己，才能让自己不断地发展，以适应社会的需要。我们教育教学的过程中掺杂着许多在大学学习过的教育学和心理学方面的知识。学生是千变万化的个体，但是处在这样一个敏感的年龄段的学生又有着共同的特性，在教学过程中老师难免会和学生发生一些不和谐的事情，课堂上的突发事件、校园中的安全、学生之间的纠纷、同事间的矛盾等，如何将事情处理好，并建立自己的威信，这无论在自己的教育教学工作上还是在年段、德育处的行政工作中都非常重要。在教育教学和行政管理的道路上，我要学习的还有很多很多，无论是自己的专业教学、行政管理还是理论素养都要不断提高和改进。工作之余，坚持阅读相关的书籍和杂志，学习别人好的经验，不断反思，及时记录下来，多写教育教学工作日志，记载一些好的点子和思路，点点滴滴都将转变成自己的“财富”。

三、提升理论修养的同时，造就良好的师德修养

张衡说过：“不患位之不尊，而患德之不崇；不耻禄之不伙，而耻智之不博。”《周易》里说：“积善之家，必有余庆；积恶之家，必有余殃。”德，是社会人共同制订并遵守的契约，它负载着人的尊严，故厚德载物。如果只盯住目标而不择手段，就会出现信任背离的现象，这叫德不配位。在其位，谋其政，德位相配，才能淡泊名利，恪尽职守，做好本职工作。

教师良好的师德修养不是与生俱来的，必须是在科学理论的指导下，经过长期的社会实践，不断完善自身的结果。提高师德修养，首先教师要树立从教信念，在心中要有“只有教育才是天下最光荣的事业；只有教育才是我所要从事的事业”这一信念。你才能做好教师，做好教育。教师心中要充满真善美的品质，以奉献、大爱作为工作中的幸福！其次，要有崇高的教育理念。让教育理念伴随你教育的一生，信念是教师的灵魂，有了信念就有了教育理想的追求，有了师德修养的内动力；而好的教育理念是更新师德范畴的新起点。教师要把师生关系建立在平等互助的基础上；要平等地对待每一位学生。最后是要有一个健康的心理。健康的心理是培养良好师德的基础，如果教师的心理不健康，就会影响到良好师德的形成和发展，两者是相互依存、相互促进的，每一位名师都有良好的师德。

提升师德修养的基本途径——加强学习，勇于创新。加强自身的学习，是教师师德修养的必要途径。正确的理性认识，是自觉行动的前提。教师的师德修养离不开科学的理论学习。

提升师德修养的方法——学习道德榜样。榜样具有强烈的感染力和说服力，它的力量是无穷的。把教师中的先进典型加以大力宣传，用榜样人物的先进事迹、高尚情操、模范行为引领广大教师，可把抽象的道德观念、行为规范等形象化、具体化，一方面弘扬了社会主义社会的主旋律，另一方面起到了感染和激励的作用。教师只有明确自己的神圣使命，以先进模范的行为激励自己，才能真正地爱岗敬业，增强师德修养的自觉性。严于解剖自己，认真进行自我批评，是提高教师师德修养的重要方法。教师要勇于承认自己的缺点和不足之处，时刻对自己的品行进行反思，有则改之，无则加勉；同时还必须虚心听取别人的意见和批评，在别人对自己的评价中，更好地认识自己，改造自己；要经常对自己的日常行为表现、课堂教学表现、教学效果进行及时的反思，经常倾听自己灵魂深处的声音，从而及时地发现自己的缺点和不足，并及时纠正，不断地实现自我更新，时时为学生做出表率，对学生施以积极的教育影响，促使其以教师为榜样，愉快地沿着教师指引的方向健康成长。

作为教育教学工作者，尤其是作为学校德育处主任，我认为在提升师德修养方面，学会“慎独”非常重要。“吾日三省吾身”，“慎独”作为修养方法，就是在没有外在监督的情况下坚持自己的道德信念，自觉按道德要求行事，不因为无人监督而恣意妄行。慎独要求教师在无人监督的情况下，能够严格要求自己，约束自己，不放纵自己。教师职业的特殊性决定了教师必须高度重视“慎独”，能够很好地实践慎独的修养方法，就能锻炼教师在道德修养方面的自我主宰精神，真正使道德修养成为我的而不是别人的，从而达到较高的道德境界。

叔本华言：“人的本质就在于他的意志有所追求，一个追求满足了又重新追求，如此永远不息。”我从一个普通的数学专业教师到高中年段长到德育科科长的成长历程里，就是一个加强德育理论的学习、实践与提升的过程。我校是一个拥有90个行政班级，约4500名学生，300多名教职工的大校，引领这么庞大的师生队伍的德育工作，是个艰巨的挑战。我在德育工作中积极地贯彻党的教育方针，践行学校“文心化行”的办学理念，认真组织开展各项教育活动，将各项教育目标做好、做实，近年来，学校在校园文化建设方面、艺体美工作方面、心理健康教育方面取得了较好成效，先后获得了福建省德育工作先进学校、福建省文明学校、福建省中小学心理健康教育特色学校、福建省篮球传统校、福建省青少年校园足球特色学校等称号，在厦门市产生了较大的影响，在集美区充分发挥了模范示范作用。

（执笔：厦门十中教师　洪永行）

案例16:

❀理论素养是管理的专业修习

理论素养是教师成长的必备动力,同样,对管理者而言,必要的理论素养也是让管理事半功倍的助力因素。我校教科室秉承学校"文心教育"的理念,以"学校发展教师,教师发展学校"为工作思路,依据精细化管理和任务驱动式等理论,促进理论素养的提升,有效开展教科研工作,推动教师的专业发展。

一、教科研工作的精细化管理

精益求精,中国宋代教育家的朱熹说过:"言治骨角者,既切之而复磋之;治玉石者,既琢之而复磨之,治之已精,而益求其精也"。教科研工作的精细化管理就是将工作任务具体化、明确化,落实管理责任,实行精细化管理,让教师们认识到实施精细化管理的必要性和重要性,达到学校从经验型管理向科学性管理的转变。

精细化管理是一种理念,一种文化。它是源于发达国家的一种企业管理理念,它是社会分工的精细化以及服务质量的精细化对现代管理的必然要求,是建立在常规管理的基础上,并将常规管理引向深入的基本思想和管理模式,是一种以最大限度地减少管理所占用的资源和降低管理成本为主要目标的管理方式。现代管理学认为,科学化管理有三个层次:第一个层次是规范化,第二层次是精细化,第三个层次是个性化。

我来到教科室,尝试以精细化管理的方式对学校教科研工作进行管理。精细化管理要求落实管理责任,将管理责任具体化、明确化。它要求每一个管理者都要到位、尽职,第一次就把工作做到位,工作要日清日结,每天都要对当天的情况进行检查,发现问题及时纠正、及时处理,等等。

精细管理的本质意义就在于它是一种工作目标进行分解、细化和落实的过程,是让学校的工作能有效贯彻到每个环节并发挥作用的过程,同时也是提升学校整体执行能力的一个重要途径。一个学校在确立了建设"精细管理工程"这一带有方向性的思路后,重要的就是结合学校的现状,按照"精细化"的思路,找准关键问题、薄弱环节,分阶段进行,每阶段性完成一个体系,便实施、运转、完善一个体系,并牵动修改相关的体系,只有这样,才能最终整合全部体系,实现精细化管理工程在学校发展中的功能、效果和作用。同时,我们也要清醒地认识到,在实施"精细化管理工程"的过程中，最为重要的是要有规范性与创新性相结合的意识。"精细化"的境界就是将管理的规范性与创新性最好地结合起来。在学校管理中，精细化管理涉及教科研工作的每一个部分、每一个环节，从教师的日常公开课、论文撰写、课题研究、师徒带教，到校本研训、外出培训、骨干研修、技能竞赛等板块，让学校教科研工作板块化、明晰化，为教科室工作营造一个结构化、信息化、响应快速的精细化管理平台。

1.管理结构化

刚到教科室的时候，面对纷繁复杂的教科室工作，为了更快更好地开展教科研工作，我们开始梳理教科室的各项工作，以教师为本，整理出教师专业发展的方向；制作思维导图，把握教科室的各个工作方向；将教科室公用文件夹底下的所有文件进行归类整理，制定编号规则，理顺教科室的各项工作，为全校教师访问教科室文件夹或提交材料提供最简洁的路径指导，体现以教师为本的管理理念。

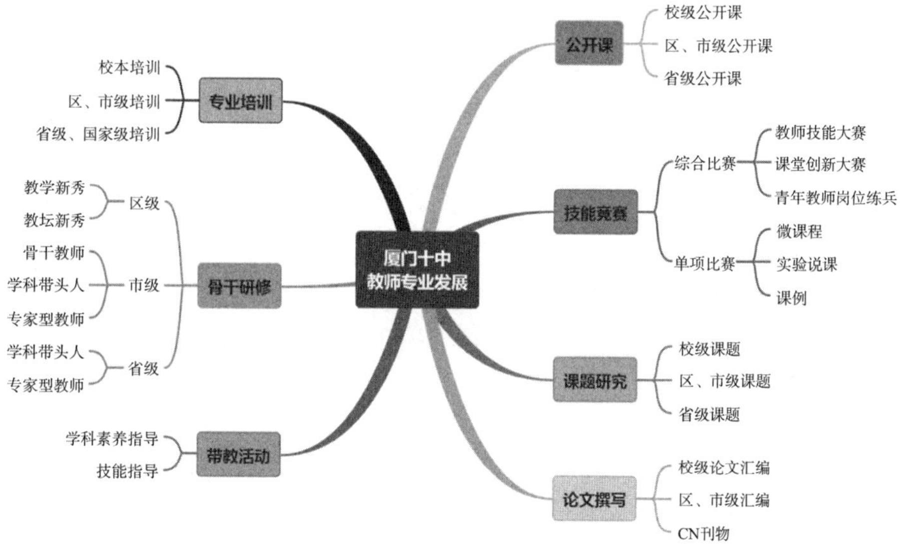

图 4-2 厦门十中教师专业发展

2.管理信息化

信息化管理是以信息化带动管理的各项工作，实现管理现代化的过程，它是将现代信息技术与先进的管理理念相融合，转变学校传统的管理方式和组织方式，重新整合学校的内外部资源，提高学校工作的效率和效益。

2020年年初，我校开始启动智慧校园建设，教科室构建是基于互联网的无纸化办公模式，努力打造一站式教研工作平台，包含校外培训、校本研训、科研课题、论文著作、学术交流、技能竞赛、学科竞赛、发展规划、公开教学等模块，涵盖了教科室绝大部分的事务，助力全校教师随时随地办公的新模式，提升我校办公管理的现代化水平。

二、教师专业发展的任务驱动

在学习建构主义理论的过程中，我从管理的角度重新对“任务驱动”教学模式进行审视。在学校管理中，管理者同时也是服务者，以教科室为例，教科室是为教师的专业发展服务的。在这样的双重关系中，我们的管理对象和服务对象——老师，就是任务驱动管理模式的学习者。对他们而言，“任务驱动”是一种学习方法。“任务驱动”使教师们的专业发展目标更为具体、明确，符合教师群体的特点，使管理者的“推动”更易被接受，使教师的“学习”更有参与感。任务驱动式管理的特点之一就是围绕任务展开管理活动，因此，任务的设计、布置形式非常重要，既要注重方法的指导和任务的体系化，还要关注任务的综合性与弹性。

我们几年的任务驱动式管理，有效地推动了教师的专业发展。任务驱动主要环节包括以下五个：利用真实情境、确定研修任务、搭建学习支架、开展自主学习和协作学习、效果评价。

以近期开展的工作为例。2020年年初，受新冠疫情影响，教师们面临着一项前所未有的问题情境——从线下转为线上，从老师转为主播。由此，我们开展了一系列校本研训。

1.利用真实情境

面对考验，我们要善于转危为机。教科室抓紧疫情之下线上教学的契机，大力推动教师提升信息技术融合学科教学的能力。应该说，所有老师都对线上教学感到陌生，老教师更是感到无助。没有粉笔黑板、电脑白板，也没有面对面的学生，在教师与学生时空分离的情况下，如何让教师快速掌握线上教学的技能，顺利开展线上教学，如何提升线上教学的质量，诸多问题需要通过线上教研活动来逐一解决。只要我们能解决这个问题，我们就实现了转危为机。

2.分解并确定任务

教科室将网课操作培训细化为多个步骤:直播平台的功能、课程建设功能、作业缴交功能、命题功能、测评功能、数据共享功能,以及教研组研训功能,等等。由此,老师们每次完成一个小任务,合起来就基本掌握了网课的主要操作方式。

3.搭建学习支架

基于线上教学的需要,教科室不仅仅要分解任务,更为教师完成每一个小任务提供学习支架。教科室第一时间着手进行教学平台的研究,并组织骨干教师开展专项技能研究,以任务驱动的方式,对全校任课教师开展多平台、多主题的“线上培训”,涵盖教学、教研、班级管理等培训共13场。我们让教师们能够明确发展的任务,紧紧围绕一个共同的任务活动中心,在强烈的问题动机的驱动下,通过对学习资源的积极主动应用,进行自主探索和互动协作的学习。

4.自主学习和协作学习

教科室构建“教科室—学校骨干教师—年段/教研组—全体教师”的层级培训模式,以点带面,做到培训全覆盖。同时,教科室制定线上教研与线上备课活动的规范要求,指导教研组和备课组认真、扎实地开展线上教学的备课工作。以解决问题、完成任务为主的多维互动式的教学理念,采用探究式学习的方式,使教师处于积极的学习状态。

5.效果评价

每一位教师都能根据自己对当前问题的理解,运用共有的知识和自己特有的经验提出方案,解决问题。在全校教师的共同努力下,教师们的信息技术水平在短时间内得到了极大的提升。技能在手、心不慌,减轻了老师们线上教学的焦虑心理,为线上教学的顺利开展提供了支持与保障,确保线上教学能够有效开展。

最终,在为期3个月的线上教学过程中,我校的教学工作和教研工作有序、有效开展,“停课不停学”“停课不停教”“停课不停研”三个项目卓有成效,在厦门市教育科学研究院“停课不停学”工作小结会上,我校得到了点名表扬。集美电视台和《集美报》对我校的师生代表就线上教与学的情况进行专题采访,并于3月16日在福建公共频道、厦门电视台的《厦视直播室》播出《厦门十中:多形式开展线上教学学生宅家学习不断档》的专题报道。这些从侧面证实了我校任务驱动式管理的良好效果。

管理是一门科学，更是一门艺术。这就需要我们不断地学习理论，并且在实践中验证理论的恰适性，让先进的管理理念助力管理。文心教育，文教师之心，文学生之心，也文管理者之心。我们要不断地提升理论素养、更新管理的理念，用心做好教师专业成长的引领者和推动者。

（执笔：厦门十中教师　张立健）

九、“公正发展”是管理的评价方向

公正性和发展性是管理评价的灵魂和生命，是学校办学的价值导向和内在动力。公正，是公平正直，没有偏私；发展，是进步变化。管理评价必须将公平与发展作为根本原则和方向，否则，学校办学的主旋律就无法洪亮高亢，甚至会陷入众口难调的混乱。

公正性和发展性从理论上看带着庞杂的艰深，如公正就有目标公正、结果公正、制度公正、起点公正、程序公正、伦理公正等一系列森严的学术解读。理解不易、实践尤难。在学校的管理评价中，它无需像法律制定那样周严，简明、易操作才是关键。我认为，只要精准地把握其本质就能实现相对的公正，同时推动组织和个体的健康发展。“本质”在这里指向的是，在坚守学校共同价值观的前提下，将事实判断和价值判断有机结合，即专业事实与专业价值的客观判断，至于那些主观的、非专业的因素则尽量摒弃。更为简明的操作是回答三个问题：是什么？好不好？利于学校发展吗？举个例子说明。

案例 17：

林老师能否被评为优秀教师

林老师大学毕业后一直在某中学任英语教师。二十多年来，她工作认真负责，关心呵护学生，常常带病上课，经常放弃休息日为学生开展英语课外活动，师生关系极好。她学有所长，熟悉各年级的英语教材；她教学有方，凡是她教的学生，无论成绩好的或成绩差的，都会在原有基础上前进一大步。在任教期间，她承担过不少全市性或全区性的英语教学观摩课，在校内外都有较大的影响。学生喜欢她，家长也赞扬她。

可是，林老师和校内同行之间的关系却不甚理想。平时，她很少和教研组中的其他教师交往，业务工作上也很少和他人磋商。她遵循着自己的教学信条：教师必须对学生高度负责，出色地完成工作任务；而教学的好坏就是靠自己的本事，主要是个人钻研。因此，有人说她自命清高，孤芳自赏；有人认为她是骄傲自大，目中无人；也有人议论她孤僻冷漠。对这种议论，林老师认为是文人相轻的表现，自己无求于人，各人教各人的学生，对此可以“不屑一顾”。虽然淡漠的人际关系使得她心情不是十分舒畅，可是也并不影响工作。

学校领导也认为，她在关心集体、和他人交流方面确有不足。领导找她个别谈过话，还让她担任年级备课组长，等等。可是林老师与同事的关系改善甚微，特别是组内一些业务水平较高的教师，也对她有不小的看法。因此，每逢评先进时，林老师总得不到提名。甚至有一次调整工资时，对她能否晋升二级也有非议和障碍。

目前，一年一度的评先进工作即将来临，校领导又在考虑这个一直没有解决的老问题。校长和教导主任分别听取了其他教师对林老师的评价意见，归纳出三种处理方案：(1)林老师教学成绩优异，工作态度好，师生关系好，可以树为教师标兵。这样可以更好地调动林老师的积极性，对她提出更高的要求，同时鼓励她克服弱点。(2)林老师的工作固然是好的，但群众关系不好，这说明她的思想水平不高。优秀教师是先进人物，应能带动群众前进，故不宜评为先进。(3)不评她为先进教师，但在工作上仍应重用她，信任她。

最后的结论是：林老师的现状是长期形成的，对她的要求不能过高。从实际出发，最好还是维持现状，避免教师之间的矛盾。校领导又准备把这个“老大难”问题搁置了。(邱光)

如果我们按照提出的三个问题去回答，林老师评为先进的条件是完全满足的。她是一位一般教师，教书育人是她的本职工作；她“带病上课”“学有所长”“教学有方”“有较大的影响”，“她教的学生，无论成绩好的或成绩差的，都会在原有基础上前进一大步”。作为一般教师，她能很好地履行自己的职责，师德和师能都有极敬业、专业的表现，这是最本质、最核心的。至于“和校内同行之间的关系却不甚理想”，这是个性差异，无关“道德”，更不是“思想水平不高”，这是把个性问题上纲上线的一种认知错位。我们评选先进，对一般老师而言，评的是专业事实和专业价值，而不是“关系”上各自表达的个人好恶。只有这样,我们的管理评价才能践行在公正与发展的大道上,而不是建立在价值混乱的泥沼中。当然,我们也需要在管理上引导林老师多与同事正常交往、相互磋商、主动分享,以便形成更加和谐、更具战斗力的教师团队。

人各不同,就像“一棵树上很难找到两片叶子形状完全一样的”,对“不同”也可以见仁见智,这纯属正常,也无伤大雅。但是,作为学校的管理评价则必须建立在专业性公正与发展的基点上,以此保障评价制度的公信力和竞争力。

案例 18:

❋坚持公平公正理念　促进德育管理发展

公正,是公平正直,没有偏私;发展,是进步变化。公正性和发展性是管理评价的灵魂和生命,是学校办学的价值导向和内在动力。管理评价必须将公平与发展作为根本原则和方向。德育管理公正性的体现程度与学生、教师的发展状况紧密联系。公正的管理是促进学校、教师、学生健康和谐发展的教育源。在学校中建立与形成公平公正的德育考评机制,是育人基础,也是发展教师的根本。

“老师,可不可以再给一个团员的名额?现在孩子有点厌学的情绪……”这是一段来自家长与班主任家校互动的信息。接到班主任反馈的情况,德育处第一时间对此进行了解。据反映,这是一位座位号为1号的学生,素质还是比较高的,但是近一段时间来整体表现不佳,导致个人在班级、年段的推优入团竞争中落选。由于家长长期以来对孩子的溺爱造成孩子性格的缺陷,没有正视存在的问题,希望通过这样的方式为孩子争取机会。家长的请求并没有得到同意,从公平公正发展学生、进行德育有效管理的角度上看,家长的要求是一种利己主义的行为,想通过自己的方法给学校施加小小的压力,从中受益。大家一致拒绝了家长的要求。

从德育管理的角度上看待这件事,如果我们答应了家长的要求,那么我们就违背了坚持公平公正、育人为本的德育管理理念。目前我们学校的社会主义核心价值观教育进行得如火如荼,“公正”二字是社会层面中的一个关键词。它告诉我们:公平公正是构建和谐社会的重要特征。在学校中建立与形成公平公正的德育考评机制,对于科学考评学生思想品德,构建和谐的评价氛围，健全德育评价体系，促进学生、老师的全面发展具有积极的推动作用。

近代著名的儿童心理学家皮亚杰认为：儿童的道德发展观念在十一二岁时已经开始倾向于公正。公正观念是一种高级平等关系，这种道德观念已经能够从内部对儿童的道德判断起决定性的作用。这一分析告诉我们：人是有社会性的。一个孩子在11岁时他已经有了“公正”的道德概念。如果我们在发展学生的途径中缺失了公平、公正，在评价学生的过程中不能一视同仁、公平对待，而是有亲有疏、厚此薄彼，孩子的积极性就会受到打击，并产生极大的消极因素：获得宠爱者自是心花怒放，甚而恃宠傲物，其他的孩子会在他成长的过程中对“公正”二字产生疑问，并衍生负面效应。

格力总裁董明珠说：“我自己公平公正，对股东一视同仁，中层干部就不会有委屈，就没有人颠倒是非，打小报告，就不会伤害企业中真正优秀的人才。”对此我颇有同感。每年，我在德育工作过程中都会遇到各种推优评选的工作。例如：优秀班主任、骨干班主任的推选。如何推选出真正优秀的教师，如何让推选出的优秀教师得到认可，让以他(她)为代表的十中的优秀教师在优秀的舞台上能站得正、挺得直、光芒四射，就要求作为德育管理者的我们在推优评先的工作中一定要始终坚持“公平公正”这四字准则。我们以统一的标准衡量老师，在推优评先中不存在偏见，没有歧视，没有任何徇私，就是一碗水端平，不将存在于社会上的陋习、恶习掺杂到德育管理中。中国有句古语，“水至清而无鱼”，意思是水太清，鱼就存不住身，对人要求太苛刻，就没有人能当他的伙伴。而作为德育管理干部，我们要自信地说：“只要给水、足够的阳光和养料，我就是要做到水至清而有鱼。”这是育人基础，也是发展教师的根本。而这一自信就来自于“公平公正”这四字准则。

“育人为本，德育为先。”德育管理公正性的体现程度与学生、教师的发展状况紧密联系。公正的管理是促进学校、教师、学生健康和谐发展的教育源，不公正的发展方向是导致教师消极怠工、学生片面发展的影响源。要想真正做到“公平公正”，进一步提升管理水平，我们需要做的还有很多，但是，我想有一点是必须要做到的，那就是作为管理者的我们都能有一颗“公心”，一颗为教育事业鞠躬尽瘁、奋斗终身的心。因为我相信，只有有了这两颗心，我们才会有“公平公正”的底气与自信。作为德育管理者，我们一直坚持着“公平公正”的原则，希望让“公平公正”的阳光照耀每一个十中的家人！

（执笔：厦门十中教师　梁丹明）

案例 19：

❋以“三公”评价，引领学校发展

在学校的管理中，教师的考核评价是一项重要的工作。我校在教师考核评价中努力做到公平、公正、公开，并以此为契机引领教师群体向学校发展的方向努力。“公正”即根据学校发展的引领方向制定方案，忌个人好恶，这是评价的灵魂；“公平”即方案操作不以某些人的意志操控，忌长官意志，这是评价的关键；“公开”即过程透明，忌暗箱操作，这是评价能否促进学校发展的基础。公正性和发展性是管理评价的灵魂和生命，是学校办学的价值导向和内在动力。公正，是公平正直，没有偏私；发展，是进步变化。管理评价必须将公平与发展作为根本原则和方向。

我校成立考核领导小组，由考核小组部署和组织实施考核工作。学校从引领方向入手，制定评价系列，达到相对公正。我校制定了《厦门市第十中学教职工评先评优若干规定》《厦门市第十中学教师职业道德检查、考核、奖惩制度》，从制度上保证了评优推优的公正、公平、公开。在制度的保证下，我们要求坚持实事求是、逐级推荐、好中选优、宁缺毋滥的原则，要发扬民主评选、公正推荐，做到认真评审、严格把关。

全体教师按照职位职责和有关要求进行总结。总结要求全面系统、客观真实、实事求是，并形成文字材料。教师的考核内容是德、能、勤、绩四个方面，重点是考核教学效果和工作实绩。“德”是指政治思想和师德品质的表现；“能”是指业务知识、教育教学的水平和能力；“勤”是指勤奋精神、工作态度和出勤率；“绩”是指教育教学的数量、质量和效果。

教师将总结材料交考核小组，考核小组汇总考核材料，开始进行考核。考核小组在考核称职的基础上，按相关要求进行优秀评定。候选人必须在教育教学成效显著的班主任、教师中产生；年段教研组（后勤行政小组）民主推荐产生候选人。名额按当年和项目情况由学校统一下发。学校成立评先评优工作领导小组，考核组由学校行政、教师代表组成，考核组负责对先进、优秀对象进行考核，决定或推荐先进人选和优秀人员名单；对于师德缺失、病假半月以上者（含半月）、严重工作事故、不乐意接受学校任务者等情况，一票否决。

在评选过程中，学校同时建立了个人评价（教师自评）、社会评价（学生家长评价）、学生评价、同行评价、组织评价（学校师德考核小组综合评价）

相结合的多级考核评价体系，从不同角度入手，规范评价过程，达到相对公平，按教师总人数12%的标准评定优秀教师。每个组别按照月考总分、获奖情况、平时工作表现和工作实绩提出候选人；再由全体教师进行民主评议、不记名投票，按得票数评出优秀人选。

考核小组将优秀人选公示，充分听取教师、学生的意见。学校考核小组将考核结果以书面形式通知被考核教师。如被考核教师对考核结果有不同意见，应在接到考核通知之日起10天内，向考核小组提出复核申请。考核小组在认真进行调查研究、广泛听取各方意见的基础上，10天内提出复核的处理意见，并以书面形式通知其本人。

学校在确定拟推荐人选后，公示5个工作日，公开接受群众监督，保证评选推荐工作的公正性和透明度。评价是为了工作质量的进一步提高，为了今后工作更好地开展，无论是过程评价还是终结评价，都只是一个结果，评价的意义在于用结果促过程，所以每一个结果都应该及时地反馈公示，公开透明，这样既能规范被评价人的教育教学行为，促进反思；又能约束评价人的考核评价行为，避免随意。管理评价必须将公平与发展作为根本原则和方向，在坚守学校共同价值观的前提下，将事实判断和价值判断有机结合，即专业事实与专业价值的客观判断，至于那些主观的、非专业的因素则尽量摒弃。作为学校的管理评价则必须建立在专业性公正与发展的基点上，以此保障评价制度的公信力和竞争力。

（执笔：厦门十中教师　姚智昌）

十、“同心从心”是管理的共同愿景

前九条主要是对文化管理背景下，管理者的主要智能要素的分解性解读，这一条主要是对管理者智能结构的合成性总揽。我们反复强调，“同心从心，心往力行”是管理的共同价值，但它是精神层面的，学校管理的生命是实践性的，正如马克思所说的：“哲学家们只是用不同的方式解读世界，而问题在于改变世界。”学校管理必须二者统一、不可或缺，离开物质的、实践的转化，共同价值的灵魂将无所依附；反之，一个学校要是没有精神层面的灵魂，其实践当是盲目的，或如瞎子摸象般偏执，或如坐井观天般浅陋，或如胡行乱闹般迷失……那么，管理实践应当如何展开呢？我们认为，绝不能是看一步走一步的亦步亦趋或一城一池的零敲碎打，而必须是优先建构总体性的实践体系或框架，从行政管理到活动管理、从教师管理到学生管理等运筹帷幄，进而再分别选择合适的角度、方法四面出击，全面突破。因此，“实践体系”成了“共同价值”的载体及其他实践要素的统领。

有灵魂、有肉体只能说明生命是存在的，但不能证明其智慧的力量能做什么、能走多远。智慧是她生命力旺盛的“血脉”，这一“血脉”源于“观点碰撞”和“只有更好”。我们必须打破思想流动的任何阻碍，无限拓展智慧所能抵达的疆域。“观点碰撞”和“只有更好”不仅是对正面意见的热情拥抱，也是与反面批评相向而行的；“同心从心”需要坚定的执行者，也需要“忠诚的反对派”。可以这样说，“同心从心”，“建立在同志中，巩固在真挚上，发展在批评上，断送在奉承中”。（列宁语）“观点碰撞”和“只有更好”用传统的语言表达即“众人拾柴火焰高”，当然，这里的“火焰”不能是随处延烧的“野火”，只能是聚合“能量”且有明确奔跑方向的“火炬”，于是，“管理标准”成了指向性的路标，告诉所有的人，怎么用正确的方式做正确的事。当然，这样的做事标准不可能带有普遍性，特别是改革伊始。因此，我们必须提供样板、提供指导，提供又快又好的执行力量，“高效团队”的集结与出发成了当务之急。而团队之所以“高效”一定具有伦理性的尊重和道德性的奉献品格，那种自我牺牲与对人成全的豪迈。但“高”还可以“更高”，理论素养和实践经验的开放性、终身性积淀成了必然的选项；与此同时，仅仅依靠管理团队的积淀是远远不够的，全员积淀才能使实践现实变成热土、沃土，这时，你急需公正发展的评价引领所有人自觉参与，合众之力、“同心从心”才能使管理走向更为遥远的地平。“同心从心”，管理永不止步；“同心从心”，学校办学永续发展。总之，作为管理者，“共同价值”是其核心本质，“实践体系”是其外在框架，“观点碰撞”“只有更好”是其文化基础，“高效团队”是其骨干战力，“管理评价”“公正发展”是其价值导向，“尊重奉献”“理论素质”是其重要品格。

上面总揽性的叙述，努力在各要素间建立内在的逻辑关系，根据德鲁克的“管理是器官”的理论，我们还可以外在的形象描述管理者的样貌：如果说，“共同价值”是管理者的心脏和大脑，那么“实践体系”就是管理者的骨骼和肉身，而“观点碰撞”“只有更好”是其血脉，“高效团队”是其手足，“尊重奉献”“理论素养”是其人格特质，“管理标准”“公正发展”是其行走路线与行走方式。一句话，管理者就是一位目标明确、孔武有力、举止优雅、向阳生长的智者。

需要说明的是，文中的管理者既是个体的，更是团队的、组织的。毛泽东同志说:“军民团结如一人,试看天下谁能敌。”“如一人”在我们“同心从心,心往力行”的管理实践中有着美好的愿景:一是“是一人”,管理者首先必须学会管理自己,努力塑造自己的管理优势;二是“像一人”,整个管理组织精诚合作,像一个人一样协调、灵动;三是“无一人”,管理组织与管理对象融为一体,整个学校突显的是共同价值的“精神芯片”所集成的文化驱动。

案例 20:

❋承文心之道　载杏坛先锋

——“同心从心”是管理的共同愿景

应和信息时代发展和民族伟大复兴的呼唤,我校在办学管理上主要以文化管理为目标,渴望建构“基于价值的领导”,在共同价值观的建立方面,我校党委致力于“同心从心,心往力行”。这八个字不仅是我校管理理论上的逻辑演绎,也是我校管理实践上的全面拓展。在我校的文化管理中,党建文化发挥的力量又显得格外亮眼。

我校党委承文心之道,作为市党建品牌培育单位、区党建示范校和样板支部,多年来以时代精神文化来传承“文心之道”,以品牌建设来展示杏坛先锋,有效激活了支部这个“神经末梢”,精心打造了“五个党建”品牌,趟出了一条组织强、服务优、群众赞的好路子,生动体现了“文化力”,牢固践行了“文化人”的管理方针。

一、用校园红色文化渲染“文心”之道

苏霍姆林斯基曾说:“学校领导,首先是思想上的领导,其次才是行政上的领导”。为此,坚定不移地用新思想武装全校党员干部势必在行,除了以党课宣讲、专题培训、集中研讨等多种形式加强新思想的理论学习贯通,提升党员和领导干部的政治意识和理论素养外,学校党委还非常重视通过红色阵地的熏陶、红色文化形象的感染,源源不断地向全体党员干部输送新时代营养,教育引导党员干部对标先进、见贤思齐、奋发有为。走在校园内,不仅绿地成荫,红色大道直通大门,还可以看见新设计的文心亭、廉政园、师德墙,尤其创办廉政文化园,营造了风清气正的校园,成为集美区乃至厦门市一个廉政教育示范点;还有“一组织一路线”红色之旅成为学校文化的一大特色。这些红色文化环境,紧跟时代主题,紧扣“文心化行”的办学理念，使全体党员干部每每走过就能接受一次教育，使从严治党、反腐倡廉、爱岗敬业也成了每位党员自觉自律的选择。

二、用品牌建设来引领党建建设

党建品牌是指具有一定号召力、凝聚力和影响力，能起到示范作用、导向作用和辐射带动作用，被党员群众所认同，具有时代特点的党建文化理念、标识。强化“品牌引领”意识，实施党建“1＋1＋N”工作模式，通过1品（再培育再提升“杏坛先锋”党建品牌）、1机制（“168”党建机制持续发力）和N个着力点，着力增强“党建＋”中心工作的发展，建立在学校党委领导下的党组织“目标管理”和党员个人“亮岗履职”的工作模式，将党建工作融入学校的教育教学各项工作、各个环节中，用“杏坛先锋”党建品牌引领作为，用“168”机制管理激发动力，推动学校党组织和党员干部教职工在学校改革发展中作表率，进一步提升学校党建工作科学化的水平，着力彰显党建品牌的力量和价值，推动我校党组织在教育系统党支部建设规范建设中走在前列、当好表率。在培育好、提升好党建品牌的基础上，我们应运用品牌效应推进学校的党建工作与中心工作，使党建品牌发挥其引领风尚、教育师生、服务社会、推动发展的强大作用，成为不断推动学校发展的“领航标”。

三、用活动载体来打造党建特色

坚持把主题党日等活动载体作为打造党建特色亮点的重要抓手，力促主题党日规范化、制度化。一是确立主题方案。坚持“每月一主题，每月一方案”，结合支部工作的实际，先后开展了“学雷锋见行动‘暨’美丽校园·美丽心灵——党员干部齐带头”，“践行群众路线，缔造美丽十中”和“弘扬嘉庚精神，争做优秀共产党员”等系列主题党日活动，让活动内容真正“实”起来。二是保证全员覆盖。支部每月固定一日开展主题党日活动，严格执行签到制，强化活动日监督，让党员全员参与学习、全员受到警示、全员行动起来，把人心聚一块，让每名党员真正“动”起来。三是丰富活动形式。在夯实“三会一课”、组织生活会、民主评议党员等基本制度的基础上，积极探索“自选动作”，创新“主题党日＋”，如每年七一的形式多样的活动，用“仪式感”激发党员干部的“使命感”，让活动形式真正“富”起来。

四、让“一支部一项目”创建体现党建实效

在党委的统一领导下，为更好地发挥党支部的战斗力和党员的先锋模范作用，五个支部结合本支部的党建品牌创建，创建五个党建项目。文科一党支部以“雅言传承文明，经典浸润人生”为创建目标，助力学校“人文校园”的建设，为学校人文精神和人文素养的提升尽力；文科二党支部以“筑梦先锋”为创建目标，落实“四好”建设，为校园文心教育和优质发展添砖加瓦；理科一党支部的“探究先锋”，开展“我的岗位我示范”活动，发扬“5＋2”的精神，推进“探究先锋”项目建设；理科二党支部的“育匠先锋”，以“三比二优一满意”的核心理念，不忘党员的初心，坚守教师的匠心，乘风破浪，领海前行；行政后勤党支部以“金牌绿叶”为品牌项目，后勤党员正如绿叶，在金色党徽的照耀下演绎着朴实无华的点点滴滴……五个支部项目的设计与学校的实际工作相结合，体现本支部特色，设立预期目标，以项目建设的速度、质量、效益检验党组织的战斗力，让党组织和党员在创建品牌和学校改革发展中体现党建成效，力争五个支部五个党建项目成为示范工程、优良工程、群众满意工程。

党建兴则事业兴，党建强则发展强。正如《关于加强中小学校党的建设工作的意见》指出的，“加强中小学校党的建设，对于全面贯彻党的教育方针、保证社会主义办学方向、落实立德树人根本任务、办好人民满意的教育，具有重要意义。”多年来，我校坚持党对教育事业的全面领导，承文心之道，载杏坛先锋，致力于学校党建文化建设，护航引领学校发展，使党员教师们更加深刻地认识到自己的本职工作和肩负的使命，进一步提高教师队伍的思想政治素养，指导教师选择正确的人生观、价值观和世界观，树立教师教书育人的为民服务理念，更加牢固地树立了榜样，让身边事教育身边人，将“文化力”与“文化心”结合起来，让党建工作助力社会主义核心价值观的培育和践行，持续推动我校健康发展。

（执笔：厦门十中副书记　吴丽玉）

案例 21：

❋“同心从心”是管理的共同愿景

——记中考体育训练

全校教职工对本职工作的主人翁意识、积极主动的工作态度和创造能力直接决定着学校的发展。管理工作成效的最优状态或者说管理工作所要达到的理想境界应该是：学校内的每一个教职员工都能将学校的整体利益放在首位，自觉、自愿为企业目标利益贡献自己的力量。这样的一种思想和精神状态，在现实中是难以实现的，但应该是管理者要挑战的极限状态。我们要不断趋近这样一种状态，就必须建立共同的愿景，同心从心，以共同愿景和分工合作来进行有效激励。

以我校初三年体育中考训练为例。每届学生在初二年暑假第一天,就迈入了备战体育中考的时空。在这一场考试中,考生比拼的不仅是分数的高低,更展示了每一个学生、每一所学校的精神面貌与拼搏决心。我校师生同心从心,齐心协力,力争打赢激发信心、振奋力量的第一仗,交上中考的第一份漂亮成绩单。

一、组建部门,掌控全局

学年伊始,学校就成立"毕业班体育工作领导小组"。该领导小组全权负责备战体育中考的各项事宜,主要包括落实文件、制定计划、召集老师、组织训练、难题突破、保障后勤,等等,初三年段体育中考的备战工作就此高效而有序地展开了。正是"毕业班体育工作领导小组"掌握全局,运筹帷幄,让校领导、年段长、班主任、体育老师的工作形成合力,极大地减少了学生体育训练过程中可能遇到的困难,形成全校一盘棋的积极局面,大大提高了体育训练的效率。如果说学校、老师与学生构成了体育训练环节的"同心圆",那么"毕业班体育工作领导小组"就是"同心圆"的圆心,确定坐标,以点带面,形成合力,辐射力量,带动起初三年段师生备战体育中考的热潮。

二、重视思想,凝聚共识

重视体育训练、提高训练质量,是"毕业班体育工作领导小组"的工作导向,也是每一个老师每一个学生的共识。领导小组多次召开会议,要求各年段长、班主任、体育老师从思想上重视体育训练工作,积极有序地开展学生的体育训练。年段长、班主任、体育老师也分别在年段大会、班会、体育课上引导学生深刻地认识体育训练的重要性,制定科学合理的个人训练计划,增强学生在体育中考中取得理想成绩的信心和决心,使训练中各阶段的训练计划得以高效落实。学校师生因"同心"而集结成团队,继而"从心"奋发努力,形成坚不可摧的"同心圆",关键时候这必然是一个能披荆斩棘的团队。

三、不断创新,环环相扣

体育训练的开展需要不断创新,让学生的训练循序渐进,保持进步。"同心圆"要协调完整而有层次,少了"老师""学生""家长"哪一环都不行。

体育课时间有限,体育老师上课时要面对众多的学生,因而,班主任的协助就显得必不可少了。体育老师负责体育课上的技术指导,班主任落实大课间的训练工作;体育老师反馈每周的测试成绩,班主任协助做好学生的思想工作;体育老师主抓球类训练,班主任盯紧跳绳与仰卧起坐等项目。班科任的通力合作,为学生取得优秀的体育成绩奠定了基础。

当然,作为学习主体的学生,才是取得佳绩的关键。为了调动学生的积极性,大多数班级在训练中采用了小组竞赛的方式,每五个学生为一个小组,内设小组长,做好每天大课间的点名工作及每次测试的成绩比对。大课间训练,对于项目成绩优秀的同学,应适当减少训练的量,比如跳绳训练,第一组一分钟训练男生超过 180 下、女生超过 175 下的,就可以不用跳第二组。而每周的体育课测试,对进步的同学及成绩优秀的小组,给予适当的奖励。赶超比拼,学生干劲足了,训练自然也就自觉了,效率也就提升了。体育训练工作另一个新的创新点在于,为每个学生制作“班级荧光背心”。在长跑这项难以追踪每个学生训练状态的运动中,让每个学生穿上印有班级及号码的不同颜色的荧光背心,方便了年段、班主任在主席台上更好地监测每一个班级的学生,实时关注每一个学生的训练状况,督促每一个学生保质保量地完成每一次训练任务。

教育从来都不只是学校的事,做好家校联系,取得家长的配合与协助,也是学生取得好成绩的一个保障。备战中考的体育训练伊始,就让家长了解了我们的训练计划,节假日的训练要求家长做好督促工作。家校间经常微信或电话联系,学校就个别学生存在的问题及时与家长沟通,取得家长的认同与协助。

家长加入学校体育训练的“同心圆”,提高了体育训练的系统性和有效性。教师用心指导、学生刻苦训练、家长配合督促,三方有了共同的目标,并为之共同努力,才使得我校体育中考取得了较为理想的成绩。

四、四次模拟,阶段突破

“毕业班体育工作领导小组”在体育中考备战中共组织了四次全真模拟考试,让学生了解自己在每个时间段的训练效果与成绩水平,“毕业班体育工作领导小组”根据学生的情况及时调整训练计划安排,体育老师和班主任也能更好地指导每一个学生制定下个阶段目标与训练方案。每个学生每一阶段的进步,都是师生“同心”努力的结果,体现了师生“从心”出发的坚持与毅力。

五、疫情之下,训练不止

寒假和疫情防控期间,学生无法到校进行常规体育训练。为了保持学生的体能与训练状态,“毕业班体育工作领导小组”号召班主任和体育老师充分利用家校交流平台,让学生每日上传在家的体能训练视频,并让家长在微信群以接龙的形式汇报学生每日的体育训练情况，确保学生保持足够的体育训练量和较好的体能状态。在返校后，我们也惊喜地发现老师每日的提醒、家长每日的监督与学生们每日的坚持没有白费，绝大部分学生的体育成绩保持得很好，有些学生还很好地利用这段时间使自己的成绩取得了不小的进步。这正是“同心圆”构建之后形成的稳定持久的力量带来的喜人效果。

同心从心，力从心发，心往力行。中考体育训练管理这个“同心圆”，以“毕业班体育工作领导小组”为圆心，“老师”为内环，“家长”为外环，共同把“学生”这一核心环打造成了“成功环”。这是学校管理的共同愿景，我们在中考体育训练中将其变为现实。学生的身体素质和精神品质也在这一过程中变得更加坚韧，相信中考一定能取得全面胜利，“同心从心”的“同心圆”会在中考后变成我校初三年学生初中阶段的圆满句号。

（执笔：厦门十中教师　陈丽明）

第二节　教师十条

教师是学校的第一资源、第一生产力。哈佛大学前校长柯南特认为：“一所学校的荣誉不在于它的校舍和人数，而在于它一代一代教师的质量。”这段话至少有四层含义：一是暗含着“多”和“高”，表达的是教师整体的高质量；二是意味着“久”和“宽”，是一代一代教师质量的历史传承和地理影响；三是界定了内在关系，教师质量决定了学校荣誉；四是揭示了文化价值，一代一代涌现的质量和荣誉，绝对不可能是强制或放任的，而只能是文化力驱动的成果。可以说，教师质量是核心，文化历史是根本。

教师的高质量，当然指向的是一种综合性素质，但最本质的肯定是教书育人的专业化水平。专业化，是教师职业最为本质的因素，是教师职业生命力的象征，也是教师职业的价值体现。从文化的角度思考与实践教师的专业化，是重要而艰难的选择，也是根本和长久的导向。其主要包括三方面：

1.观念

观念从理论上说即教师的教育观、教学观，通俗地说即教师如何看待自己教书育人的价值。荣格认为：“人总是相信，是他塑造了观念，而事实上，是观念塑造了人，而且使他成为毫无思考力的代言人。”人是观念的奴隶已是理论界的共识。一句话，有什么样的观念就决定了其教书育人的思考方式和实践路径，决定了其专业化的速度与程度。

2.思维

思维是教师专业化的视野，即其思考教书育人“怎么办”的理性模式。哈佛大学有一校训：“一个人的成功与失败不在于知识与聪明，而在于一种思维。”一句话，思维决定成败。奥修的《生存智慧》中有一段形象通俗的说法：“同样的屋子，对头脑来讲，它只是一个房子；对心来讲，它变成了一个家；对灵魂来讲，他变成了一个庙。屋子还是保持一样，但是，你经过了蜕变，你的看法改变了，你的层面改变了，你看事情的方式改变了。一个不具备这三者的小屋子是不完整的，是贫乏的。”我们认为，这个“屋子”就是“教书育人”，蜕变的看法就是思维——就是思维的多层建构和深广度拓展。这种构建和拓展对专业成长是革命性的，是将“变”作为核心，在“变”的积淀中开垦专业化成长的土地。

3.实践

实践主要指向教育即生成的关系方式。雅斯贝尔斯在《什么是教育》一书中指出：“所谓教育，不过是人对人的主体间的灵魂交流活动（尤其是老一代对年轻一代），包括知识内容的传递、生命内涵的领悟、意志行为的规范，并通过文化传递功能，将文化遗产交给年轻一代，使它们自由地生成，并启迪其自由天性。”“质言之，教育是人的灵魂的教育，而非理智知识和认识的堆积。”我们教育实践的重心是“人对人的主体间的灵魂交流活动”，因此，第一，必须把以师为本和以生为本结合起来；第二，必须研究师本的灵魂和生本灵魂各自的存在状况以及交流的点在哪里；第三，生成方向和生成方式如何实现灵魂的生长性。

为了便于最初的理解和实践，我们将教师专业化的素质概括为“教师十条”（图 4-3），下面是其理论解读和实践故事。

一、我常常定义自己

《权力之门》有这样一句话：“如果我不定义我自己，我将沦入别人的评

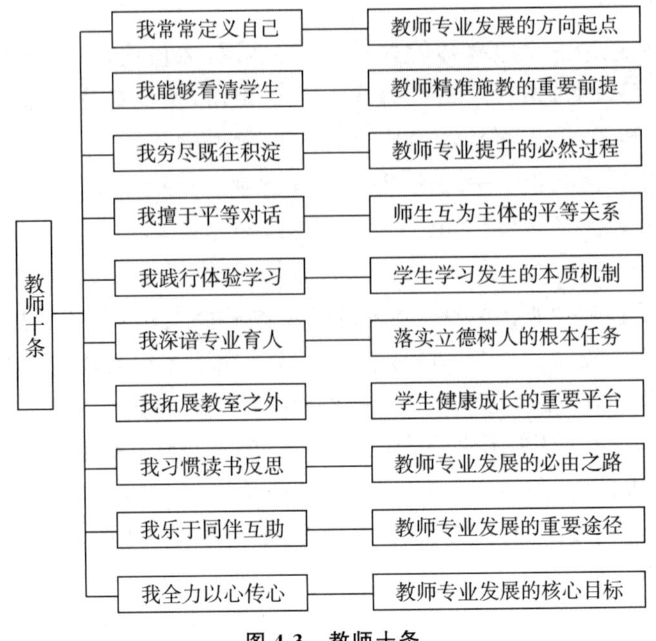

图 4-3　教师十条

价中，被他们生吞活剥。”简言之，定义自己，才有真正属于自己的人生。在中国传统文化中，定义自己是缺乏合法性的，因为我们的主流传统是“仁”，是“二人也”的结构，只有他人或集体才有定义你的合法性。这种文化从本质上取消了个体存在的可能性；而在现实的学习、工作中，你也一直处在“被定义”的状态，在学为“生”、在校为“师”、在家为“父”(或母或夫或妻)、在外为“自己人”或“别人”……这种“被定义”往往只跟血缘、身份、等级等“标签”相关，“个人”被弱化、“个性”被稀薄化，你何时有“自知之明”的坦然、勇敢和个性化生长？理论与实践都反复证明：“必须先出现‘自我’才会考虑到‘自我形象’！”(孙隆基《中国文化的深层结构》)

“有一个良好的自我形象，是一个人最有价值的心理财富。”(鲍威尔《人性的充分发展》)这是人本主义最有价值的观点之一。弗兰克这样解读，自知之明和自我理解在马斯洛看来是通向自我实现的最重要途径——这个过程或者受到父母、教师、文化环境的促进，或者受到他们的阻碍，当一个人理解了自己，他就会懂得自己最根本的需要和动机是什么，并学会以一种能使他们得到满足的方式去行动。(弗兰克《第三思潮：马斯洛心理学》)“自我理解”就是为了“自我定义”，“自我定义”就是为了“自知之明”——知道自己的动机和需要(专业化的结构性需要)，而后形成自己的

“自我形象”，知道自己是谁，知道自己该往哪里去。

那么，如何定义自己呢？首先，要清楚地定义自己对自身专业现状的感性体验和理性判断，包括态度、情感、信仰和价值观，也包括经验和行为习惯、能力。其次，主要从四个方面来认识和定义自己：一是现实的我，指个人对现在的我的看法；二是理想的我，指个人认为自己应当成为的人；三是动力的我，指个人努力成为的人；四是幻想的我，指如果可能的话个人希望成为的人。最后，界定现实的我与理想的我的距离并找出缩短距离的解决方案。

因此，定义自己不是个人主义的自私盘算，而是反躬自省的自我解剖、清晰透明的自我解释、深切到位的自我引导、心向阳光的自我期许；定义自己不是逃避社会责任，而是要在深刻了解自己的基础上更合适地承担社会责任。“正如一位哲人说的，你要对社会有所贡献，首先，必须把你自己变得不再是个混蛋。否则，你越把自己奉献出去，社会就越糟糕。”（转自邓晓芒《新批判主义》）我们不能只凭良好的动机去代替应该承担的社会责任，而应该以更强大的专业能力去让社会变得更加美好。

定义自己是倡导以个人的专业认知和社会责任去寻找自我并打破自我的局限，在自我专业反省、自我专业批判的同时，打开专业发展的可能性，从而建立一个开放的自我专业标准和自我专业形象，以便更好地自我重塑、自我实现，完成自我专业高水平发展的自觉和不虚此行的幸福人生。正如朱永新先生说的：“我一直主张，教师要能够从每一天日常的、琐碎的、平凡的生活中得到满足，能够从自己的成长中得到满足，能够从与孩子的交流中得到满足。教育应该让教师能够非常愉悦、非常快乐地过好每一天，每天兴奋地走进教室，满足地走出教室。教师应该每天能够通过和学生之间心声的交流、通过自己专业的成长，得到幸福。这是非常重要的。”

定义自己，就是定义自己专业发展的方向和起点；定义自己，就是定义自己人生的价值和幸福。

案例 22：

❁我常常定义自己

弗兰克认为自知之明和自我理解是通向自我实现的最重要途径——当一个人理解了自己，他就会懂得自己最根本的需要和动机是什么，并学会以一种能使它们得到满足的方式去行动。"自我理解"就是为了"自我定义",要践行我校"文心化行"的理念,就要知道自己的动机和需要,而后形成"自我形象",对自己的专业有一个清晰的定位和认知,才能发挥自己的优势,更好地进行教育教学。

一、自我定位,鼓励学生

作为教师,要促使后进生进步,首先要自我定位,让自己成为他们信任的老师,让他们把我们当回事,把我们的话当回事。在教学过程中,我对学生一直走的是亲和路线,每一次,我都是不厌其烦地指出他们的问题,我都很认真地对待他们的学习,看他们不认真的时候,利用下课时间拍拍他们的肩膀,半生气半开玩笑地指责他们要认真。可以说,大多数后进生还是会很好地听我的话,每一次都笑哈哈地跟我承诺说:"我下次一定会进步的。"有些学生,很有个性,吃软不吃硬的,在这种情况下,我都会心平气和地和他们讲道理,能哄就哄,从不硬碰硬,否则,这些学生不会把你当回事,也不会把你的话当回事。但是他们经常是心有余而力不足,经常食言。然后我每一次都会带着开玩笑的语气责备说"又一次欺骗了我的感情"。一次又一次,他们的内心积累了内疚感,他们的内心有了向上的动力,他们觉得不应该再辜负我对他们的期望,不能再辜负我的一片苦心了,觉得应该用自己的进步来报答我,来说明他们没有食言。

二、放宽要求,激励学生

一次又一次,这些学生还是没有很好地实现他们的承诺,问题在哪里呢?他们很难改变他们的学习习惯,他们缺乏足够的动力。读了苏霍姆林斯基的书,我恍然大悟,他们缺乏的是成就感,而我每次都没有给他们需要的成就感。苏霍姆林斯基说过:"你在任何时候也不要急于给学生打不及格的分数。"而我恰恰是犯了这个大忌。我忘记了后进生和其他学生不一样,每一次的小测和作业,我都一视同仁。我忘记了后进生的起点比较低,经常性地给他们不及格,经常要抓他们重测,导致他们失去了动力。看来,我给他们的动力已经超过他们所能承受的。于是我努力让他们有机会考及格。以前小测时,因为他们没有事先准备,都没法小测,或只能完成极少数的题目,然后就放弃了,坐在那里发呆。于是,我偷偷走近他们桌边,小声地跟他们谈判,在别人闭卷小测的情况下,允许他们开卷小测。至少他们在开卷小测的过程中,知道答案是什么,懂得思考。再或者,别人是80分通过的情况下,他们只要60分就可以通过了。在这样的绿色通道之下,我发现,他们在进步。至少课堂上能利用的时间都用上了,用得有意义了。

他们也努力了,终于不用再补测了,于是他们的干劲就上来了。有时他们的状态很不好,就会跟我谈条件说,可否直接补测,我答应他们的前提是补测要跟大家的分数一样才算达标,他们也很爽快地答应了。对待这些后进生,要能伸能缩,不能强制性地用一种方式来要求他们,有时对他们提出要求,只要他们最终能够通过自己的努力达标,教师就可弹性应答。

后进生的工作,并不是这么容易就结束了。从根本上来说,我们需要定义自己,对自己有一个清醒的认知和定位,明白自己的专业所长,发挥我们的优势,用心去经营与后进生的感情,用心去了解倾听他们,成为他们的朋友,才能找出他们学习的问题根源,进而想出适合他们的方法,从而实现“文心化行”的教学理念。

(执笔:厦门十中教师 许柑叶)

案例 23:

※我常常定义自己

作为一名教师,我的职业期许就像朱永新先生说的:“教师要能够从每一天日常的、琐碎的、平凡的生活中得到满足,能够从自己的成长中得到满足,能够从与孩子的交流中得到满足。教育应该让教师能够非常愉悦、非常快乐地过好每一天,每天兴奋地走进教室,满足地走出教室。教师应该每天能够通过和学生之间心声的交流、通过自己专业的成长,得到幸福。”定义自己,就是定义自己专业发展的方向和起点;定义自己,就是定义自己人生的价值和幸福。

2012 年初出茅庐,“站稳讲台”是自己的首要期许。作为新教师,为适应新环境,往往会将工作重心放在教学备课,尤其是备学情上,让学生喜欢上自己的课。若教师的成长分为关注生存、关注情境和关注学生三个阶段,那么初出茅庐的我就处在关注生存阶段。然而,也许我比他人更幸运的地方在于,我快速地适应了关注生存与情境阶段,并开始有了“自我形象”的期许。

这样的转变得益于“遇见”,遇见十中地理组的前辈。滨岚老师是我第一位认识的十中地理老师,还记得第一次听她的课是一节关于“水”的高三地理复习课,逻辑清晰、结构严谨,深入浅出,课堂生动有趣,45 分钟的课堂意犹未尽。梅凯老师是我教学生涯的领路人,亦师亦友,她教室后面的“小板凳”见证了我们“手把手”带教与被带教的心路历程。在教学生涯的前3年里，我定义自己：模仿者与沉浸者。我模仿教育教学技巧，积累教育教学经验，沉浸在教与学的氛围中。

教与学的活动可以是如火山喷发般剧烈，也能似岩浆侵入般温和却不失力量。2016年的首届市教师基本功赛是对自己入职以来较大的一次挑战，第六的名次与单项奖对我也许有肯定，更令我意识到，天外之阔，未来的路还很长……我开始思考，我想要成为什么样的自己？不喜竞争，不爱比赛，渴望“岁月静好”，但我也不想与机会擦肩而过，不想让推动着自己的人失望。这个时期，我定义自己：别做逃兵。即使不爱比赛，但愿意尝试，直至获得“厦门市第四届中小学幼儿园教师技能大赛特等奖”。常笑言，这是误打误撞的一个奖项。但不可否认，她也是我重新定义自己的一个分水岭，她让我看到了无限可能，让我对自身产生了好奇，想要跳出“舒适圈”，挑战自己。

2017年以后，我开设了一次省级公开课、两次市级公开课、一次市级讲座和一次名师课堂录制，撰写并发表了三篇论文，其中一篇在市论文评选中获一等奖，另撰写的新课程单元教学设计获厦门市首届单元教学设计评选一等奖等。每一次的“备战”总是痛苦的，但我愈发觉得“痛并快乐着”；每一次的“参与”总不出意料地发现自己的“无知”，但我愈发享受这种“无知”带来的求知欲望；每一次的“完成”总是“如释重负”，但我愈发渴望下一次的专业成长。

如果说要给这一阶段的自己贴上定义标签，我觉得是无知者，无畏；是学习者，求知；是探险者，不惧失败，但求热爱。《权力之门》中有这样一句话：“如果我不定义我自己，我将沦入别人的评价中，被他们生吞活剥。”定义自己是倡导以个人的专业认知和社会责任去寻找自我并打破自我的局限，在自我专业反省、自我专业批判的同时，打开专业发展的可能性，从而建立一个开放的自我专业标准和自我专业形象，以便更好地自我重塑、自我实现，完成自我专业高水平发展的自觉和不虚此行的幸福人生。定义自己，就是定义自己专业发展的方向和起点；定义自己，就是定义自己人生的价值和幸福。

（执笔：厦门十中教师　陈萍）

二、我能够看清学生

为人师者都清楚，每个学生都是“不一样”的，但我们这里的“看清”指向的不是“不一样”，而是“独一无二”。这不仅是表述的不同，更是认知的差距。前者容易趋于表象上的区分，而后者则多了一份科学的洞察和人文的敬重。每个学生都是唯一的、独一的，“一”是什么，任何轻慢都是对生命的辜负。为人师者职责之重，在于没有“看清”就不可能精准地施教，没有“看清”就不可能最大限度地把学生引向“独一无二”的生涯发展。这一过程是繁难的，因此，爱是前提。卢梭认为：“凡是教师缺乏爱的地方，无论品格还是智慧都不能充分自由地发展。”赞可夫进一步指出：“当教师把每一个学生都理解为他是一个具有个人特点的，具有自己的志向、自己的智慧和性格结构的人的时候，这样的理解才能有助于教师去热爱儿童和尊重儿童。”这一过程更是专业的，缺乏厚实的专业积淀，特别是心理学、教育学方面的积淀是不可能彰显教育成效的。苏霍姆林斯基认为：“教育者应当深刻地了解正在成长的人的心灵……只有在自己整个教育生涯中不断地研究学生的心理，加深自己的心理学知识，才能够成为教育工作的真正的能手。”下面我们主要从心理学的角度来理解教学上的“看清”。

（一）看清认知层次

美国心理学家布鲁姆在 20 世纪 50 年代将教学活动所要实现的整体目标分为认知、情感、心理运动三大领域。其中认知学习领域的目标分成六个层次：识记，指对先前学习过的知识材料的记忆；领会，指把握知识材料意义的能力；运用，指把学到的知识应用到新的情境、解决实际问题的能力；分析，指把复杂的知识整体分解为组成部分并理解各部分之间联系的能力；综合，指将所学知识的各部分重新组合、形成一个新的知识整体；评价，指对材料作价值判断的能力。在具体的教学生活中，教师要习惯判断并看清每个学生的认知层次，就共同问题和个体问题提供针对性的解决方案。

（二）看清智力类型

美国心理学家加德纳在 20 世纪 80 年代提出了多元智力理论（表 4-1），确定了涵盖人类经验范围的许多智力。每一种智力依据某一社会对它的需要、奖赏以及它对社会的作用，在不同的人类社会的价值也不同。

表 4-1 加德纳提出了多元智力理论

智力	终端站	中心成分
逻辑—数学	科学家、数学家	洞悉能力和灵敏性、逻辑和数字模式，把握较为复杂的推理
语言	诗人、新闻记者	对词的声音、节律和意义的灵敏性，对不同语言功能的灵敏性
自然主义	生物学家、环保主义者	对种属不同的灵敏性，与生物敏锐交往的能力
音乐	作曲家、小提琴家	产生和欣赏节奏、音高和颤音的能力，对不同音乐表达形式的欣赏
空间	航海家、雕刻家	准确知觉视觉—空间世界的能力，对自身的最初知觉进行操作转换的能力
运动	舞蹈家、运动员	控制身体运动和有技巧地运用物体的能力
人际（社交）	心理治疗师、推销员	对其他人的情绪、气质、动机和期望的辨别和恰当的反应能力
内心的（自知）	详细的、准确的自我认知	对自己情绪的感知、区分，并以此指导行为的能力，对自己的力量、弱点、期望和智力的了解

“加德纳认为，西方社会促进了前两种智力的发展，而非西方社会对其他智力更为注重。例如，在西太平洋岛群的卡罗琳岛，船员们必须能够在没有地图的情况下，仅仅依靠他们的空间智力和身体运动智力航行很长一段距离。在那个社会中，这种智力比写出一篇学期论文更重要……”（引自理查德·格里格菲利普·津巴多《心理学与生活》）加德纳的这一研究成果告诉我们：（1）智力是多元的，个体的智力各具特点；（2）不同智力都有其独特价值、都有其社会作用；（3）个体差异是因材施教的起点、多元开放是因材施教的过程、“扬长”发展是因材施教的目标；（4）以个体优势智力为依托，带动弱势智力的尽可能伸展，以便“扬长补短”，均衡发展。

（三）看清个体习惯

凯恩斯认为：“习惯形成性格，性格决定命运。”也就是说，我们必须看清并优化学生个体的习惯,才能为他们的终身发展奠基。改变习惯是重要的,也是难的,所以培根感叹:“习惯真是一种顽强而巨大的力量,他可以主宰人的一生。”在日常的教学活动中,个体习惯是提升其认知层次、发展智力水平的关键。一般而言,个体的学习习惯主要包括:过程,预习、听课、作业、复习等环节是否在位到位;计划,时间安排等是否合理明确;思考,提出问题、分析问题、解决问题是否独立独到;效率,预期的学习任务是否轻松顺利并有个性拓展;等等。看清了个体习惯,也就看清了个体学习上问题的症结所在,为开展个性化学习奠定了坚实的基础。

在看清这一条上,我们还想重点强调两个注意事项:一是必须根据学生的本来面貌去认识学生,而不是按照自己的愿望去看待学生。这就要求我们主要选择事实判断的方式,并主要从心理学的角度入手,只有这样才能客观地“看清”,并确定其“最近发展区”,建立施教的科学基点。二是偏爱中下学生。首先,“中下学生”是我们决胜教学质量全面性与根本性的主体对象;其次,“中下学生”的突破主要是心理能力的突破,特别是学习动力的突破;再次,哪怕在部分学生的学习成绩上“回天乏术”,我们仍要尽可能实现教育的功能——莫言认为:“分数、学历甚至知识都不是教育的本质”,那么“学会做人”肯定是我们义不容辞的责任。

案例24:

❋我能够看清学生

苏霍姆林斯基认为:“教育者应当深刻了解正在成长的人的心灵……只有在自己整个教育生涯中不断地研究学生心理,加深自己的心理学知识,才能够成为教育工作的真正的能手。”

英语教学作为一门基础学科,除了具有知识性和工具性外,它还涉及跨文化交际,理解不同背景下人们的思维和表达方式,具有很强的思想性和文学性。英语教学工作不仅仅是教会学生掌握英语技能的简单过程,更重要的是,它通过具有思想性和美感性的教学素材潜移默化地影响学生的情感、志趣和个人品格的形成,使学生形成正确的世界观、价值观,以便于他们更能正确地认识世界,最终沉积为学生精神层面最有价值的财富,那就是对人生和价值的深思。

对教育教学的不停探索和思考让我从一个青葱的新手教师渐渐步入

了熟手阶段。一路摸索，我深深体会到，不管遵照传统教学方法夯实双基还是利用现代多媒体教学激发学生的学习兴趣，我们的目的都是要教好学生英语知识，教会他们运用英语，更重要的是教会他们如何做人，成为对国家、对社会有用的人。英语虽然是一门外语，但在我们的教学内容中时时处处都体现了社会核心价值——怀抱积极奋进的人生态度，寻求正确的解决问题的方式，树立绿色健康的生活理念，等等。因此，在英语课堂中的德育故事几乎每天都在发生。我也时不时带偏“英语课”，在课堂上悄悄向学生们播撒“善”的种子。

那是一节九年级第七单元的阅读课。课文内容为一个热爱跑步，立志要成为职业跑步选手的中学生与父母之间关于“未来”的争执。这篇阅读课文是整个单元核心话题内容的集中体现。课文中的主人公“刘宇”，希望实现自己成为职业运动员的梦想，为此和父母产生了分歧。针对课文内容中的矛盾点，在上课时，我设计了任务环节，让学生一步一步由浅入深地剖析产生这一分歧的原因并一起寻找解决这个分歧的方法。

在课堂上，不同于简单地“提问—回答”模式，我让学生们把自己当成“刘宇”，从课文里整理出“刘宇”会和父母亲说的话，把“刘宇”演出来。之后再让学生变身为“父母”，上演一场“亲子大战”。在一番吵闹之后，不管是“刘宇”的态度还是“父母”的态度都明朗地摆在了学生们的面前。于是，我让学生们思考，为什么“刘宇”和父母会有分歧？课堂突然安静了下来，学生们似乎陷入了一种痛定思痛的反省状态中。因为他们都和“刘宇”感同身受，在与“父母”针锋相对之后，留下的不是痛快，而只是痛。他们最终得出的原因是：爱——“刘宇”对跑步这个一生的梦想的热爱，父母对孩子的疼爱，谁都不会让步。当学生们得出这个答案的时候，我被他们的共情能力打动了。他们触及了文本里最隐秘却又最触动人心的地方。于是，我追问学生们该怎么解决这个问题。学生们给出了各种各样的方法，有些或许听起来幼稚，有些或许不够周全，但没有一个学生选择让“刘宇”放弃梦想！可见，在学生们的心里，“梦想”的光不能熄灭。而作为他们老师的我，再一次被学生们积极的信念所打动。在通往梦想的路上一定有风险和必须面对的失败，但我希望我的学生们都努力为梦想而奋斗，不走选择好的路，走好选择的路。

在我心里，那节课已经不是一节流程上的英语阅读课。那是一节让学生产生共情的英语阅读课，是一节教会他们理解和尊重不同的人的不同立场的英语阅读课。那是一节让学生们明白梦想之路从不平坦，人生之路必有取舍的英语阅读课。

成功有时需要的只是一个恰当的方法。愿我们都有一双看清学生的眼睛,找到恰当的行之有效的教育方法。

(执笔:厦门十中教师 薛晓颖)

案例25:

学会宽容,看清学生

——如何转换问题学生

苏霍姆林斯基认为:“教育者应当深刻了解正在成长的人的心灵……只有在自己整个教育生涯中不断地研究学生心理,加深自己的心理学知识,才能够成为教育工作的真正的能手。”面对中下生,实现学校“文心化行”的教育理念,教师要有一颗宽容的心,才能看清学生,根据学生的本来面貌去认识学生,而不是按照自己的愿望去看待学生。这就要求我们选择事实判断的方式,从心理学的角度入手,只有这样才能客观地“看清”,并确定其最近发展区,建立施教的科学基点。

曾经我遇到过这样一个学生,他上课跳位、讲话,不交作业,不穿校服、染发、撒谎、抽烟、逃课泡网吧、谈恋爱、打架、离家出走,等等。一开始我通过家访了解了这个学生的家庭情况,明白因为家庭的不完整,导致这个学生缺少关爱和教育,导致现在有种种不良的行为习惯,通过耐心教育,这个学生也有所改变,我正暗暗高兴自己付出的种种努力没有白费,浪子终于回头,我可以松一口气了。可是好景不长,随着时间的推移,加上有一段时间我外出学习,忽视了对他的跟踪教育,该生又开始反复了。有关他的各种不好表现又接二连三地反映上来,许多同学和老师都反映他又重蹈覆辙了,表现糟糕。比如:来学校上课时,不是睡觉就是讲话。他的妈妈也心灰意冷,虽然她经过艰苦的努力,好不容易让孩子跟着自己生活了,她也很想配合学校教育好孩子,但为时已晚,孩子根本不听她的话。而且他仍然十分迷恋游戏,只要一放学就进网吧,一旦到了周末,更是经常玩个通宵。家长也不知道他哪来的钱打游戏。有时家长稍微说他一下,他就干脆离家出走,泡在网吧。

想想一年来,我在他身上付出了那么多的时间和精力,真是个扶不起来的“阿斗”,我心里这样想。这时的我和许多人一样,开始有点恨铁不成钢,真想放弃他,从此不再管了。可是一想到他毕竟还只是个十来岁的孩子,就这样放弃,说不定他真的就毁了,这样可能给他的一生带来不可预见的后果。经过一番思想斗争,我的内心渐渐平息下来,我告诉自己不能这样半途而废,我必须坚持。他的反复是正常的,可以理解的。毕竟他还只是个孩子,我们成人也会犯错,也常屡教不改,更何况这么一个小小年纪的孩子呢? 我知道:教育不是一蹴而就的,教育的过程是长期的、反复的、逐步提高的过程,要反复抓,抓反复。对像他这样正处于人生发展阶段十字路口的学生的教育,是一件非常复杂的事。引导得法,可以使他们健康成长;稍有疏忽,则可能造成不可估量的损失。

作为老师,我应该学会宽容,允许他反复,更应该给他重新改过的机会。金无足赤,人无完人。有人说,老师要允许学生犯错误,允许学生有不足之处,还要接纳学生的错误和缺点,这话很有道理。因为任何人的成长过程都是一个从错误中吸取教训,从错误中学习正确的东西,才能逐步走向成熟和完善的过程。

抱着治病救人、不歧视、不放弃的思想,我一方面继续密切与家长的联系,积极寻求家长的配合;另一方面把他当成自己的孩子,坚持每天放学后与他进行面对面的沟通,及时了解其思想动态和表现,并积极地发动科任教师对他进行补缺补漏,同时动员好生在学习上帮助他。我始终坚持正面教育,动之以情,晓之以理,因为我坚信:浪子终有回头的一天。经过不懈的努力,该生逐步走上了正轨,最后顺利毕业,并考上了中等职业学校。为此,家长万分感激。

宽容接纳学生,就不能以成人的眼光来看问题,不能以成人的做事方式去要求学生,而是对学生要有一个清醒的认识,要认识到孩子就是孩子,要以欣赏的眼光去看孩子的天真、幼稚,甚至调皮、淘气。尤其是对待所谓的“差生”,更需要为人师者少一分呵斥,多一分宽容。“有时宽容引起的道德震撼比惩罚更强。”老师要尊重学生的个性,和谐发展,优长育人。

(执笔:厦门十中教师　高亚恋)

三、我穷尽既往积淀

余映潮老师认为:“备课永远是广泛积累的绝佳机会。如《夸父追日》一课备课时我读了十几万字的材料;《祝福》一课我查了几百篇文章作为备课资料。"余老师无疑是一名极勤勉严谨的名师，他强调了大量积累之于备课以及上课的重要性，这比起那些备课只阅读教材与教参的教师自有天壤之别。但是，余老师的这种积累体会是趋于表面的，既不周全，更不到位。其一，积累与积淀不同，前者的侧重点是"量"的（"十几万字""几百篇"），后者的侧重点是"质"的，是扬弃后的沉淀和内化；其二，积淀是平常性的，不是临时性的，备课只是既往积淀的一次"总动员"；其三，积淀不仅是阅读，与阅读同等重要，甚至更为重要的是实践性的积淀。

一堂好课的本质，是一位教师的阅读史和实践史的集中表现；45 分钟精彩的背后是既往人生的厚实功底，是一次"集束炸弹"的覆盖式"爆炸"。就一般而言：(1)主要凭借教材教参来上课，狭隘而拘谨，教学过程线性抵达重难点的预设性解决，那是新教师或未尽到职责的教师的普遍做派；(2)选择性的利用教参，将一些流行的教学元素和自以为是的习惯做法结合其中，这是有一定经验的教师经常在做的；(3)旁征博引或看上去举一反三地紧扣学练重点，有的放矢（究竟几环并无人报靶）地达成教学的预期，这是一般好教师的表演；(4)学生全心投入与教师的对话互动，教师简洁地、画龙点睛地提问、质疑、引领、补充，课堂在一种生成的自然过程中，问鼎认识的角逐，这是优秀教师的风采。

备课时的穷尽既往积淀，就是为了在课堂上尽量看不出积淀。看不到"掉书袋"，因为"万卷书"已成为自然涌现的生动事例、精准语言或可启发智慧；看不出教师的卖力表演，因为"万里路"已经寻觅到最佳主角——学生；课堂分不清方法、招数，只看到情感、态度、价值观蔓延成一道生命力的风景。

积淀是职业生涯的生存方式，更是一种专业提升的必然过程。在这一过程中：

（一）量是必须的

教师可以以自己为基地，建造庞大的教学资源库（包括文本的和音像的），但关键是从中内化了多少，又内化了什么。它们是具体感性的案例，或是抽象性的观念，还是经典精彩的细节；它们构成了你职业智能的哪些要素，形成了哪些职业实践的支撑。我们必须清楚，真正的积淀不是"量"的"多"，而是"质"的"少"，少到变成自己身上的脉动。

（二）在积淀中产生专业质变

“备课永远是广泛积累的绝佳机会”，这种带有普遍性的说法并不适合自己，适合自己的应该是，备课永远只是你穷尽既往积淀并产生专业质变的可能契机。量的多是有可能成为包袱的，但质变后的思想、思维只会让你轻装上阵、快马扬鞭。

（三）积淀的本质不会变

课堂的本质是永远不会变的，变化的只是课堂的过程、结构、方法、手段，因此，你积淀的本质也是不会变的。戴维教授认为：“教学的目标是理解学生想法的本质。”这种“想法的本质”就是成长的本质，也是课堂的本质，成长什么、怎么成长才会随着社会时代的发展而发生变化，只要能够牢牢地抓住成长这条主线积淀，就能行走在专业成长的正确轨道上。

（四）在积淀中不断穷尽

不断学习与实践，在积淀中不断穷尽，是专业能力快速提升的宿命。最后我借西汉戴圣《礼记》的一段话来概括这一道理（原指教学相长，现只指教师自己的“教”与“学”）：“是故学然后知不足，教然后知困。知不足，然后能自反也；知困，然后能自强也。”

案例 26：

❁我穷尽既往积淀

低头走路的人，只看到大地的厚重，却忽略了天空的高远；抬头走路的人，只看到高空的广阔，却忽略了脚下的艰辛与险峻。

且行且思，作为教师，我们既要积淀深厚的文化底蕴、扎实的专业知识、精湛的专业技能，又要在积淀中创新，有先进的教育教学理念和把握课堂的丰富的教育智慧。

钱学森之问引发的思考发人深省，李约瑟难题提出的疑问令人深思。我们都应该好好反思在教学中我们是不是还不够重视积淀，不够重视在积累中升华，不够重视培养学生的问题意识，我们都喜欢听话的学生，结果我们的听话教育扼杀了学生的问题意识，制式化教育制约了学生的想象力，标准化教育影响了学生的创造力。我们把没问题的学生教育成了有问题的学生，这样的听话教育事实上进行的是驯化，而不是教育。

在教学中要怎么样才能有积淀、有所创新呢？我认为应该从备课开始，在积淀中升华，进行研究型备课。比如在上柳永的《雨霖铃》之前，我们应该深入地了解词的发展过程，广泛阅读各个流派的宋词，可以多读读柳永的其他作品，如《蝶恋花》、《鹤冲天》，等等，研究有关柳永的史料，多了解柳永的生平事迹，并贯穿于授课过程中。

我们要积淀，要创新。我们应先积累，再创造。创新是超越，是打破常规，是永争第一，我们要给学生更大、更自由的时间和空间，让学生集思广益，多积累、多思考，才能多创造，培养学生的问题意识，发展学生的批判性思维，让学生敢想、敢问、敢说、敢做，让学生不再是以“学会”为目的，不再只满足于知道已知世界的答案，只学会如何解决别人提出的问题，而是要以“会学”为手段，发现问题，探索未知世界，从而学得愉悦，感受学习的快乐与幸福。我们要以生为本，耐心地看待学生的成长，重视学生的个性潜质、兴趣爱好，培养学生的广泛阅读，多积累、多质疑、多思考、多收获，让质疑精神激励学生心怀天下、实践社会。

余映潮老师认为，“备课永远是广泛积累的绝佳机会。如《夸父追日》一课备课时我读了十几万字的材料；《祝福》一课我查了几百篇文章作为备课资料。”我们要寻找教材，多积淀、多思考，发掘文本在研究过程中的幸福，只有这样，我们的学生才能从我们广泛积累备课的上课过程中感受到学习的快乐。

如在教授《念奴娇·赤壁怀古》的时候，我们可以先拓展阅读余秋雨的《苏东坡突围》，让学生全方位地了解苏轼。在讲授时，我们除了词的基本常识、主要内容和表现手法外，还可以和学生一起探讨苏轼写周瑜的原因，问学生为什么写的是周瑜而不是诸葛亮、刘备、曹操……通过研讨，学生们开心地得出了结论：诸葛亮“出师未捷身先死”，太过悲凉，与词的意境不符；刘备年纪太大不合适；曹操一代枭雄，却是赤壁之战中的失败者，显然也不合适。而周瑜少年得志，又娶了小乔，对比之下，苏轼尚在官场沉浮。苏轼创作本词的时候年纪比周瑜大，因此有感而发，觉得自己十分不如意。而同时，我们还可以继续拓展，进一步问学生：苏轼在《赤壁赋》中为什么要提到曹操，而不是周瑜呢？有什么寓意呢？首先，我们要弄明白苏轼引用曹操《短歌行》的深意，《短歌行》是写渴望贤才的；而“月明星稀，乌鹊南飞”这一句紧接着的下一句是“绕树三匝，何枝可依”，上句写出了景，而隐藏起来所引用的下句写出了情,再联系整首诗,就写出了苏轼希望能够得到重用却始终不能如愿的感情。我们由此引出了下面水与月的一番思绪。通过比较和讨论,我们的学生们不仅学到了字词,也掌握了作者的情感,并明白了不同的情境下应该怎样选择最典型最确切的事例。学生在知识的积累中学得轻松,学得全面,也学得快乐。

过去我们曾经认为一堂好课,就是教师讲得好,或者是教师的教学方法运用得好。现在我们明白了:既然教师的教,是为了学生的学,那么,在教学中教师要很注重学生对教学过程和教学活动的积极参与,积极与教师配合,通过师生互动和生生互动,共同完成教学任务。因此,教师首先应该多学习、多积累,注重采取灵活多样的教学方式和方法,方法的选择和运用,关键是为了激活学生思维,促进学生思考。所有的教学方法,都应该是围绕着学生的认知展开的。

戴维教授认为:"教学的目标是理解学生想法的本质。"这种"想法的本质"就是成长的本质,也是课堂的本质,成长什么、怎么成长才会随着社会时代的发展而发生变化,只要能够牢牢地抓住成长这条主线积淀,就能行走在专业成长的正确轨道上。这就需要在教学中积淀,在教学中升华,开展研究性学习,突出教学过程中的问题性、参与性、体验性和实践性.给学生机会,引导他们进行独立的、自主的学习与探究。

(执笔:厦门十中教师　谢冰)

案例 27:

我穷尽既往积淀

积淀是指积累沉淀,多指某种思想、文化、经验等。教师是知识的化身,语文是心灵的殿堂。语文教师,应该用语言、人格、学识引领学生,将他们带入最美的精神殿堂。一堂成功的语文课不是取决于教师的气质形象怎样迷人,课件怎样花哨,教学设计怎样精细、教学布局多么奇思妙想,关键是看课堂的组织者——教师的文化积淀。在高中语文教学过程中,我是这样在教学中展现自己的文化积淀的:

一、备课是积淀的体现

余映潮老师认为,"备课永远是广泛积累的绝佳机会"。备课永远只是你穷尽既往积淀并产生专业质变的可能契机。备课,不是仅仅满足于阅读的“量”,如果单纯看“量”,这不是积淀,而是积累。究其原因:其一,积累与积淀不同,前者的侧重点是“量”的(“十几万字”“几百篇”),后者的侧重点是“质”的,是扬弃后的沉淀和内化;其二,积淀是平常性的,不是临时性的,备课只是既往积淀的一次“总动员”;其三,积淀不仅是阅读,与阅读同等重要、甚至更为重要的是实践性的积淀。如:我上《涉江采芙蓉》的时候,备课时我查阅了有关东汉五言诗的相关知识,诗歌产生的背景,辨析了芙蓉意象的含义,翻看了《离骚》等。经过了“量”的备课,才能达到“质”的沉淀,才能体现教师的文化积淀。

备课时的穷尽既往积淀,就是为了在课堂上尽量看不出积淀。看不到“掉书袋”,因为“万卷书”已成为自然涌现的生动事例、精准语言或可启发智慧;看不出教师的卖力表演,因为“万里路”已经寻觅到最佳主角——学生;课堂分不清方法、招数,只看到情感、态度、价值观蔓延成一道生命力的风景。

二、积淀通过阅读和实践展现出来

一堂好课的本质,是一位教师的阅读史和实践史的集中表现;45 分钟精彩的背后是既往人生的厚实功底,是一次“集束炸弹”的覆盖式“爆炸”。就一般而言:主要凭借教材教参来上课,狭隘而拘谨,教学过程线性抵达重难点的预设性解决,那是新教师或未尽到职责的教师的普遍做派;选择性地利用教参,将一些流行的教学元素和自以为是的习惯做法结合其中,这是有一定经验的教师经常在做的;旁征博引或看上去举一反三地紧扣学练重点,有的放矢地达成教学的预期,这是一般好教师的表演;学生全心投入与教师的对话互动,教师简洁地、画龙点睛地提问、质疑、引领、补充,课堂在一种生成的自然过程中,问鼎认识的角逐,这是优秀教师的风采。

作为一位有较深积淀的优秀教师,在课堂上就应该全身心地投入与学生的对话互动,通过提问、质疑,形成生成的课堂。如教授《父母与孩子之间的爱》这一课文,我让学生先通读课文,概括每段的意思,然后提问:“作者认为母爱和父爱在性质上有什么根本区别?各有什么积极面和消极面?”学生充分思考后作答。接着,我引导学生质疑:对文中作者认为的父爱与母爱的看法进行评析,是否完全同意作者的看法?通过质疑,教师引领,学生畅所欲言,充分地表达了自己的看法。学生认为,父爱也有一定的无私性,母爱也有一定的自私性。这就对原文观点做了一个补充。教师利用自己的阅读积淀让学生得到了阅读能力的提升。

如果教师没有深厚的积淀,就无法独立地解读教材,上课时就会依赖教参，依赖于别人的现成解读，查阅现成的教案或教学实录，把别人的设计依葫芦画瓢地搬上课堂，对文本缺少个性解读，浅尝辄止，缺少深层次的理解和感悟，自始至终都无法进入作者的话语体系。这样就无法让自己的课堂发出光彩，更无法与学生进行激烈的思维碰撞。

积淀是职业生涯的生存方式，更是一种专业提升的必然过程。课堂的本质是永远不会变的，变化的只是课堂的过程、结构、方法、手段，因此，积淀的本质也不会变。戴维教授认为："教学的目标是理解学生想法的本质。"这种"想法的本质"就是成长的本质，也是课堂的本质，成长什么、怎么成长才会随着社会时代的发展而发生变化，只要能够牢牢地抓住成长这条主线积淀，就能行走在专业成长的正确轨道上。

不断学习与实践，在积淀中不断穷尽，是专业能力快速提升的宿命。最后我借西汉戴圣《礼记》的一段话来概括这一道理："是故学然后知不足，教然后知困。知不足，然后能自反也；知困，然后能自强也。"

（执笔：厦门十中教师　李建英）

四、我擅于平等对话

传统应答式的教学中，精心的预设前提下，学生成了教师标准答案的传声筒，师生单向式、线性化的"伪对话"，人为地将师生互为主体的平等关系分裂为上下垂直的不平等关系。课堂上教师是知识的权威、知识的化身，学生则是装载知识的容器、操作知识的机器，教师与学生之间灌输与被灌输、控制与被控制的关系，本质上只是教师的一种独白，师生间真正的对话没有产生。而"没有了对话，就没有了交流；没有了交流，也就没有了真正的教育。"（保罗·弗莱雷《被压迫者教育学》）于教育而言，对话即教育，教育的过程是师生对话的过程。这样的认识，中外早已有之，孔子的教育就是一种语录式的师生对话教学，苏格拉底的精神助产术（又译产婆术），更是通过对话，不断提问，启发学生而使学生自己发现、觉悟真理。于教师而言，擅长与学生平等对话，是教育能够发生、教育目标能够达成的核心前提。

我们所说的对话，指的是人与人之间在彼此平等、彼此倾听、彼此接纳、彼此敞开的基础上达成的双方视野的交融，是一种致力于相互理解、相互合作、相互激发、共同创造的精神或意识。具体到教学中，对话指的是师生基于互相尊重、信任和平等等立场，通过言谈和倾听而进行双向沟通、共同学习的方式，各方内心世界的敞开是对对方真诚的倾听和接纳，在相互接受与倾吐的过程中实现精神的相遇相通。

“作为体现交往哲学理念的对话，不仅仅是一种调动学生的教学手段，更是一种尊重学生的教育思想；不仅仅是一种激活课堂的教学技巧，更是一种走进心灵的教育境界；不仅仅是指教师和学生通过语言进行的讨论或争鸣，更是师生之间平等的心灵沟通与交流。”（李镇西）擅长对话已经成为教师专业化体现的必备因素。

要擅长与学生平等对话就要做到：

（一）会开放性地敞开自己的心灵

教育过程中我会尽可能地放下先见、偏见和成见，不先行预设，不先行评价，而是走向一种质疑式的、开放式的，乃至批评式的对话。对话过程不用预设加以界定，而是随着对话的展开让教学处于一种动态生成的过程。在对话的过程中，我们并不是寻求固定的答案，而是在一种开放的过程中共同理解，共同创生。“一千个读者就有一千个哈姆雷特”，我们所理解的哈姆雷特来自学生学习的独特体验，这种体验本身是独一无二的，是无可替代的，那就要求我们要以更开放的胸怀去理解学生多元化的解读。开放的对话是“从一个开放心灵者看到另一个开放心灵者之话语”（马丁·布伯《人与人》），它是“把灵魂向对方敞开，使之在裸露之下加以凝视的行为”。开放的对话，收获的是师生双方精神的发展。

（二）会真诚地理解每个学生的行为

只有当对话被理解与接受时，对话才完整。真正的对话永远不是自说自话，更不是把对方客体化。学生课堂上的每个学习行为都应是教学行为的影子，转变教师权威化的观念，作为“平等中的首席”耐心地倾听，真诚地接纳，对话才能促进师生认知上的发展。学习的过程实质上也是一种成长的体验，擅长对话的教师自然会尊重孩子在学习过程中的每一种体验，更会俯下身子，弯下腰来倾听每个学生的发言，深入理解每个学生行为背后的隐含密码，包容与接纳它，让它生成为一种教育资源。正如叶澜教授在《重建课堂教学过程观》一文中指出的：“他们在课堂活动中表现出来的意见、建议、观点，提出的问题与争论乃至错误的回答，无论是以言语还是以行为、情绪方式的表达，都是教学过程中的生成性资源。”对话式的课堂是一个多层次、多角度的非线性对话场，创造生成的不仅仅是彼此达成共识，更是对对话双方的自我在认识上的开掘。通过对话，师生彼此都在不断地丰富自我、发展自我并尽可能地生成新的自我。

（三）会平等地尊重每个学生的差异

平等不是平均主义，必须充分关注到学生之间在理解能力、表达能力、审美能力、思维方式等方面的差异。对话必须是在尊重差异的基础上，让学生尽可能地根据自身特点来表达自我、发展自我。“在教育中如果排除差异化，就是在毁灭生活。”（怀特海《教育的目的》）我们不只是对大部分学生进行教育，而是要对每个学生负责。如果我们的教育不是以所有的学生为对象，那么我们所谓的“人”的教育就只能是一句空话，这样无原则、僵化的平等，必然只能流于表面、流于形式。《论语·雍也》中说：“中人以上，可以语上也；中人以下，不可以语上也。”孔子因材施教的原则，就是充分认识到人在智力水平上客观存在着差异，子贡才会说，颜回可以“闻一知十”，而自己只能“闻一知二”。所以，教学应该根据学生的智力水平和学生的实际情况来引导，只有充分平等地尊重学生之间的差异性，才可能有效而具体地展开对话，才可能真正做到因材施教。

案例 28：

❋高三女生的“叛逆期”

对话，指的是人与人之间在彼此平等、彼此倾听、彼此接纳、彼此敞开的基础上达成的双方视野的交融，是一种致力于相互理解、相互合作、相互激发、共同创造的精神或意识。它“作为体现交往哲学理念的对话，不仅仅是一种调动学生的教学手段，更是一种尊重学生的教育思想；不仅仅是一种激活课堂的教学技巧，更是一种走进心灵的教育境界；不仅仅是指教师和学生通过语言进行的讨论或争鸣，更是师生之间平等的心灵沟通与交流。”我在班主任工作中践行与学生的平等对话，取得了很好的效果。

一、突然的“叛逆期”

进入高三的第一次月考，小夏（为保护其隐私，化名）成绩一落千丈，引起了我的注意。她平时是老师眼中的乖孩子，按时上课不迟到，作业认真完成，学习态度也很端正，学习很刻苦，这样的孩子怎么会退步这么大呢？

我赶紧找她谈心。由于我平时都能和学生们互相尊重，彼此敞开心扉，因此对做学生工作我还是很有信心的。我找到她后，问了第一句话：“这次成绩……”我话都还没说完，只是提到了“成绩”这个词，她的眼眶就红了，当我说给她一个拥抱时，她就泪流不止了，开始和我讲述了她的家庭。从高二的暑假开始，她就和她爸爸沟通不来，经常吵架，她爸爸讲话经常都是用嚷嚷的，命令式的，她听了心里很不舒服，到高三就越来越严重，她觉得爸爸整天就只会命令她读书，没有真正地关心过她，只要周末一回家，他们就会吵架。她说其实她周末都不想回家，只想待在学校，可是她爸不肯。这样吵来吵去，她压根没法静下心来读书。她盯着书看，其实什么都没看进去。她觉得自己跟爸爸已经相处不下去了。我听完后，首先安慰了她，并帮她分析了如何解决此问题。一方面，首先我要让她从心里肯定她爸爸对她的感情，我说：“你爸爸肯定是很爱你的，只是可能有时候表达的方式让你无法接受，这个我会找他谈。但是你应该要肯定爸爸对你们家庭的贡献，他出去工作赚钱养家，压力肯定很大，因此脾气不好。你要理解他！”在接下来的对话中，我还得知现在的她由于学习压力大，因此脾气也越来越不好，也越来越不爱和爸爸沟通，以前不会出现这样的情况。我鼓励她应该从自身做起，调整自己的情绪。同时，我也特意去她家家访，找她爸爸了解情况。她爸爸见面的第一句话就是“孩子突然像变了个人一样，真难管！”我把小夏的情况向她爸爸反馈之后，她爸就有点难为情了，觉得自己可能有时候确实是太粗暴简单了，以为是自己的孩子，怎么样对待都无所谓。后来我请他们两父女坐在一块，谈心沟通，把自己心里真正的想法和困惑都开诚布公地说出来。他俩谈着谈着，一会儿哭一会儿又笑。从他俩的神情我就知道我搭建“桥梁”的工作完成了。自从谈心后，小夏的成绩就不断进步，我也看到了她脸上久违的笑容。

二、在平等对话中解决问题

高三的“叛逆期”是预料之中也是预料之外。班主任如何帮助学生处理应对各种情况确实是门很大的学问。班主任应该针对不同学生的不同特点来“因人施教”，最重要的是在平等对话中找到学生的问题，缓解学生的压力。于快接近高考的高三学生来讲，班主任一定要时刻把握他们的心理状态，在繁重的学习压力与家庭社会压力之下，他们需要的是理解与支持，鼓励与帮助。作为班主任，只有尊重他们、真诚地对待他们，才能深入他们的内心世界，帮助他们勇敢地面对各种情况，解决各种问题，不要强求他们必须认同自己的意见，但求他们能理解我们班主任的用意，进而增进师生在思想上、情感上的共鸣，从而帮助他们身心健康成长，以达到教育的目的。

（执笔：厦门十中教师　周丽娟）

案例29：

❁用微笑滋润花开

平等对话不仅仅是一种教学方式，更体现为一种教育思想，只有在平等的沟通与交流中，教师才能够走进学生心灵，真正实现"教育的影响"。而要做到平等对话，需要开放性，敞开自己的心灵，尽可能地放下先见、偏见和成见，不先行预设，不先行评价；需要真诚地理解每个学生的行为，只有当对话被理解与接受时，对话才完整；需要尊重差异，让学生尽可能地根据自身的特点来表达自我、发展自我。如何将平等对话的理念具体化呢？我的回答是——微笑。

一、先微笑，再说事

有一位杨姓同学，开学初非常调皮，在课堂上喜欢接话，哗众取宠，破坏课堂秩序，甚至遭到周边的同学投诉，说他爱说脏话，欺负同学。开学一个月，这位同学的母亲就给我打来了电话，反映他在家里不喜欢学习，每天沉迷于没有营养的网络小说。任家长如何打骂，他就是不肯改正，家长希望班主任能帮忙教导。

接了家长的电话，我明白，高中生的思想和人格正在走向独立阶段，他们有许多自己的想法，这个时候他们最需要的就是得到尊重和认同。我想，在这样严厉的家庭教育背景下，我更应该用微笑与他沟通。

我把杨同学叫到办公室，他神情有些不自然，却故作嬉皮笑脸，嘴里喋喋不休，看样子已经准备好了厚着脸皮接受老师的痛批。看着眼前这个故作轻松的大男孩，我突然觉得有些滑稽可爱。偏偏不按他预期的，我微笑着搬了把椅子请他坐下。

他甚觉意外，突然受宠若惊地拘束了起来。我微笑着告诉他，他是这样的可爱，表扬了他把班级的几盆花养得很好，并列举了其他一些我在他身上发现的优点，让他感受到自己被包容、被接纳、被欣赏。果然，我们接下来的沟通顺畅且更深入了许多，我们从养花，聊到他的成长经历，例如，他沉溺于小说的原因，他甚至向我谈了对教育的看法和期待，其间，杨同学向我倾诉了内心的委屈和苦闷。他说他常常不被理解，经常受批评，以致他自信心丧失，常常觉得自己一无是处。父母因为工作太忙，基本不和他交流，也不了解他的想法，只是一味地向他提出各种严苛的要求，所以他特别反感，时常故意不听他们的话……最后，他告诉我，由于我不吝对他微笑，从不会板起脸训斥他，所以他信任我，才对我说这些话，并且强调只对我一个人说，希望我保密。那一刻，我感觉我真诚的微笑和关爱正在融化眼前这个大男孩用调皮捣蛋来自我保护的外壳，我看到了他内心的稚气与真诚。

我们的交流很愉快。离开时他语气坚定地说：“老师，我不会让你失望的。”从那次之后，他的成绩一直稳步提升，至今已进入班级前十名。

二、平等对话滋润花开

陶行知先生说“真教育是心心相印的活动”，而平等对话则是达到心心相印的必由之路。微笑不仅仅是一个表情，更是一种理念，也是打开学生心灵的钥匙；微笑背后的平等让我及时地发现了学生的闪光点，滋润了学生成长中敏感而稚嫩的心。

班级里专属于杨同学的小花，从指甲大的芽，长成了窗台上的一团绿色，生机勃勃，充满希望。每当看到这一盆花，我对孩子们就又多了一份信心和期待，一眼望去，好像每个座位上都有一朵或盛开或等待绽放的美丽花朵，而滋润他们盛开的，正是老师阳光般的微笑，正是平等对话的理念。

（执笔：厦门十中教师　郑玥）

五、我践行体验学习

叶圣陶先生有句经典名言“教是为了不教”，在中国教育领域影响深广。但大部分人对这种悖论式的通俗表述的理解，大都停留在理性化的思辨层次，而对其深切的本质以及“不教”的发生机制欠缺更到位的洞察和实践。约定俗成的说法集中在两点：其一，教是前提、手段，“不教”才是目的；其二，要教方法、思路而不是只教知识，即“授人以鱼不如授人以渔”。这种说法的侧重点仍然局限在“教”以及“教什么”，而“不需要教”的主体即学生仍然没有凸现出来，“教”与“不教”的发生机制则根本未曾涉及。我们认为德国哲学家雅斯贝尔斯的《什么是教育》中的一段话可以很好地诠释“教是为了不教"的本质关系。他说:"教育是人的灵魂教育,而非理智知识和认识的堆积……只有导向教育的自我强迫,才会对教育产生作用,相反,对学生精神害处极大,最终会将学生引向对有用性世俗的追求。在学习中,只有被灵魂所接受的东西才会成为精神瑰宝,而其他含混晦暗的东西则根本不能进入灵魂中而被理解。"方法也好、工具也罢(渔),仍属于"知识和认识"的范畴,一般的训练也仍是"有用性"的"外在强迫",是无法"被灵魂所接受"的。

现代心理学的贡献之一就是发现了学习发生的本质机制。"学习只有通过体验才能发生。体验包括吸收信息(以及评价和转换信息)和做出反应来影响环境。"(格里格,津巴多《心理学与生活》)"体验"一词的内涵在心理学中比我们汉语的义项要宽一些。根据《现代汉语词典》,"体验"主要有三个义项:(1)谓亲身经历,实地领会;(2)指通过亲身实践所获得的经验;(3)查核、考察。囿于汉语文化的时代局限,体验的义项内涵显然趋于狭窄。如教学情景创设式的体验,就无需"亲身经历",只要"如临其境"足矣,这是教育的规律,也是教育的特点。研究汉语"体验"的内涵只是为了更准确地把握学习的发生机制。上面关于学习的核心界定,明确地告诉了我们四点:一是吸收信息(包括知识性的、方法性的);二是评价信息(当然主要是建立在原有认知基础上的一种分析判断,也包括质疑);三是转换信息(所学的内化与外显,包括创新);四是做出反应来影响环境(这更主要指向的是新的想法、做法的产生),四个方面都是"体验"的本质内涵。

因此,体验不仅是学习的核心,更是课堂实践的核心,这关乎课堂质量,也关乎"教是为了不教"的理想。我们举一个网上的例子《蜜蜂并不是靠翅膀振动发声》来具体说明:蜜蜂发声靠的是翅膀振动——这个被列入我国小学教材的生物学"常识",被一位叫聂利的12岁小学生学习后,提出了质疑。而后她通过自己的观察实验发现了无数生物学家没有发现的自然奥秘,推翻了来自书本的"定论"。《人民日报》报道说:聂利的发现过程并不复杂:她先是偶然发现翅膀不振动(或被剪下双翅)的蜜蜂仍然嗡嗡叫个不停,然后用放大镜观察了一个多月,终于找到了蜜蜂的发声器官——翅膀根部的小黑点。如同许多重大科学发现一样,发现的过程本身也许并不曲折,关键在于发现者是否勇于向"定论"提出质疑,向科学权威提出挑战。体现在聂利身上的离经叛道和勇于怀疑的精神,比"蜜蜂的发声器官"这个发现本身更为可贵。

聂利的发现本身也许带有某种偶然性,但她的"发现"却深切完整地体现了体验是学习的核心的规律：(1)像一般学习一样，她首先吸收信息“蜜蜂发声靠的是翅膀振动”；(2)她评价并质疑信息“翅膀振动是蜜蜂发声的器官”；(3)她转换信息，在生活里观察、实验；(4)她做出反应来影响环境，推翻了来自权威的定论，刷新了所有人的认知，改写了教科书。

因此，在日常的教学实践中，我们一定要践行以体验为核心的学生学习活动：

(一)创设体验过程

既精准吸收信息，又开放个体评价；既促成信息转换，又激励影响环境，让教学过程成为体验过程。

(二)拓展体验水平

根据教学内容，重点培养学生的质疑创新能力；也要根据年龄特点，将体验与社会、自然以及自己的生活有机地结合起来。

(三)培养自主学习

因为体验就是学习，生活中处处有体验、处处可学习，只要转换学习意识、掌握体验规律，学习在任何时间、地点都能够有效发生。

这样，学习就是一种触及灵魂的活动，“教是为了不教”的理想也才有望实现。

案例30：

❋在学习中体验，在体验中学习

体验学习是一种高效的学习方式。我们应从学生已有的生活经验和知识背景出发，创设各种真实或模拟的情景，提供充分的学习和交流的机会，拓展学生学习、思考、体验的时空，注重体现学生认知、思维等心理活动过程，促使学生对学习的全过程进行充分的体验，从而唤起学生的学习愿望，激发学生的学习积极性，实现学生的有意义学习、个性化学习、创造性学习。在以生命教育为主题内容的生物课堂教学中，我遵循体验学习的规律，让学生在学习中体验，在体验中学习，实现学习方式的根本转变，使学生成为学习的主人。

一、设计真实情境,感知体验生命

生物学七年级下册的“血型和输血”,本节课的考点并不多,若以传统的讲授法来“灌输”知识,不需要一课时的时间便能让学生了解ABO血型和输血原则。但是,本节课还有一个教学目标:“了解我国无偿献血的制度,形成关爱生命的情感”,这个目标借用体验学习法更容易达成。课堂上设计出拟真场景:在车水马龙的十字路口,有人因车祸失血过多,路上行人实施急救,并呼叫120,不巧的是,医院血库告急,向社会呼吁爱心人士前来献血……在这个场景里,有学生扮演伤员,也有学生扮演实施急救措施的路人,有“医生”,有“护士”,还有前来献血的爱心人士。这样的一堂课下来,我们不仅告别了枯燥乏味,激发了学生学习生物学的兴趣,有效达到了既定的教学目标,更重要的是能够充分调动学生的情感,融入场景,体验情感,切身感受生命的脆弱和重要性,从而发自内心地珍惜自己的生命、关爱他人的生命。

二、动手操作实验,认知体验生命

当代孩子生活阅历的缺乏,很明显影响到了对生物现象的认知。很多被认为“常识”的现象,学生并不认识,更无法理解。比如青蛙的变态发育过程,对于农村长大的孩子来说,就是一个司空见惯的现象,而城市里的孩子对之缺乏直观的认知。本节内容我采用体验学习的方式,布置学生观察青蛙的发育过程,让学生在解剖镜下观察受精卵的卵裂过程、胚胎早期发育过程,一直观察到它发育成小蝌蚪,最后变态发育成小青蛙。当然,这个过程历时较长,在实际教学工作中,只要让学生在实验室里帮助其完成人工授精并观察卵裂过程即可,后面的发育过程学生可以在家里观察。观察是科学探究的一种基本方法,操作很简单。但是此次观察的对象是特殊的,这是一条条鲜活的生命,是学生们自己亲手赐予的生命。学生在呵护这些小生命成长的过程中,早已将对小动物的关爱之情深深刻入每一个具体的实验操作中。此时,老师再进行正确的引导,使学生将这份关爱移情到其他动物和人类身上,提升关爱生命的情感。

三、迁移课堂之外,验证体验生命

“种子萌发的条件”一课结束后,我将本节内容做了一个延伸与扩展:探究鸡蛋的孵化条件。作业要求:学生当一回鸡妈妈来保护鸡蛋,探索适宜的孵化条件,精心呵护,等待孵化,并饲养孵出来的小鸡。一个个鲜活的生命赢得了学生们的珍惜和爱护。再如,“保护生物的多样性”一节,我布置家庭作业:各小组通过查阅资料,统计灭绝物种和濒临灭绝的生物类群,探索保护濒危生物的方法。学生明白了每一个物种在生物圈中的重要地位和作用,在统计过程中产生了保护生物物种的情怀。此外,深入社区,增强学生的社会责任感,也是一种体验学习。比如,学生在探究“酒精或烟草浸出液对水蚤心率的影响”之后,组织学生到就近小区内,就“酒精和烟草对人体健康的危害”对人们进行一次宣传教育活动。在活动过程中学生可以认识到:自己在社会中尽管渺小,却也能为社会做出一定的贡献,从而增强自身的社会责任感。

总之,体验学习能有效地调动学生的主动性,激发兴趣,变被动学习为主动学习,并将思考问题的思维外化,在体验中获得深刻的认知。枯燥乏味的教学内容,若选择一种特殊的方式呈现给学生,就可能会有意想不到的收获。教学中,应注重创设良好的情境和契机,引导学生在学习中体验,在体验中学习。同时,家庭作业的布置也不应只是课堂教学内容的重复,相反地,正因为其不必在校园内,从而为体验学习提供了更广阔的实践空间。

(执笔:厦门十中教师　沈月桂)

案例31:

我践行体验学习

——做一个有温度的老师

体验学习是指通过实践来认识周围事物,或者说,通过能使学习者完完全全地参与学习过程,使学习者真正成为课堂的主角。教师的作用不再是一味地单方面地传授知识,更重要的是利用那些可视、可感的教学媒体努力为学生做好体验开始前的准备工作,让学生产生一种渴望学习的冲动,自愿地全身心地投入学习过程,在亲身体验的过程中掌握知识与能力,培养情感、态度、价值观。我在班级管理与课堂教学中自觉实践体验学习这一方式,激活与创造了学生的学习生活经验,培养了学生情境化的能力与真实的价值观。

一、体验学习下的价值观教育

我在思考我要如何影响我的学生呢?现在00后的学生喜欢说国民老公、国民男友,但是这些被尊崇的偶像大多是高颜值的偶像明星,他们或许在自己的行业有所建树,但是对学生的学习以及以后的创造并不能产生很好的影响。我决定在开学第一个月进行偶像树立教育，采用体验学习的方式：请大家众说纷纭，讲讲自己的偶像，选出一个最能激励我们学习和生活的男偶像和女偶像作为我们班级的公共偶像。我会提出将硅谷钢铁侠 Elon Musk 和林徽因的故事也作为参选对象，不会强迫他们选择，但是会把关和引导。接下来，我们提炼一下偶像的精神气质，形成我们的班训，为了这个共同的目标开启三年的初中学习生活。希望男孩子都能有雄心壮志，不怕吃苦的坚持以及创新的意识。希望女孩子都能有柔和的气质，横溢的才气以及乐观大气的心态。希望这三年他们的拼搏都是因为梦想，他们的学习都是为了以后可以喷薄而出才储蓄积淀。

二、应用信息技术创设体验情境

要改变教育首先要改变学校，要改变学校就要改变学校中的人，要改变学校中的人就要改变学校中人的生活方式，而这个生活方式就是职业生活方式，它的核心是文化。教师的课堂教学就是这个职业生活方式的重中之重了。我在反思，作为一个新教师，每堂课应如何践行体验学习呢？新的一轮，我会结合信息技术，将微课程、翻转课堂与传统教学很好地结合，以发挥其在创设情境、增加学习体验方面的优势。比如，在引导学生树立正确的消费观念的课程中，我结合生活实际为学生创设了生活情境，播放了微课《小明一家人购车时的消费心理》，在微课播放结束后，我要求学生结合视频进行思考，通过这样的方式，引起学生的思考，有效地提高学生学习的积极性。学生更为具体形象地认识了不同的消费观念，并且能够迁移到自己不同家庭成员的消费观念。这为其形成自己的消费观念激活了经验，使其消费观念真正还原到生活现实中。

三、体验学习下的班会教育

在做的过程中积累材料，比如班会课要上成一个系列，围绕讨论出来的班训展开，开始几节班主任上，后面的指定话题交由学生来展开课内甚至课外的活动，班主任最后总结、提升和表扬。积累一系列的班会课程，可以形成一个配合自己教育理念的价值观教育校本课程，从而展开活动。比如，“梦想的家”班会课：我以“43 平七口之家的改造”为案例，将学生带入情境。本节课采用案例教学法——以“梦想的家”的案例贯穿始终，并通过案例层层设问，集体讨论，活动探究，诱发学生的学习兴趣，调动学生的积极性，引导学生积极思考，热情参与，层层推进，学生纷纷发表了对七口之家的规划：如何理财，如何分配家庭收入，如何规划家庭布置……此过程锻炼了学生独立自主解决问题的能力，并充分挖掘了他们的知识潜能，也树立了其理想目标。

此外，在上“储蓄与职业体验”这节班会课时，我带领学生将讲台的讲桌变为银行的柜台，然后安排学生一组一组地模拟银行储蓄或贷款业务办理的场景。在这个过程中，有的学生扮演大堂经理、有的学生扮演业务员，有的学生扮演储户，有的学生扮演贷款者，业务员按照顾客的要求，结合所学知识为顾客办理相关手续，以解决顾客遇到的问题。在此期间，学生的表演进行得非常顺利、愉快，并且学生也在表演中锻炼了沟通合作的能力，获得了相关的职业经验，为自己之后的职业选择奠定了方向。

总而言之，从宏大视角来看，生命的意义，不只是通过学习和思考得来的，还要去体验，希望自己和学生，能够在该奋斗的时候奋斗，该行走的时候行走，该驻足的时候驻足，人生就是一场体验，给予别人爱和帮助，就能得到真正的快乐和成长。愿我们独立但懂得温暖，善良但学会坚强，坚持梦想但知道迂回，生命辽阔但内心笃定。愿我们能多多体验，因为体验就是学习，生活中处处有体验、处处可学习，只要转换学习意识、掌握体验规律，学习在任何时间、地点都能够有效发生！

（执笔：厦门十中教师　王燕明）

六、我深谙专业育人

众所周知，教书育人是教师职业的一体两面，但在学校的现实生活中，育人（德育）功能日趋狭窄：一方面萎缩成班主任的职责，另一方面时常沦落成“班队课＋节假日德育”。这不仅违背了学校教育的本质，也削弱了教师职业的功能，与我校“同心从心”的价值观也背道而驰。苏霍姆林斯基早就告诫我们老师：“要记住，你不仅是教课的教师，也是学生的教育者，生活的导师和道德的引路人。”为改变现状，我校不仅从制度上、舆论上确认了全体教师的育人角色，也从专业的角度提升了全体教师的德育水平，努力促成全体教师既是教学专业化的教师，又是德育专业化的教师。其主要途径包括三个“提升”：

（一）提升德育的责任意识

责任意识是教师德育专业化的逻辑起点，没有责任意识就没有实践担当。责任意识主要从三个方面培养。

1.明确目标

教师的终极使命不是教书,而是育人。陶行知先生说:“先生的责任是教人做人。”要教人做一个什么样的人呢?从今天的时代出发,是做一个合格的现代公民。檀仁宝教授认为:“‘公民’既非与人身依附联系在一起的‘臣民’,也非不同公共生活的‘私民’。公民是一个具有自由平等、民主法治意识和参与公共政治生活能力的社会主体。”这样的目标既是德育的目标,也是教师的使命;这样的目标不是某一个人或学科能够独立承担的,而必须是全员全学科的共同支撑。

2.为人师表

教师本身就是一个重要的德育符号,这一符号可能对学生的一生都有影响。叶澜教授认为:“教师是育人的事业,作为教师,首先要自己活得像个人,才能对别人产生成人意义上的影响,一种真正的成为人的影响。自己活得像个人,并不是说像一个圣人,而是说你很真实,很努力,有信仰,你在为这个信仰践行。”

3.讲究渗透

学科渗透的主线是情感、态度、价值观。情感,主要引导学生做自己情感的主人,既要勇于“入类”(即投入健康大众的情感海洋)又要严防“类化”(即保持自己独特健康的情感内涵和相对高雅的情感方式);态度,主要引导学生拥有积极乐观的生活态度和求实求真的科学态度;价值观,主要引导学生如何将个人价值与社会价值、科学价值与人文价值、人类价值与自然价值有机统一起来。渗透的时候应讲究策略,尽量做到自然而然,而不是生搬硬套。

(二)提升德育的理论素养

理论素养是德育专业化的科学基础和艺术路径。理论素养的提升主要从两个方面展开。

1.教育学、心理学的素养

其要旨是在掌握学生年龄特点及个性差异的基础上分析发展的共同需要和个性可能,并配套相应的教育方法引领健康成长。

2.德育素养

其要旨是掌握德育的基本原理和德育的有效方法。其中,德育原理重点洞悉“知善、欲善、行善”的道德形成规律和“暗示、体验、模仿”的道德发生机制;而德育方法则尽量广收博取、灵活组合,如讲授法与讨论法适合快速传递道德知识，榜样示范法与情感激励法容易唤起道德情感，情景创设法与惩罚法更有利于锻炼道德意志，等等，不拘何法，但求有效。

（三）提升德育实践能力

实践是德育专业化的主渠道。德育实践能力与一般的实践能力不同，它侧重“动脑”而不是“动手”的能力，它是教师在日常的生活工作中解决学生道德发展所表现出来的综合能力，包括解决问题的能力与对付困难的能力等。美国心理学家斯滕伯格称这种能力为实践智力，他认为：“实践智力是一种将理论转化为实践，将抽象思想转化为实际成果的能力。”一句话，德育实践能力的提升主要取决于教师促成学生“知行合一”循环发展的水平。郦波教授认为：“‘知行合一’最厉害的是解决人的习性问题。”“知行合一”能够帮助人改变自己、成就自己。郦波教授认为，“知行合一”共分三步：

1.从“知”到“行”

就是从知道到做到，我们通常将这步称为理论联系实际。

2.从“行”到“合”

这被称为沉浸式体验，即融会贯通，正如王阳明说的“只说一个知，已自有行在；只说一个行，已自有知在”。

3.从“合”到“一”

“一”是什么？“一”就是王阳明讲的“致良知”，就是有一个价值性的归宿和出发点。到了“致良知”，这个“知”比前面“知行合一”的那个出发的“知”就上了一个层次，然后这个“知”又可以再导致“知行合一”。你在这个过程中产生了自我价值塑造，而且获得了一种思想的成就。（郦波《五百年来王阳明》）讲通俗了，“知”就是“知善”、行就是“行善”，“合一”就是“知善”“行善”融会贯通，实现判断力和行动力的提升，就是道德成长；这种成长永远只是开始，“知行合一”“是一个不断螺旋式上升的良性循环，一个永远成长的过程”。（郦波语）德育的实践能力，核心就是“知行合一”的转化速度和转化高度的综合能力。

总之，教师不仅要学会“教书”，还要学会“育人”；不仅要当一名教学专业化的教师，还必须当好一名德育专业化的教师。

案例 32:

❀我深谙专业育人

苏霍姆林斯基早就告诫我们老师:“要记住,你不仅是教课的教师,也是学生的教育者,生活的导师和道德的引路人。”为改变现状,我校不仅从制度上、舆论上确认全体教师的育人角色,也从专业的角度提升了全体教师的德育水平,努力促成全体教师既是教学专业化的教师,又是德育专业化的教师。

带过的一个学生林某在高二文理分班后进入我班,林某有良好的阅读习惯,哲学类书籍阅读了不少,但桀骜不驯、自以为是,不喜欢常规,没有形成良好的行为、学习习惯,分班时原班主任提醒要留意这孩子。开学第一次交学费,他忘记带,只好请家长送到学校。我在班级再次强调希望大家养成好习惯:对通知该完成的事情在规定时间内一定要完成,学会尊重办事人员,不要拖延。第二次收费时,全班只有林某没带,我单独把他叫出来了解情况,他说:“不是我的错,因为跟爸爸闹矛盾了,忘记带钱了。”我在交谈中明显感觉到了林某的抵触情绪,我自己也越说越大声,教室里传来噪声,我意识到不对了,提醒自己切记“理直气和”;我让他去办公室,我自己也需要缓缓。过一会儿,我说:“忘带钱已经发生了,如果有心要解决问题,现在数据时代很方便的。”我提供了几种解决的方案。此时广播通知各班生活委员及时交钱,我班的生活委员也到了办公室,我让她把其余已交的钱先交。林某马上反应,采纳了我提供的方案:找班主任借钱,家长转账还钱。我帮他先垫了钱,同时发现生活委员手上有不少零钱,让生活委员用零钱找给我,这样款项就比较好整理。事情原本到此结束了,林某突然对我说:“老师,你借我 100 元即可。”我问:“你生活费够?”,他答:“够!”他一转身跑回教室拿来 100 元,要求找回那些零钱,瞬间我被感动了,原来孩子内心也是很细腻的,此后高中阶段他再也没有拖交的现象。

林某一直以来对学习都是无所谓的态度,作业经常拖欠,但我们科任老师都清楚这孩子是有能力可以学好的,高二上期中考有理科撑着,成绩能保持在班级前十,期末后退到班级 15 名以后。高二下与其沟通,林某说:“我的优势是理科,现在不需要读,理科成绩当然不好了。”交谈一会儿,感觉效果不佳。一次偶然的机会,我安排同学们进行体育锻炼:在规定时间内要求男学生跑完 400 米,其他同学一声令下开跑;林某站立不动,我问:“你怎么不跑?”他说:“那时间我跑不完。”我答:“你自己定一个跑得完的时间。”他同意了,跑起来了。同学们陆陆续续完成任务回了教室,林某也紧随其后到达了,我让林某自己看时间,他大吃一惊,原来在我的规定时间内他是可以完成的。趁机我与其约定:距期中考还有一个月,从现在努力一个月,如果没有进入班级前十,以后我不会再因为学习的事情找他谈话。果不其然,期中考林某的成绩又进入了前十,林某及其家长非常开心。我捕捉到了教育契机,打开了我和林某的沟通渠道。教师引导学生如何将个人价值与社会价值、科学价值与人文价值、人类价值与自然价值有机地统一起来。自然而然,教育效果明显,他高考取得了好成绩,上了本一线,成绩班级排名第三。

教师教育工作的对象具有特殊性——有生命力的群体,这群人又正处于青春的躁动期,似懂非懂,高中学习生活是他们形成正确价值观、人生观的关键阶段,高中班主任的工作任重道远。长期的班主任工作,本人本着相聚是缘起,相知是缘续,缘分来之不易,彼此好好珍惜的理念,始终把热爱学生放到第一位。

教师不仅要学会“教书”,还要学会“育人”;不仅要当一名教学专业化的教师,还必须当好一名德育专业化的教师。

(执笔:厦门十中教师 陈玉銮)

案例 33:

※育人育心

教育的根本是育人,育人的关键是育心。在职业教育生涯中培养学生的道德品质,在心灵点化的春雨中孕育接班人。借此机会,我梳理一下自己的班级管理和学生思想教育的思路,与广大同仁共同探讨。

一、育人育心,承认个体差异

陶行知先生说:“先生的责任是教人做人。”教师不仅要学会“教书”,还要学会“育人”;不仅要当一名教学专业化的教师,还必须当好一名德育专业化的教师。时代需要我们培育怎样的接班人呢?我认为新时代要求我们培养的是爱学习、会学习、爱生活、会生活的人,要求“人人有才、人无全才、扬长避短、人人成材”。社会对人的要求正在变得多元化,我们要培养的是全面发展的、有更强的社会适应能力的新人。因此,教育不能只关注升学率，而应促进每个学生生动、活泼、主动地发展。在教育学生的过程中，我们应坚持育人为本，一切为了学生发展的原则。

我们要大胆地承认差异，教师只有根据每个被评价学生的不同特点及其发展潜力，为被评价学生提出适合其发展的具体的有针对性的建议，学生的知识技能、情感、态度、价值观才有可能得到不同程度的进步。这不但有利于减轻学生的心理负担和压力、增强自信心、强化学习动力，而且有助于学生健康、全面地发展，符合学生发展的长远目标。我是这样想的，也努力这样做。

某届高一年时，我班来了个留级生。他性情孤僻，从不主动搭理同学，人缘极差。他好迟到、旷课，常缺交作业；爱玩电脑，人称电脑迷，常常三更半夜被父母从网吧中拖回家，是个让人头疼的不服家长管教的学生。接手后，我总在琢磨这样一个问题，如何根据他的个性特点，调动学习积极性，引导他形成积极乐观的生活态度，将他引导到正确的道路上。几次接触后，我发现他想成为一名电脑工程师，而且写作水平不差，便重新定位了育人目标。我从激发他语文学习的兴趣入手，先是让他负责班刊的编审工作，接着要求他守班规，并约法三章，控制上网时间、次数，重新树立他在同学中的良好形象。这一来，他学习的态度变得积极了，价值观也发生了很大的变化，人也变得活泼了，全身心地投入学习，第一次月考就获得了班级第二的好成绩。从此以后，他的成绩一直保持在班级前列。从他身上，我深深地体会到了目标导引的作用，也进一步认识到了根据学生的个性特点、个体差异来开展教育的重要性，且引导学生做自己情感的主人，成功地造就了一个“网络小天才”。

二、言传身教，注重德育渗透

在班级管理中，我强调以身作则和言传身教，努力做到“润物细无声”。

高中阶段，学生的身体心理都得到了发展，学习生活中，作为教师的你，应该努力成为他们中的一员，让学生发自内心地愿意跟随你的步伐前进：军训时，与他们同顶烈日、共迎风雨；大扫除时和他们一同出力，共同打扫；学习广播体操时亲自为他们领操，体锻时在旁边陪跑；处理事情不妥时主动勇敢地面对并向学生承认……

教师的言传身教可以带动学生健康成长，但这还远远不够。如何成为学生喜爱的老师是门必修课。教师要不断加强和完善自身的教学业务能力，积极探索新的教学模式，让自己的课堂成为学生喜爱学习的快乐天堂。同时，教师还要树立终身学习的理念，不断地用教育学、心理学滋养自己，努力提升个人的德育素养，并在工作中注重德育渗透，用真心去关爱，用真情去感化学生，用尊重、关爱、信任、鼓励，春风化雨、润物无声，不断激发孩子们的潜能和创造力，帮助他们健康快乐地成长。

育人目标永无止境，德育工作任重道远。新时期，我们仍需秉持"勤业、敬业、乐业"的培养目标，教书育人，育人育心，以培养更多更好的接班人为己任。

（执笔：厦门十中教师 薛玉如）

七、我拓展教室之外

陶行知先生认为，要解放孩子的空间，让孩子从教室中、从校园中解放出来，在大社会、大自然中，拓宽认识的眼界，以发挥内在的创造力。他说："头上顶着青天，脚下踏着大地。东南西北是他的围墙，大千世界是他的课堂，万物变化是他的教科书，太阳月亮照耀他的工作，一切人，老的、壮的、少的、幼的、男的、女的，都是他的先生，也都是他的学生。"简言之，教育无围墙，学习无边界。

应该说，目前的学校教育，在将教室之内的教育视为常规教学的主阵地的同时，也越来越看到教室之外教育的重要性。如校园内的各种社团、比赛，校园之外的春秋游、社会实践或项目式学习等。但是，这也存在着诸多不足，主要有：(1)认识不足。认为教室之外的活动是教室之内的"补充"，并称之为"课余"，多少带有一种不公平、没有那么重要的口吻。(2)追求功利。凡举办这活动、那活动都追求达成某种特定的教育目的，使原本不多的活动夹杂着明显的"功利捆绑"。(3)指导少干扰多。安全是最大的理由，哪怕是到了没有安全隐患的地方，过度干扰仍让学生失去了应有的体验，等等。这种现状不改变，学生的健康成长就丧失了最具生命力的主场。

杜威先生认为："强调未成熟的人的早期经验的价值是非常重要的。"这种"早期经验"在教室之内是难以全面积累的。我们先看看下面这个例子。

案例34:

❋她为什么会被美国14所著名大学争相录取?

2009年6月中央电视台《面对面》栏目报道了一位南京的中学生闵捷,她被美国14所著名大学争相录取,不仅仅是因为她成绩优异,还因为她丰富的经历和鲜明的个性。闵捷上小学的时候参加了学校的独轮车队,为了学独轮车用了很多时间,也没少摔跤、受伤,她还是用毅力坚持了下来,最终在学校的文艺汇演中用出色的表演经服了现场的观众。

上初中的时候,学校的外语节、文化艺术节、读书节、科技周等,几乎每一项活动她都参加。高中时,她给自己学习定的目标是保持前三,以获得更加充裕的时间来做自己感兴趣的事情和参加各种活动。她认为积极参与各种活动是提升自身素质、能力最重要的保障。

闵捷在高中时花了特别多的时间参加模拟联合国的活动,2008年还代表学校参加了在北京大学举行的活动。

"你觉得参加这个活动锻炼了你什么能力?"记者问。

闵捷说:"人际交往能力,与别人磋商和合作,等等。"

她还走出国门,参加了国外的模拟联合国活动。

"这对你的锻炼是什么?"记者问道。

闵捷说:"有了一个国际的视野,一下子就会心胸很开阔,认识各种各样不同的人,更了解那些原本远离我的一些事物,以后看问题可以站在一个更高的角度上。"

记者问:"和国外的同龄人有过交往后,对你的影响是什么?"

闵捷回答说:"能从学习的氛围中稍微抽出一点时间,去关心世界在发生什么,让自己更了解这个社会,而不是局限在学校里像象牙塔这样的环境里,这个对中学生整个全方位的能力培养是非常有好处的,所以我自己去年暑假在南京办了一个中学生模拟联合国的会议。"

记者:"到国外修学旅行最大的收获是什么?""就是开了眼界,我决定要出国留学了。"闵捷高兴地说。

整个采访过程中,我们始终能感受到参加这些丰富多彩的活动带给闵捷的快乐,她在这些活动中更多地锻炼了自己,发展了自己,开阔了视野,促进了学习,也更加了解和关心社会。孩子在亲身的活动中感受到的和学到的,以及在这过程中获得的快乐,是书本和其他任何方式都不能给予的。

以上的例子启示我们,教室里的“课堂”只是课堂中的一种,教室之外的社会、自然是另一种同等重要的课堂。以知识积累为主的建构并不是学生成长的唯一,更不能代替教室之外的丰富成长资源。我们必须将教室之内与教室之外的课堂统一起来,科学地建构“大课堂”理念,拓展“大课堂”实践,多维培养学生自我教育、自我管理的能力。

我校认为,教室之外的课堂功能主要聚焦在“阅历”这一核心上。“阅历”在汉语词汇里的意思有:经历;亲身见过、听过或做过;由经历得来的知识或经验。经历是基础,体验是本质,知识或经验是可以预期的方向。一个衣来伸手饭来张口,在家庭与学校直线往来的学生,其经历是空白的,其体验是蜡白的,其阅历是苍白的,其之于成长的肯定性作用也是不健全的。邓拓先生认为:“古今中外有学问的人,有成绩的人,总是十分留意积累的。知识是积累起来的,经验也是积累起来的。我们对什么事情不应当像过眼云烟。”为了让学习的生活阅历不是“过眼云烟”,我们的老师必须想方设法倡导学生风声雨声声声入耳,以雁过留声、水过留痕的豁然心态全心投入对生活的感知,使阅历的沉淀与自我管理、自由生长的水平同步拓展。阅历拓展主要从三个方面入手:

(一)悦纳不同的人

这就是陶行知先生讲的:“一切人,老的、壮的、少的、幼的、男的、女的”,都去接触,都有主动悦纳的心理意向,当然,你可以试着从左邻右舍开始。“混龄关系”最容易培养人的社会性,并形成社会性中关乎正常交往、角色定位等的种种能力。如向老的学习生活智慧、向幼的训练关爱能力、向优的讨教成长经验等,既能积累很多生活体验,也能学到很多生存技能。其中,于学生成长最本质的体验主要有两个方面:一是尊重。“尊重生命、尊重他人,也尊重自己的生命,是生命进程中的伴随物,也是心理健康的一个条件。”(弗洛姆)二是借鉴。“一个人应能利用别人的经验,以弥补个人直接经验的狭隘性,这是教育的一个必要的组成部分。”(杜威)

总之,悦纳他人就能更健康地悦纳自己,悦纳他人就能更阳光地培养自己的社会生存能力。

(二)磨砺不同的事

教室之内的事基本上与狭义的学习概念息息相关,重复性的单一,使思维的变化和动手的多面失去了更多样的可能,也给心灵的成长带来很多局限。因此，我们要像王阳明先生倡导"事上练"一样强化学生在生活中做事的能力。不管何事，只要不危及学生健康安全，都是允许参与锻炼的，特别是真正意义上的各种劳动。习近平总书记指出："全社会都要以辛勤劳动为荣、以好逸恶劳为耻，任何时候、任何人都不能看不起普通劳动者，都不能贪图不劳而获的生活"，要"树立劳动最光荣、劳动最崇高、劳动最伟大、劳动最美丽的观念"。无论是做家务、扫马路，还是种田养花都要真正体现劳动的本来面目，哪怕是相对繁重的劳动，也要身体力行，因为"劳动增强了我们忍受痛苦的能力"（西塞罗语）。努力做不同的事，磨砺用正确的方法做正确的事，使肌体、大脑健康成长。

（三）亲近不同的环境

环境是人类生存的空间，主要分为自然环境和社会环境。亲近自然环境容易理解，但也要重视将"亲近"从简单的"热爱"提升到"敬畏"的层面去体认。亲近社会环境则理解起来较难。我们中国文化自古以来就有"环境决定论"的主流，不管是"近朱者赤、近墨者黑"的绝对还是"居必择邻"的主张，或者"自古英豪出贫贱，纨绔子弟少伟男"的偏执，都暴露了我们思维的单一和人格的消极。马克思主义认为："人创造环境，同样环境也创造人。"环境与人的关系从根本上说是辩证的，是双向的相互决定关系；关键是人能否保持自己积极主观的能动性。"亲近"是积极主动的，是一种从容"面对"的健全人格表现。一些人经常以社会复杂、学生心智不成熟为由拒绝这种亲近，这是消极的逃避策略，因为社会环境永远都有其阴暗面。我们无须忌讳这种阴暗面，重要的是，我们要告诉孩子这些阴暗面经常以什么样的形式出现；更重要的是，我们要指导学生如何面对——选择什么、回避什么，使学生能够在真实的社会环境中选择并实践正确的价值观和健康的生活方式。只有这样，他们的人格才能健全成长。

总之，教室之外的阅历与教室之内的课堂都是学生健康成长的平台，二者不可偏废。蒙田认为："倘若从自己的经历中一无所获，那么无论经验告诉我们什么，无论别人的事例提供什么教训，都不足以启迪我们。我们更熟悉自己的经历，它能告诉我们所需要的一切。"虽不无偏颇，却精警深刻。

案例 35:

❀和孩子一起去仰望星空

教室里的“课堂”只是课堂中的一种,教室之外的社会、自然是另一种同等重要的课堂。以知识积累为主的建构并不是学生成长的唯一,更不能代替教室之外的丰富成长资源。我们必须将教室之内与教室之外的课堂统一起来,科学建构“大课堂”理念,拓展“大课堂”实践,多维培养学生自我教育、自我管理的能力。身为拥有一颗文心、深爱学生的地理教师,我一直有回归自然的情怀。

一、“走出去”

面对升学的压力,家长、社会的期盼,我一直束手束脚,很幸运的是厦门十中一直是敢于开拓创新、笃力前行的高中素质教育先进校,有个文心化形的好环境。我一直寻找着出发点、着力点。2010 年春天到来了。2011 年 5 月学校的天文台建设完成,当我们地理学科前辈吴进展老师将钥匙交到我手上时,我的热血被激活,那颗以心化形的心脏极速跳动。

冷静下,我思考着:我要做什么?我能做什么?我要怎么做?

方向是明确的,天文社团,天文观测、天文知识的学习。这回答了我要做什么。我能做什么?我具备什么条件?虽说我是地理教师,大学也学过《天文概论》,好久了,遗忘得差不多了。我要重新学习天文,理论上,实践动手能力上,天文社团又应该如何开展?我想我要取经。天文社团是个团队,我需要队友。整理出思路后,我清楚了我要如何开始,如何拓展,如何文心化形。我想应该先走出去——取经。

在多方努力下,我找到了我们的组织——福建省天文学会。经申请,潘小清秘书长批准我带着洪永坚老师加入了学会,并参加当年的学会的年会。以此为桥梁。我们不仅学到了急需的知识,开拓了我们的视野,更结识了我们厦门天文界的大佬——陈栋华老师。在陈老师的指导下,我们展开了一系列活动,陈栋华老师的讲座、月食的观测、台湾林启生大佬的讲座,等等。尤其是 2011 年 11 月 10 日的月全食观测,在陈栋华老师的指导下,我做了精心的策划,天文社团师生一起努力,当晚在学校的大操场组织了一场大型的观测活动,厦门电视台的《厦视直播室》到现场进行直播,很轰动。这也是以十中为主场的一次大型直播。

二、"请进来"

正如前面描述的,在走出去的同时。我们更请进来。我们邀请了北京的天文大篷车到我校进行宣讲、科普。这是北京天文馆大篷车首次进入福建省。紧接着,全国天文学会委员会2012年会也将会场设置在我们十中。来自全国各地的天文爱好者齐聚十中,这是十中的一件大事,更是我们十中天文人的一件幸事。

2012年,在学校的大力支持下。我策划和组织了2012年5月21日的日环食观测。来自各地的天文爱好者、我们厦门十中的师生代表在嘉庚公园举行观测活动,各路媒体也进行了直播报道。

在仰望星空的同时,我们更注重天文知识的学习,更关注学生对科学的求知、探索。在我们的努力下,我校任育辰同学参加2013年天文奥赛,过五关斩六将,一路杀进决赛,取得了全国天文奥赛的银牌。这也是我们厦门十中得到的最佳成绩。

孩子是我们的小宇宙,我们一起去仰望星空。如何做?仰望星空更需要的是走出教室,走出校园。怎么办?2014年6月16日我们邀请了高雄天文学会理事长苏明俊到我校开了讲座,以此为契机,我们和台湾同行一起决定举办夏令营,于是有了海峡两岸的"夸父追日夏令营"。这开拓了我们天文社团的视野。此后更是一发不可收拾。2015年8月,我们组织了"游银河、览流星"厦门十中天文夏令营,并成为厦门十中的市级品牌夏令营,以后每年暑假我们都举办。我们达成了一起仰望星空的念想。

天文在我们这里生根发芽,我们想去与人共享,天文、科普更需要推广扩散。我想星星之火可以燎原,近期我不仅在曾营小学、集美外国语学校开了天文讲座,从我们学校走出去的同学更在厦门一中海沧校区、集美中学创建了天文社团。在天象观测、天文夏令营、天文社团等的活动中,孩子们不仅将课堂知识激活了,更是接触了不同的人与事,建立了志同道合的伙伴关系,丰富了阅历与经验。

孩子是我们的小宇宙,让我们一起去仰望星空。

(执笔:厦门十中教师　郑经宇)

案例 36:

❋我拓展教室之外

新时代,要求培养学生发展核心素养,主要是指学生应具备的,能够适应终身发展和社会发展需要的必备品格和关键能力。核心素养是新课标的知识来源,核心素养将为中学教育带来六大变化,包括:育人导向更加注重学生理想信念和核心素养的培养;课堂教学更加关注课程建设综合化、主体化的发展趋势;实践活动更加关注学生学习体验、动手实践及创新意识的培养。

厦门十中主打文心化行的教育办学理念,文教师的内心,化为行动,从思想、行为上去影响学生,改变学生,培养新一代具备核心素养的中学生。这就要求老师要不断学习,充实自我,也要开拓途径。纵观古今,历史的车轮之速无人能与之抗衡,“上九天揽月,下五洋捉鳖”早已不是天方夜谭,教育领域正在面临天翻地覆的变化,教师应该立足创新,将课堂拓展到教室之外,培养学生的创新意识,特别是物理学科,让新事物在废墟上摇曳,让废墟在教育史的反思中成为寓言。

一、让“教育鲜花”根植于“拓展泥土”

身为学校的科技辅导员,我承担了学校的一系列创新的机器人编程活动的工作,带领学生参加了厦门市、福建省的科艺机器人创新大赛,获得了市二、三等奖、福建省一、二等奖的好成绩;与欣欣之成机器人工作室合作,带领学生参加了 WER 世界教育机器人大赛,获得世界冠军等一系列好成绩;组建了厦门十中筑梦创客队伍,参加集美区、厦门市的创客大赛,获得了厦门市二、三等奖的成绩。这些都是课堂以外的内容,看着孩子们将平时在信息技术课堂、物理课堂学到的知识,应用在机器人的编程活动当中,调整机器人的轮子轨道,分析机器人的行走路径,我顿时感到无比欣慰。孩子们成长了,能将知识应用于实际了,这不就体现了从生活走向物理,从物理走向社会的课程理念吗?学生不再局限于班级、课堂,而是走出教室,去发光,去发热,去将自己的学识、才华凝聚为创新的结晶,闪耀在机器人的比赛赛场上,挥洒的汗水正是青春最好的颂词。孩子们遇到编程问题,请教老师,或者同伴之间互相探讨,改进创新,学生体会到了合作学习的快乐,体会到了创新所带来的思维火花的碰撞。身为教师,自己的修养很重要,能够引导学生,所以教师要不断学习,这就是文心,教师能够将自己的知识与爱，浇灌给学生，提高学生自主学习的内驱力，师生一起走出教室，去开辟创新的领域。

二、突破传统课本实验，莫让一叶障明眸

学生参加丰富多彩的课外实验活动，不仅能培养观察和实验的动手能力和运用所学知识来分析、解决实际问题的能力，而且还能培养思维能力和创新能力，开阔眼界、丰富知识。学生获得的系统的物理知识，主要来源于课堂，但知识的运用、扩展却是在课外。因此，物理课外实验活动是物理实验课堂教学的有益延伸和补充，能弥补课堂教学对学生创新能力培养方面的不足。教师只有把实验课堂教学和课外实验活动有机结合起来，才能激发学生学习物理的兴趣，通过观察和动手实践去分析和解决物理问题，逐步提高创新能力。

我记得教学初二下时，有一次，我让学生用现有器材，烧杯、水、弹簧测力计、金属块，测出金属块的密度，学生很快能够根据器材，用弹簧测力计在空气中测量金属块受到的重力，然后得到金属块的质量；将金属块浸没在水中，用称重法测量金属块受到的浮力，根据阿基米德原理，得到金属块的体积，用密度公式得到金属块的密度。我表扬了他们。后来，我说，那老师如果给你的是一块木块，你要怎么测量木块的密度呢？（木块的密度小于水，会漂浮在水上，无法完全浸没，无法用阿基米德原理测量木块的完全浸没的体积。）学生还是想到了称重法，但是又发现无法实现排开液体的体积等于木块的体积，遇到了麻烦。后来，我给了他们吸盘和滑轮，问同学们是否有办法设计出实验方案，学生们都陷入了沉思。有的同学甚至想到了针压法，可是问题是撤去针后，木块还是会漂浮在水上，无法完成实验。我布置作业回去思考。

第二天，我惊奇地发现，学生的创新创造力远超乎你的想象，学生在课堂以外，在家里，居然自己做了一个器材，他将吸盘固定在烧杯底部，用细线拉着定滑轮，定滑轮固定在烧杯底部的吸盘上，细绳上连接弹簧测力计，从而巧妙地用定滑轮只改变力的方向，不改变力的大小的性质，将木块固定在底部，然后用受力分析，阿基米德原理知识，巧妙地测出木块的密度（最后结果是用水的密度和弹簧测力计的示数表示的），发明了一种测量密度的新方法。

学生的创造力的潜力是巨大的，教师在课堂以外，不要局限于课本，努力鼓励学生去课堂外、教室外，自己动手做一些小实验。这不但有利于培养学生的创造性思维，也有利于对其他学生产生榜样作用，榜样的力量是巨大的。

将课堂拓展到教室之外，建立在广阔的社会生活中，我们就会神奇地发现孩子身上那自然涌现的创造力。随时保有创意，不随波逐流，在遇到挫折、失败、逆境时，能独创一格，往往就能别开新局，“行到水穷处，坐看云起时”“山重水复疑无路，柳暗花明又一村”“归来偶遇梅花嗅，春在枝头已十分”。学生总会给你无限的惊喜，你的热心、他的热情也总会推动你们互相促进，形成教学相长的和谐局面——这只需要我们改变对“课堂”的狭窄认识。

（执笔：厦门十中教师　黄嘉鑫）

八、我习惯读书反思

有人说：“一个国家谁在看书，看哪些书，决定了这个国家的未来。”国家如此，作为传播文化的学校更是如此。一个学校有多少老师在读书、读哪些书、如何读书，决定了这个学校的未来。古今中外先贤圣哲对读书重要性的看法可谓众口一词、众口铄金。刘向认为：“书犹药也，善读之可以医愚。”冈察洛夫认为：“看书和学习——是思想的经常营养，是思想的无穷发展。”苏霍姆林斯基则认为：“无限相信书籍的力量，是我的教育信仰的真谛之一。”在现实中，根据《教育家》杂志开展的“中小学教师读书现状调查”结果显示：81.28%的中小学教师每天读书时长不足1小时，每天读书在1小时以上的仅为18.72%；从影响阅读的主要因素（多选）来看，72.23%的教师选择了“工作负担重，没时间读书”，反映出了中小学教师工作负担和心理压力的确较大①。究其原因，学校的责任不可回避。如果学校的评价观建立在分数、成绩之上，又怎么能指望老师的眼光流连眷恋在阅读上呢？

因此，我们必须从价值观的角度建立教师的读书文化，并从读什么和怎么读上解决老师读的方向和方法。

（一）关于读什么

我校主要以四个方面的内容作为读的主体：

---

① 本刊编辑部.中小学教师读书现状调查[J].教育家，2021(19)：8-9.

1.主题性书籍

指教师本专业的相关书籍，要求尽量系统深入。

2.条件性书籍

主要是教育学、心理学类的书籍，要求以心理学的系统知识为主。

3.技术性书籍

包括教育信息技术与教育教学方法，要求以智慧运用为原则。

4.背景性书籍

包括教育史、哲学史、文化史、科技史等方面的内容，要求以教育流派主张以及教育的哲学思考为主。

至于其他方面的书籍，以个人兴趣为主，学校鼓励教师在教育类书籍之外，选择自己的专长发展，目的是倡导老师们把读书当成一种必要的生活方式。

（二）关于怎么读

我校主要强调四点：

1.用好业余时间和碎片化时间

大文豪欧阳修一生公务繁重却著作等身，他这样介绍自己的经验："余平生所作文章，多在三上：乃马上、枕上、厕上也。"这说明是碎片化的时间支撑了他的文学成就。一个不想读书的人会找千万条理由拒绝阅读，而一个想读书的人则会千方百计地找机会阅读。

2.因人而异建构自己的阅读基点和阅读路径

让每位教师根据自己的需求和阅读习惯选择个性化阅读方略。

3.激励读出自己

罗曼·罗兰认为："从来没有人为了读书而读书，只有在书中读自己，在书中发现自己，或检查自己。"打个形象的比喻："蜜蜂将花上采集的东西酿成蜂蜜；蜂蜜不再是百里香和墨角兰的，它属于蜜蜂。"（蒙田语）

4.适时阅读生活这本"大"书

我们既要理论联系实际，又要重视在生活中观察、分析、凝练、升华，让生活这本大书"文本化"。正如孔子说的："三人行，必有我师焉。"我们可以广义地理解成"一定有值得我学习、借鉴的地方。"这样，读书是一种生活，生活也是一种"阅读"。

（三）关于怎么反思

当然，单靠读书是不够的。孔子认为："学而不思则罔，思而不学则殆。”苏格拉底认为:“无反省的生活是无意义的生活。”瓦茨甚至认为:“反躬自省是通向美德和上帝的途径。”今人叶澜教授说得更直白:“写三年的教案,还是个教书匠,写三年的反思,却有可能成为一位名师。”反思,在中外文化中,常常跟读书、生活以及个人发展联系起来;习惯反思、善于反思是一个民族或个体迅速发展并走向成熟的关键因素。可以说,读书是反思的前提,反思是读书的活化、深化、个体化。因此,反思对一位教师的专业成长具有无可替代的作用。我校抓教师的反思主要从三个方面入手:

1.经验和思维

我们认为,经验的积累是重要的,但反思经验促其向思维发展是更为必要的。如课后反思的重点不是放在“我是怎么上的”(经验),而是着力挖掘“我为什么这样上”(思维),后者将对教师的未来成长产生深远的影响,而前者假以时日可能会沦入经验主义的陷阱。

2.当局和旁观

即时反思是重要的,但也容易“当局者迷”;当现时的思维惯性推开拉远,冷静或时间会引发“旁观者清”的理性超越。这也是一种重要的反思方式,它让我们在“换位”思考的变化中形成思维的多元。

3.书镜和人镜

通俗地说,是反思以书为镜和以人为镜。以书为镜是理论联系实践的综合性反思,它的要义是在原理、规律中思考实践的科学性,又在实践中反思理论原则的发展性,这是一种深度反思;而以人为镜,是参照其他人(不仅仅是同事)在相近的观点和类似的实践中的优秀表现,以此确定自己反思的坐标位置,为成长建立新的起点。

总之,读书与反思是改变自己的重要力量,这一力量将推动自己走向强大;而日益强大的自我将是教育人生的幸福本源。

案例37:

❀我习惯阅读反思

读书是教师专业成长的必由之路。静下心来读书,其实就是在和大师对话,有的话语可能会产生共鸣,有的可能会引发我们的思考,有的会让我们知道自己的不足和努力的方向,因此,读书的过程也是一个反思自己的教育教学行为的过程,可以说,读书是反思的前提。读书是经验的积累,而反思则是促进经验向思维转化的途径。这两者共同构成一位教师的专业成长的两翼。

一、阅读积累先行,促进教师教学

四年前我作为一名新教师刚刚踏上神圣的教学讲台,刚开始的很长一段时间,我深深地感受到了强烈的匮乏感。心理健康课是一门探索性、生成性很强的课程,要求老师具备探索学生的内心世界、洞察学生心理问题的症结和本质的能力。然而,作为教学小白的我,过多用模仿的方式去备课上课,因此每每上完课之后生成性的匮乏感、能力上的自卑感都会席卷而来。

这一问题的解决发生在我积累了越来越多的阅读经验,通过阅读深入思考每个心理主题之后。有了积累与思考,我在课堂上输出的东西不再只是东拼西凑的合成品,而是融为已用、联结紧密的。虽然还有诸多不足,但仍然阅读不止,步履不停。我们阅读完一本书,并不是就结束了与这本书的联系。一本书阅读结束后,先梳理,若有时间再写一篇读后感,心里才算是踏实,这才能够告诉自己这本书算是读完了。仅仅看过是不够的,思考的质量决定了我们与书之间的距离。读书的最好的思考方法就是写作,把生活的经历、作者的观点揉碎了,升华提炼成为自己的一部分。心理学家、《心智探奇》的作者史蒂芬·平克说——"写作之难,在于把网状思考,用树状结构,体现在线性展开的语句里。"阅读反思的形式除了写作,也可以是另一种输出,比如换一种启发学生思考的提问方式、两个人之间有深度的谈话,哪怕是在课堂上随口的幽默段子……我们可以用很多形式输出不同的知识。

二、思考决定了我们与书的距离,促进课堂高效输出

在给学生上"探索我的家庭"时,我先是阅读了《热锅上的家庭——一个家庭治疗的心路历程》《与原生家庭和解》《全是为你好》《我们仨》等书,我对家庭课的认知就从"家庭很重要,要让学生多分享家庭"转变为"家庭对学生的成长带来的影响是巨大又深沉的,它并不是一个可以让学生能够敞开心怀谈论的话题。教师要尊重孩子对家庭的分享意愿,逐步引导学生接纳并找到分享的契机。"因此在教学设计中,我先让学生"用一个你觉得最能代表你父母的动物来形容他们,并写下他们各自的三个特点",同时也启发学生思考,我们可以如何看待这份传承。根据学生的回答,我再一次启发学生:可能因为我们不愿意像他们,却又极其相似,虽然有时候我们有想要逃离家庭的冲动,不过可能只有承认我们像他们,才能明白相像不等同于相等，在家的烙印影响下的命运中，我们能活出更好的版本。这堂家庭探索课，收获了很多学生生成性的感受，真切的分享，这就是阅读反思影响了我在教学上的有效输出的一次典型。

通过阅读，我积累了解决问题的经验；通过反思，我实践了解决问题的路径。阅读时有思考，知识就能转化为技能，比如表达能力、学习能力的上升。我们教师自身不仅提高了自己的学习能力，同时也更有智慧地指导学生如何学习，如何体验。不管是课堂上的团体辅导还是个别咨询，我真切地感受到了阅读反思带给自己业务能力上的增进。总之，不整理、不回顾、不反思的阅读都只是在假装阅读。

（执笔：厦门十中教师　蔡阿燕）

九、我乐于同伴互助

同伴互助是教师专业化发展的关键词，也是国际教育改革的经验语言。按照相对普遍的说法，同伴互助是指在两个或两个以上教师间发生的、以专业发展为指向、通过多种手段开展的、旨在实现教师持续主动的自我提升、相互合作并共同进步的教学研究活动。教师间的同伴互助效益是显著的，据《〈基础教育课程改革纲要〉(试行)解读》的归纳主要包括：

心理支持——能有人与我们共同分享成功、分担问题总是一件好事。

新想法——我们的同事是教学信息和灵感的巨大源泉。

示范合作——我们需要展示给学生：在我们说合作很有益时，我们也在力行我们倡导的信念。

力量——作为一个集体我们可以获得比个人努力更多的成绩。

减少工作负担——通过分享材料、计划和资料及共同努力，我们可以减轻自己的负担。

动机——与同事合作可以鼓励我们试验多种方式来促进学生学习。

支持变革——人们试图单独实施革新时，往往不会发生革新的变化。调查表明，当教师集体参与时，教育改革会更成功。

目前，国内学校普遍开展的同伴互助活动主要是在教师之间进行的，并且集中在教学研究领域。主要形式有：一是沙龙或论坛。对教学中存在的问题进行深层研讨。二是一课多研或同课异构。对教学中同一教学内容进行过程性或差异性的实践尝试。三是专业对话。对教学中出现的各种问题进行信息交流、经验共享和广泛讨论。四是课题研究。对教学实践中的关键问题进行理论探索和行动研究。

毋庸置疑,教师之间的教学互助是"同伴互助"的主要形式,对教师专业发展的影响也是最为明显的。但是,我们认为,"同伴互助"可以有更为广义地、更深切地解读与实践拓展。因此,我校除了遵从其基本理解和主要实践形式之外,还在两个方面进行探索:

(一)解读上的同伴互助

我校认为,流行的对于"同伴"、"互助"以及"同伴互助"的理解是有依据的,但也是狭隘的、拘谨的。《现代汉语词典》这样解释"同伴"、"互助":"同伴"是"在一起工作、生活或从事某种活动的人";"互助"是"互相帮助"或者"描述一种通过合作方式实现合作双方都获得利益的生物关系"。这种解读是不适合教学活动的多样同伴互助关系的。因为"在一起"指向的是一种相对稳定、长期的关系,它排斥了相对短期的、不够稳定的教育"同伴"关系,如教师与家长的关系;"合作方式"以"利益"作为具体指向也不符合教育的互助本质,"同伴互助"也不应该仅限于"教学活动"。

从根本上说,同伴关系是基础,交往、互助、合作是过程,专业发展是目的,这是大家都可以接受的。问题的关键在于:

(1)"同伴"的相对稳定性、长期性对于教师的专业发展并不是有利无弊的,硕士、博士都有学制,同伴互助也应该有合适的周期和变化的对象,否则,"互助"的活力也将遭遇发展的瓶颈。与此同时,为了强化教育教学效果,我们也应该与家长、专家、学生等建立一种特殊的"同伴互助"关系,以此形成质量提升的合力。可以说,稳定与长期是相对的,有条件的、有话题性的非稳定变化可能更接近同伴互助的本质,毕竟没有永远的同伴,而专业成长渴望每天都能够持续。

(2)互助合作的本质并不是一种商业利益,而是一种精神价值的各自提升。精神价值的获得不是利益性的分成,而是"和而不同"的思考深度和实践力度;关系上的平等并不指向"平均",更多地指向专业精神的自觉进取。

(3)专业发展不只是"教学研究",德育的以及教师素质方方面面的智能的以及非智能的都从不同的角度决定着教师专业化的宽度、高度以及成熟度，何况，教师专业化的最终目标还要落在学校学生的质量发展上。因此，我们认为，关于同伴互助的流行看法是狭隘的，源于观念的相对陈旧和思维视野的不够开阔。

（二）实践上的同伴互助

我们认为，真正优质的同伴互助关系，不仅是一种工作关系，更是一种校园生态，一种基于价值观的文化氛围。这主要集中表现在“同伴”的多样化和“互助”的多元化。基于这样的理解与追求，我们主要把互助合作简明地划分为校内与校外，主体仍然是教师，方向仍然是专业发展。

1.校内互助合作

主要的有：教师与教师的多样化合作、教师与领导的民主性合作、教师与学生的任务性合作。“多样化”不仅是形式上的沙龙、对话等，更重要的是对象上和话题上的，是一种“取长”并“扬长”的合作关系。“民主性”是一种以理念、评价为核心的合作，其要义是打通管理边界，管理意图是建立在一线教师所需、所思的基础上的，把上下垂直的行政关系变成横向的专业协作。“任务性”是一种以课程为目标的合作，在课程任务的相对稳定和过程的不确定性中书写预期的教学相长的互动故事。

2.校外互助合作

主要的有：教师与校外教师的合作、教师与校外专家的合作、教师与学生家长的合作。与校外教师的互动合作主要在学科课例和课题研究上，重点合作不同区域文化、不同课程类型、不同学生特点的施教策略。与校外专家的互助合作主要聚焦在现实教学难点的理论诠释和实践突破上，化难为易，让理论与实践简明、易行。与校外学生家长的合作主要在教育对象的人格形成和学生成长上，界定各自的职责、明确共同的目标、采取互补的策略、形成成长的合力。

总之，同伴互助是专业发展的重要途径，这一途径的多样性与多元性使之由一种工作关系上升为一种文化生态：从劳动角色看，教师从传统的个体脑力劳动者嬗变为集体智慧的贡献者、合作者；从劳动关系看，教师从传统的人际关系的经营者嬗变为专业关系的支持者、开拓者；从劳动方式看，教师从传统的制度的遵守者嬗变为价值的自觉创造者、受益者。马克思、恩格斯认为，“只有在集体中，个体才能获得全面发展其才能的手段”，也才能获得专业成长的归属感和幸福感。

案例38:

❋同伴互助、共同成长

马克思、恩格斯认为,“只有在集体中,个体才能获得全面发展其才能的手段”,也才能获得专业成长的归属感和幸福感。“同伴互助”是我校“文心化行”的教育理念之一,是新课程改革背景下兴起的一种“校本研修”模式。这种以合作、探究为主要形式的教师间的互助式研修是促进教师专业成长的重要途径。“同伴互助”是校本教研的标志和灵魂,是教师依托集体在团队中共同成长的最有效的方式。它不仅是一种工作关系,更是一种校园生态,一种基于价值观的文化氛围。这主要集中表现在“同伴”的多样化和“互助”的多元化。

一、线上听评课,促进组内教师交流

2020年线上教学为同伴互助提供了一个更好的交流平台,实现了“同伴”的多样化。线上听课的优势是可以回看、可以暂停,为教师很好地消化和理解这节课提供了方便的条件。而且线上听课,不仅局限于本校的教师,还有外校的教师,甚至厦门的名师。例如:厦门的名师课堂,组内的很多教师都是通过回看的方式进行听课的,听课后大家都到学习通的讨论区进行评课,每个老师的评课角度都有所不同,阅读其他教师的评课稿就是学习的过程,以促进自身的成长。

二、线上教研,促使线上教学有序开展

刚刚开始网络授课时,大家心里都没底,不清楚怎么进行教学会达到好的教学效果。备课组之间互相听课,初三备课组的年轻教师多,初二备课组的老师听他们的课,通过听课大家了解到怎样进行线上提问,教学时是露脸呢还是不露呢?是站着上课还是坐着上课?提前开直播的这段时间是播放音乐还是静静地等待?用什么样的方式进行点名?这些疑问通过听课得到了很好的解决,例如:昌妹老师利用提前开直播的时间播放教学动画,这样早进入直播间的同学是有收获的,而且能够养成学生提早进入直播的习惯;嘉鑫老师开摄像头,学生会有老师时刻在看着我的感觉,不容易分散注意力;嘉鑫老师在评论区利用数字对学生进行突击点名,能吸引学生的注意力。同组教师通过学习通讨论区的交流,掌握线上教学直播的方法,促使线上教学有序开展。

三、集体研讨，利用任务驱动方式促进课标学习

网络授课期间，全员接到了参加厦门市技能大赛的任务，比赛有解读课标、评课、专业技能、片段教学。面对技能赛，要如何进行课标解读和组内培训等项目，思考了几天，我决定利用学习通上的讨论区和微信群学习解读课标。我手上刚好有一本两年前买的案例式解读课标，一直没有时间看，这次正好利用线上教研的时间进行研读，每天在教研组微信群发出几张这本书中案例式解读课标的照片，请大家阅读并在当天到学习通的讨论区发表自己的学习心得。小兰、嘉鑫、黄政几位年轻教师还在网上下单购买了此书，方便学习。由于还有其他的教研活动，我连续40多天才把这本读完。小兰、嘉鑫老师全程跟下来了，如果没有他们的陪伴，这本书还不知道什么时候才会读完。学习“解读课标”大概进行到三分之一时，有一次嘉鑫老师在线上讨论一位教师的公开课时提出，评课要与课标的学习相结合，从课标的角度去评课，看看名师课堂中的老师在授课的过程中是如何体现新课程理念、初中物理课程性质的。小兰老师在这方面表现尤为突出，在提出要结合课程标准进行评课后，小兰老师每次评课都非常精彩。

这次网络授课通过学习通平台进行线上教研，实现了同伴互助的“多样化”和“多元化”，还是十分有益的。教师发言可以经过深思熟虑，大家可以看到其他教师的留言，以及是否及时完成任务，便于考核。我们通过这种互助的形式，实现教师的专业成长，通过不同的渠道、不同方式的互助学习，形成教育合力，促进教师专业水平的成长，从而更好地践行“文心化行”的理念。

（执笔：厦门十中教师　宛文星）

案例39：

❋薪火相传　成就后浪

同伴互助是教师专业化发展的关键词，也是国际教育改革的经验语言。优质的同伴互助关系，不仅是一种工作关系，更是一种校园生态，一种基于价值观的文化氛围。“文心化行”是我校的办学理念，作为学校的重要教师组织——教研组更是将这一理念贯穿在日常的教研活动中。同伴互助，不仅呈现在教师间频繁的交流互动中，还体现在教师队伍的专业成长、教育精神的传承上。

在厦门十中，身为地理老师，自豪感特别强，无论校内校外，说起十中

地理组，大家会由衷地竖起大拇指，这个教研团队有着自己独特的教研文化——同伴互助，薪火传承，成就后浪。

一、薪火相传

厦门第十中学成立于1975年，见证着学校成长也是奠基十中地理教研文化根基的吴进展老师，在厦门十中整整工作了38年。在教学上，吴老师是可以随时被推门听课的老师，每位地理老师一定会去听吴老师的课，没有人能有比他更系统、更严谨的学科知识和理论体系，每位专业老师开课前都会共同问一句："吴老师，您觉得这课有存在科学错误吗？"

临近退休，吴老师还在认真地手写教案，同时对于信息技术教学也能得心应手，他身体力行地诠释了什么是对教学的热爱、对工作的热忱。在吴老师职业生涯的最后一个学期，很多老师都盼望着早点退休，而吴老师是我们见过的最不想退休的老师，他会在期末抢课上，无比珍惜能上的每一节课，经常会说："我现在是上一节少一节。"从吴进展老师开始，地理组专业、敬业、乐业的精神代代相传，组里老师互助成了习惯，一句"没事，我来！"成为组里老师帮助他人的口头禅。不仅如此，在吴老师的影响下，学生变成同事，一代、二代、三代……吴老师的学生，学生的学生，一个个追随着吴老师的身影也成长为一名名地理教师。

图4-4　薪火相传

（这张图的四位都是十中地理组的老师，但是黄滨岚、周宗玲老师曾是吴进展老师的学生，郑梅凯老师曾是黄滨岚老师的学生。）

二、成就后浪

“真正好的组织是成就他人,并让他们达到自己从未想象过的高度,实现自己从未想象过的目标。”成就新教师,挖掘新教师的潜能,推着新教师不断前进是地理教研组不遗余力的工作目标。在这样的成就他人的组内文化影响下,每个进入地理组的新教师都成长迅速,成为精兵强将,在各项技能大赛中崭露锋芒。2017 年,郑梅凯指导的陈萍教师更是一路过关斩将,一举获得市技能大赛的特等奖,在当时的厦门十中还是首例。随后陈萍老师开设省级公开课,经过数次的组内磨课,最后课堂大放异彩。此后,陈萍老师进入厦门市高中地理学科中心指导组,参加省市的质检命题,专业成长迅速。她的成长又带动着十中地理组专业的集体进步。前浪推动着后浪,2019 年,青年教师黄亚威也进入厦门市新高一地理的中心指导组,参与省市质检命题。后浪也带动着前浪进步,就这样彼此成就中,高中地理组在 2019 成功申报了国家课程校本化实施的示范学科建设,为团队更高的目标而奋斗。

同伴互助,薪火传承,成就后浪。这种传承不仅是一种精神,更是一种校园文化的传承。通过互助合作,教师获得了精神价值的提升、专业素养的提升。一个优秀的教研组,必然是团结互助的教研组。凭借这种精神,组内教师相互学习,相互成长。老带新,传帮带,老教师作为引路人,带着新教师踏上教育的岗位,并一步一步成长为一名成熟的骨干教师。而教师专业化的发展最终还是落在学校学生的质量发展上,影响着一代又一代的学生。

(执笔:厦门十中教师　尤慧)

十、我全力以心传心

(一)“以心传心”的内涵

以心传心,是我校教师专业化的核心目标,也是我校在教与学过程中的精神动力、态度作风、方法措施的概括表达,还是我校“同心从心、心往力行”价值观之于教师文化的行动演绎。根据《汉语大词典》的解释,“以心传心”原为佛教禅宗用语,指传授禅法的一种特殊方法,即离开语言文字,以慧心相传授。这种方法的重点在于修心,强调学禅者对禅法的内心自悟。

《六祖大师法宝坛经·行由》:"法则以心传心,皆令自悟自解。"我们借用禅宗语言,不在于宣传佛教,只是把语言作为文化的载体,借鉴其精准概括事物的表达形式;我们倚重的是其用以表达教与学本质的理论深度和实践张力。(1)教与学的本质也在修心,当然修的不是禅宗的慧心,而是人之所以为人的心灵价值系统,即培养什么人的教育本质追求;(2)过程不是离开语言文字的,而是借助语言文字的,是设身处地地以心问心、以心传心的熏陶或点亮;(3)强调学生的"自解自悟",但会根据学生的年龄特点和课程难度,创造"自解自悟"的情境或条件;(4)"以心传心"不是一种"特殊方法",而是教与学的一种规律,一种促进师生灵魂对话的实践倡导,就像雅斯贝尔斯所说的,"只有被灵魂所接受的东西才会成为精神瑰宝。"

这是一种核心本质的追求,也是最重要的追求,当然也是最为艰难的追求。教师被视为人类灵魂的工程师,也许这就是其实践要旨,尽管任重,也当奋力前行。经过反复思考和实践体验,我们认为,达成"以心传心"的专业化必须具备三个前提条件,即常常定义自己、能够看清学生、穷尽既往积淀;必须磨砺四种途径,即擅于平等对话、践行体验学习、深谙专业育人、拓展教室之外;必须修炼两种素质,即习惯学习反思、乐于同伴互助。下面做简单说明。

《道德经·三十三章》说了一段中国教师大都知道的话:"知人者智,自知者明。胜人者有力,自胜者强。"但知道并不一定理解,更奢谈做到。根据陈鼓应先生的"引述",其意在于"要省视自己、坚定自己、克制自己,并且矢志力行,这样才能进一步开展他的精神生命与思想生命。在老子看来,知人、胜人固然重要,但自知、自胜尤为重要。"参照老子的哲学思考并结合现代教育的研究成果,我们把"定义自己"摆在前提条件的首位,即"自知者明",把"看清学生"摆在其次,即"知人者智",把"既往积淀"摆在第三,即"博观而约取、厚积而薄发",这三条也可以被通俗地称之为:备自己、备学生、备课程。只是原来的理解不完整不到位,我们才使用学理化的表达方式。(1)定义自己。这一条件原被普遍忽略,可能是我们有一种大家都"认识自己"的假设前提,或可能是我们认为形成独特的专业个性并没有那么重要。定义自己就其本质而言,是我们开展教学的逻辑起点,也是追求专业个性的未来方向。它困惑了人类几千年,并形成了哲学的永恒追问:我是谁?我从哪里来?要到哪里去?古希腊人甚至把"认识你自己"刻在圣城德尔斐神庙上。认识自己、定义自己是教学"以心传心"的出发点——自己专业现状的长短优劣,你有什么,你又能给什么,你需要发展什么。无法定义自己，就不可能走向专业成长和教学实践的自觉，“以心”就会变成“无心”。(2)看清学生。这是一条大家原来都在做但没有做到位的前提条件。主要问题出在缺乏科学理性的“看清”，这是专业问题，不是视觉问题；没有人能在缺乏科学依据的背景下，自诩如“相命先生”一样能掐会算。“看清”至少是心理科学的，你当尽可能看清学生个体在学科学习上的行为以及精神状态，否则，盲目施教类如庸医，是传不到心、治不好病的。(3)既往积淀，是在“定义自己”“看清学生”的基础上凭借课程媒介的一种冶炼。这种冶炼是一种检索、选择、重组的可行性升华，既唾弃照搬教材教参的“现买现卖”，也不认同“临时抱佛脚”的广泛浏览。它是基于日甚一日的积淀，在一种冷静的激活和从容的穿透中设计预期的风景，它关乎知识能力花草的映衬，也关乎情感态度峰峦的错落。积淀是一种生活方式，穷尽是一次次专业挑战——一种在困境中突围的精神超越。三个前提条件看上去像是平行的线，实际上是一张经纬纵横的网，交叉的点越多，“以心传心”的“鱼”越有可能一网打尽。

(二)“以心传心”的主要途径

平等对话、体验学习、专业育人、教室之外是“以心传心”的主要途径。

1.平等对话

它是师生灵魂的互联互通，是“以心传心”的形式，也是“以心传心”的灵魂。它是古老的，在轴心时代已现精彩流传；它是现代的，民主精神的贯通使之更参差多态。这里的“传”是双向以至多向的，既有知识信息的传递，也有能力训练的学习，还有价值观念的传递；这里的“传”是生命的、生成的，“开放”是它的天空，“真诚”是它的雨露，“尊重”是它的阳光，肥沃的信息是它根深叶茂的土壤。对话是“以心传心”的交流与交锋，对话是“以心传心”的自悟和棒喝。

2.体验学习

没有体验就没有学习，这是学习的本质，也是学习的发生机制；没有体验，“以心传心”就走入了禅宗的玄秘深奥，或流于虚无的猜想。体验是五官可感的，看到、听到、嗅到、触到，不管那种方式。我们能感觉到知识的存在、情感的冲击，我们能知道内心发生了什么变化、表达产生了哪些影响……只要体验在，心就在、学习也在。

3.专业育人

育人是教师专业的第一重要职责，也是“以心传心”的另一重要领域。

缺乏育人上的“以心传心”，教师的专业化就是不完整和未完成的。育人的“以心传心”强调价值观念传递的诚心正意、倚重情感态度的丰厚充盈，更看重“传心”外化的本色担当。

4.教室之外

这是常规课堂之外的常态课堂。杜威认为，“生活就是发展，而不断发展，不断生长，就是生活。因此，最好的教育就是，从生活中学习、从经验中学习。”学生能否在常态课堂中健康成长，这是对教师“以心传心”专业水平的巨大考验——学生能不能在不同的人、事、环境中积累健康成长的阅历，这是阶段性的，也是终极性的检验。

（三）“以心传心”实践的常态修炼

读书反思和同伴互助是教师专业化的重要途径，更是“以心传心”实践的常态修炼，这种既基于个人又基于同伴的存在方式，是“以心传心”水平日渐专业化的造血功能或源头活水。“半亩方塘一鉴开，天光云影共徘徊。问渠那得清如许，为有源头活水来”（朱熹《观书有感》），读书反思和同伴互助是“以心传心”的正本清源，也是“以心传心”的永续发展。

教师是学校精神的第一生产力，这种生产力就是教师教书育人的专业能力，而这种专业能力的本质就是“以心传心”的实践水平。

案例 40：

心的传承与担当

以心传心，是我校教师专业化的核心目标，也是我校在教与学过程中的精神动力、态度作风、方法措施的概括表达，还是我校“同心从心、心往力行”价值观之于教师文化的行动演绎。教师被视为人类灵魂的工程师，“以心传心”就是实践其要旨，尽管任重，也当奋力前行，才能无愧于人民教师的称号，实现我校“文心化行”的教育理念。

2018 年 1 月，在得知我校需派一名骨干教师前往甘肃支教一年的消息后，较小瘦弱、年近半百的我积极响应号召，主动报名参加。2018 年 3 月 5 日，我经过 12 小时的舟车劳顿，终于抵达临夏州和政县，开始了我的支教生活。当时我担任教研员，负责全县中小学的英语教学教研工作。

到达当天我就出现了“高反”，但我还是克服了身体的不适和天气寒冷等因素，主动到一中跟校长和教研组长见面沟通情况，并领取五年的英语中考试卷，进行相关题型的研究。

3月的临夏，气温还在零下，时常是雨夹雪的天气，更难受的是宿舍里没有暖气。熬了十几天后，我病倒了，连说话的力气都没有。但我仍坚持工作，每天都到不同年级听课，并结合集美经验，提出相关的改进意见。短短一个月，我听课评课就达到49节。3月底，沈校长希望我能上一两节示范课。虽然那时候我的病还未痊愈，但我还是很爽快地答应了，还主动提出“英语课要上就上一个完整的单元，这样才能帮助老师们更好地理解”。就这样，我每天忍受着身体的不适备课到深夜，足足上了7节示范课。

和政县里的学校多且分散，县教育局希望我能下乡到农村中小学，给予具体指导，提高全县的教育水平。为了让更多的学校受益，我主动要求每天都安排下乡，即使腰椎扭伤，也坚持高强度的工作：每天一大早出发，在盘山路上绕几个小时，听课、评课、检查教案和作业，根本没时间也没地方午休，只能等到晚上在宿舍里，自己通过艾灸来减轻痛楚。

从4月中旬开始到9月底，我走遍全县13个乡镇的每一所农村中学、部分乡村小学和直属中小学44所，听课评课200多节，完成了第一轮的下乡调研。我通过听课评课、互动交流、专题讲座等形式，为当地的教育教学“问诊把脉”，牙塘学校英语学科李老师说：“以前从来没有专家下乡给我们指导过，刘老师来听课后才第一次知道原来英语教学还有‘听说课’和‘阅读课’之分。以前对于农村孩子来说，老师是‘苦教’，孩子是‘苦学’，都比较累。自从刘老师来了之后，从方法和理念上都有了很大的改变。”

为了满足农村学校的需求，我主动提出从11月份开始进行全县第二轮的送教送培活动。第二轮下乡特别辛苦，因为山路崎岖，雪天路滑。记得有一天到陈家集中学听课，来接我的马校长一路上不停地跟我唠嗑，原来他想让我不关注路况，减少担忧。我每天晚上备课到深夜一两点，采取和每一所中学的老师进行同课异构、上示范课和讲座的方式，助力乡村老师的专业成长。

除了教学上的指导，我发现和政县的老师们大都对课题研究很茫然。于是，我为全县中小学、幼儿园骨干教师以及部分乡村教师开设了8场如何申报、如何研究课题的讲座，极大地调动了和政县申报州级和省级课题的热情，同时，还推动教育局设立县级课题，填补了无县级课题的空白。一天下午，我给9个课题开题论证，等忙完已是晚上8点了。看着我满身疲惫的模样，和政县教育局张局长的眼眶湿润了，一把握住我的手，连声说道:“您太辛苦了,您真的让我们感动得掉眼泪啊,刘老师!”

“苔花如米小,也学牡丹开”。一年的倾心支教,是我从教26年生涯中,最有意义的事。我带着学校的“文心化行”办学理念,“以心传心”,把学校的教学理念转换到实际的教育教学中去,真正实现教书育人。

(执笔:厦门十中教师　刘亚琳)

案例41:

❀以心传心,促其成长

“以心传心”,把语言作为文化的载体,借鉴其精准概括事物的表达形式,用以表达教与学本质的理论深度和实践张力。教与学的本质也是在修心,即把培养什么人作为教育本质的追求,借助语言文字,设身处地地以心问心、以心传心地进行熏陶或点亮,根据学生的年龄特点和课程难度,创造“自解自悟”的情境或条件。“以心传心”不是一种“特殊方法”,而是教与学的一种规律,一种促进师生灵魂对话的实践倡导,就像雅斯贝尔斯所说的:“只有被灵魂所接受的东西才会成为精神瑰宝。”

在我的教学生涯中,我曾遇到过这样一个学生,打架、抽烟……无所不为,面对这样的学生,我该如何去教育转化,实现“以心传心”的教育理念呢?我找到了班级的档案:他初中入学成绩很差,几乎没有一科是及格的;母亲那一栏是空的,父亲是某工厂的工人。看完档案,我明白了这个孩子是在单亲家庭长大的,父母又没空管他,导致他成了所谓的双差生。同时,我又从学生中了解到:“他小学读书就很差,很多老师都不管他了,他经常打架,在外面结交了一些不读书的朋友,并染上了抽烟的恶习。”在多方面了解后,我对这个学生有了一个比较全面的认识,但我也意识到越是这样顽皮的孩子,就越不能用过于强硬的态度来教导他,以硬碰硬,只会适得其反。

我找到他,他显得很慌张,甚至都不敢正眼看我,一点不像我了解到的那个吊儿郎当的李静。我半字不提他买烟的事,笑着对他说:“最近开学这段时间,老师很忙,事情很多,老师希望你能帮我的忙,可以吗?”他抬起头,疑惑地看着我。“事情很简单,你每天早上,在文明督导来检查前,帮我先在班级检查一遍,提醒他们要把校卡带起来,这样我们班就不会被扣分了,你可以做到吗?”他点了点头,半犹豫地说:“可以。”在他走之前,我顺便把早上买的还没来得及喝的牛奶送给了他。他很不好意思。“谢谢你帮我的忙，这就当作报酬吧。”然后我硬把那盒牛奶塞到了他手里。

那天放学前，我立即召开了临时的班会课，先是播放了《吸烟有害健康》的视频，短片中那一幕幕被烟熏黑了的双肺，还有一具具吸完烟后瘦骨嶙峋的躯体，深深恶心到了他们；接着我趁机教育他们：“段长接到举报，年段别的班级，有同学抽烟，还让同学帮忙买烟，这种行为很恶劣，已经触犯到校纪校规了。但我很庆幸不是发生在咱们班，也希望这种事不会在咱们班发生。这是拒绝抽烟的倡议书，你们带回去，要求家长签名。这也是我们之间的君子协定，如果有违反，那就是触犯咱们的班规了，到时，我们就要请家长过来，严重的会直接送到保卫科教育。”

这个善意的谎言并没有被揭穿，事实证明，这样的口头暗示，对初一的学生还是能有一定的警醒作用的，至少，来告状的那位小男孩，没有再被威胁去买烟了。

而在我的信任下，那一段时间，检查校卡这件事，他做得很好。我时不时地就在班级大肆对他进行表扬，并在月底给了他一张奖状，授予他“文明之星”的荣誉称号。

为了激励他，我又利用他坐在最后一桌的优势，给了他一本课堂情况登记本，让他把每堂课讲话、开小差或者其他违反课堂纪律的情况记录下来。此外，我又常常利用课间或者午休时间，找他了解班级的情况，顺便跟他谈心，谢谢他为班级所做的这些事情。

就这样，他慢慢地发生转变了，不再抽烟，不再逃学……安安静静地在校园学习。初三拍毕业照的时候，他来找我，要和我一起拍一张合影。他说：“谢谢你，老师，如果没有你，也许我早就辍学了。”作为班主任，我们会遇到很多这样的学生，但唯有用心，看清学生，根据学生的特点，借助语言文字，设身处地地以心问心、以心传心地进行熏陶或点亮，才能成为解开孩子叛逆之心的钥匙，引导学生健康成长，快乐成长。

（执笔：厦门十中教师　陈丽霞）

第三节　学生十条

培养什么样的人，是教育永恒思考的母题。我校以培养有雄心、慧心、壮心、雅心、苦心的“五心”学子为目标，是新时代素质教育德、智、体、美、劳全面发展的个性化阐释。文心化行的办学理念下，以人为本、知行合一的健全人格养成一直是我校教育的初心与使命，学生从“初心”来，带着不断成长、不断完善自我的使命，朝着成为自己的目标向前迈进，“我”也就有了多元发展的渠道和目的。

作为教育的对象，学生是一切教育的出发点和终点。学生在学校求学，不仅要通过知识的学习掌握关键的技能，更要在技能的不断训练中领悟知识的本质，形成自我发展的核心素养。乐学善学是学生日新之源，沟通合作是学生的发展之力。知识的学习之余，与人沟通交往，为人处世，修身之道更是德性养成必备品格的重要途径，与人为善，知善行善是学生的日常之功。诚毅礼貌是学生的处世之道。悦纳分享是学生的快乐之诀。公平公正是学生的和谐之核。如此，学生成长的不仅是智识之能，更是德性之知。

作为生命的个体，学生是一个未完成的成长过程。不断塑造的学生个体，秉承雄心壮志的成长之根，不断地完善自己运动劳动的生存之技。成长中练就的野蛮的体魄和文明的精神，不断强盛着学生的身体与心灵，生命个体的茁壮成长终将向上蓬勃。跨过求学的智识成长与德性发展，生命的自发成长的价值与意义是学生内生的养分，经历生命这座桥的过程之后，学生就可以走到一个更高的境界。

作为独立的灵魂，学生的身心和谐与健全的人格是成为个性自我的标识。教育促使学生实现“心灵转向”，精神或灵魂将从“低处”向“高处”生长，个人境界也会不断地提升超越。诚意而正心，正心而“未发之中”，美好灵魂向外散发的优秀人格魅力，独特、恒久且长远。人生而不同，灵魂独立而卓越，有爱国情怀的精神之本奠基，灵魂人格的健全强健将会焕发丰富的生命力与创造性，升华自我的价值，实现清晰化的自我体认，自由独立而又个性超我。人是目的，为自己立法，美好的灵魂独立于世，自由、超越！

无论对学生的定义与认识如何具体，培养什么样的人以及学生的成长与发展最终都要归宿于“我是谁”的终极追问。认识自我永远是未完成的过程，“我是谁”的答案也将在个体生命历程中不断地发展与丰富，当学生心里所想的能转化为行动，并能在行动中演绎心灵的美好时，文心的学子也就成了一个独立自由且有责任的“大写”的人，“心”美丽而快乐，“行”儒雅而和善。随着自我认识的不断深化，“我将到哪里去”自然也就在心中慢慢浮现，当一名心想行能的个性学子将是学生独特生命价值的自我鞭策，德、智、体、美、劳全面而又有个性的发展就有了成长的土壤，不断向阳生长。

为了便于最初的理解和实践，我们将学生形成的素养概括为“学生十条”(图 4-5)，下面是其理论解读和实践故事。

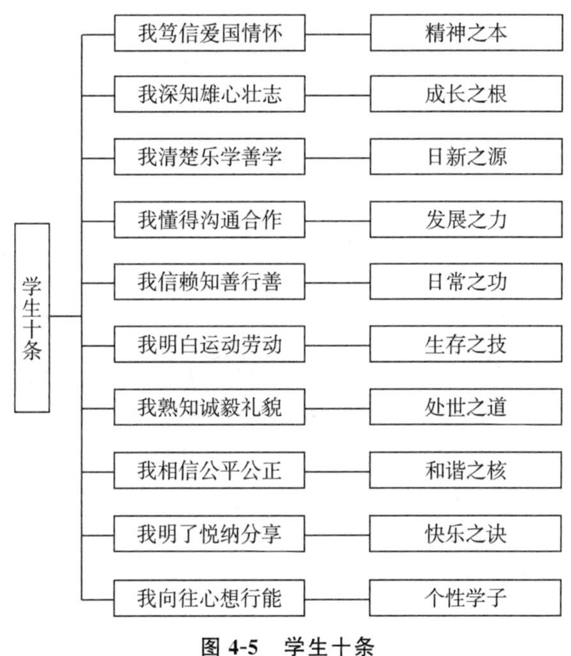

图 4-5 学生十条

一、我笃信爱国情怀是精神之本

祖国就是养育我们的母亲，人与国家有一种天然的血缘关系，你在这个国家里出生、成长，国家给了你特定的种族遗传、生活基础、社会关系、价值观念。你的言行、你的精神、你的思想无不印记着国家民族的独特个性，国家的名誉与个人利益早已紧密地联系在一起，你与祖国不仅有了情感上的依存，更有了利益上的一致。血浓于水的母子之情的天然关系下，爱国、爱自己的母亲早就有了自发的必然性的理由。而当“修身齐家治国平天下”成为古代士大夫的人生理想追求时，爱国更是深入到了每个读书人的骨髓里，源远流长，以至成为人类共同的精神滋养母体，孕育万物，生生不息。由此，爱国也自然实现了超越爱家的情感升华，成为个人自觉自发的行动意识。“先天下之忧而忧，后天下之乐而乐”“为天地立心，为生民立命，为往圣继绝学，为万世开太平”“人生自古谁无死？留取丹心照汗青”“天下兴亡、匹夫有责”……一个个仁人志士的爱国践行演绎而成的千古传诵的箴言在神州大地不断繁衍生长，爱国这份情感潜意识已融入每个公民的思想言行之中，成为文化的基因，指引着每个人行动的自然发生。所以，爱国情怀作为中华民族的情感认同，始终贯穿于国家的形成过程之中，成了一种个体体认身份的共性标识，一种发展自身价值的精神之本，一种人类存在的品质之基。你爱国，才证明你是这个国家的一分子。这恰如诗人海涅所说的：“谁不爱自己的祖国，他就不属于人类。”

爱国，顾名思义就是热爱自己的祖国，就是对生我养我的这块土地和这个民族的深刻而持久的真挚感情，就是在思想深处对自己的祖国母亲自发的爱，是一种文明行为，一种思想境界；是愿意为祖国奉献一切的自觉的爱，是一种实践行动，一种精神力量。爱国情怀，作为一种朴素的情怀，是公民个人层面的重要价值理念，是人自然情感的直接流露，是对安放自身之共同体的天然之爱，有其不证自明性。所以，匈牙利爱国诗人裴多菲说：“纵使世界给我珍宝和荣誉，我也不愿离开我的祖国。因为纵使我的祖国在耻辱之中，我还是喜欢、热爱、祝福我的祖国。”

社会主义核心价值观更是把以爱国为核心的民族精神作为时代精神，突出爱国之于个人、国家的重要意义，爱国也就意味着祖国的价值至高无上，个人价值要服从祖国的价值；国家利益至上，个人利益要服从国家利益。有国，个人的存在才有发展的空间与价值。个人与国家命运休戚与共的关系，需要每个公民对自己的祖国有高度的认同感和责任感，并将这种认同感、责任感转化为自觉的行动，为国家、民族的发展贡献自己的一份力量。

（一）爱国自觉，我会不断丰富成长的精神底色

中国悠久的传统历史文化凝聚着中华民族自强不息的精神追求和历

久弥新的精神养分，是我成长中建立正确的世界观、人生观、价值观的必备营养。努力学习并掌握其中的思想精华，发掘它们蕴含的现代性力量，是积淀恒久性精神品格的必要途径。精神的生长离不开民族文化的滋养，更少不了放眼全球，世界多元文化精华的汲取。我努力淘洗的文化精髓，不断丰实着自身的精神厚度。历经洗礼的思想灵魂里，丰富着成长的精神底色；一言一行的演绎，更加坚定着我强烈的爱国情怀；不断壮大的大写的人，有一颗强有力的爱国心，支撑着精神坚实而弥久。爱国，理性而强大。

（二）爱国自发，我会勇于践行担当的时代使命

担当民族复兴大任的时代新人是时代赋予每个人的爱国主题。敢于担当，勇于践行是每个爱国志士自然而然的行为方式。汲取的爱国精神底色散发的奋发有为之势，以时不我待的紧迫感、舍我其谁的责任感，早已把个人价值融于国家之中，贡献自己，奉献自己。爱国的担当，爱国的责任，中华民族的伟大复兴与中国梦的使命，国家至上、民族至上与人民至上的价值追求，我胸怀的大我，每一寸肌肤里的汗水都挥洒着骄傲和自豪。价值滋养下的行为表现，让生活里的每一个角落都有我履行担当的身影：对自我的严格要求、公民道德的严格遵守、立己达人的行为传递……担当的是公民自知之明的责任坚守，担当的是积水成海的正能量凝聚。爱国自发，是精神的下意识条件反射，是身为国家一分子的无条件付出。爱国就是这样纯粹的勇于担当，这样纯净的无私奉献。

我身上流淌的血液里有祖国母亲滋养的文化，那是我精神的底色；我生命的成长历程里有祖国大家庭的呵护与包容，爱国是我成长学会的担当与责任。苏霍姆林斯基说：“热爱祖国，这是一种最纯洁、最敏锐、最高尚、最强烈、最温柔、最有情、最温存的感情。一个真正热爱祖国的人，在各方面都是一个真正的人。”一个独立而大写的人，这不正是我们个人存在的独特价值吗？

这样的精神之本，我笃定不已！

案例42：

我们的爱国情怀

爱国，顾名思义就是热爱自己的祖国，就是对生我养我的这块土地和

这个民族的深刻而持久的真挚感情，就是在思想深处对自己祖国母亲自发的爱，是一种文明行为，一种思想境界；是愿意为祖国奉献一切，是一种精神力量。

老师经常教育我们，家国情怀是每个人心中不可忘却的情感。它是一个人对自己的国家和人民表现出来的深情大爱，是对国家富强、人民幸福所展现出来的理想追求，是对自己国家的高度认同感和归属感，使命感和责任感。

在抗击新冠肺炎疫情过程中，作为新青年的我在这场疫情中深深感受到了爱国情怀。这场疫情牵动着每个人的心，我在与同学的交谈之中深有感触，这场战役中，许多默默奉献的人们，我们会感谢、会敬仰，更会希望像他们一样，为祖国繁荣出一份力。让我印象深刻的是一段视频，关于疫情中的武汉，眼泪是必不可少的。之后我与同学们在群里分享了自己的想法，有人说国家一定会挺过去的，有人说武汉是个很美的城市，他期待疫情过后的美丽武汉，还有人说，希望自己能奉献力量。

每一位朋友的感想何尝不是我的想法？大家虽然年纪不大，却对国家大事十分上心。就像顾炎武曾说："天下兴亡，匹夫有责。"这就是爱国情怀，你会为国家的成功而自豪，会为国家的灾难而悲伤。这是一场全民的战斗，作为高中生，在家认真上好网课，学到更多的知识，就是当下我们能为国家所做的最大贡献。

父母长辈一样有着家国情怀，是我们年轻一代的榜样。记得全国哀悼日那天，家人早早就起床，父亲看着早间新闻，母亲做好了早饭，临近10点，母亲召集我们一家四口到客厅，认真安排好我们每个人的站位，等着哀悼时间的到来。虽然我们不能像电视上的人们站在广场上默哀，但对着外面的天空，肃穆站立3分钟，我们做到了。这不是形式主义，而是真正的爱国情怀。

中国是一个英雄的国家，这种英雄的精神，不仅体现在这场疫情中，更体现在城市的守望相助中，民众的相互鼓励中。中国悠久的历史凝聚着中华民族自强不息的精神追求和历久弥新的精神养分，努力学习并掌握其中的思想精华，发掘它们蕴含的现代性力量，是积淀精神品格的必要途径。

担当民族复兴大任的时代新人是时代赋予每个人的爱国主题。敢于担当、勇于践行是每个爱国者自然而然的行为方式。汲取的爱国精神底色散发奋发有为之势，我们应该以时不我待的紧迫感、舍我其谁的责任感，把个人价值融于国家之中，贡献自己，奉献自己。作为新时代的学生，当下认认真真地学习，踏踏实实地积累，将来为祖国的民族复兴大业做出贡献，就是我们的家国情怀。

（执笔：厦门十中高中2019级学生 陈丽）

案例43：

我爱我的祖国

“爱国”是什么呢？

从我牙牙学语开始认识这个世界，这个词便无数次在我耳畔响起，我只觉得懵懵懂懂，好像缥缈虚无，离我很遥远似的。而随着所学知识与生活阅历的日渐增长，我开始从内心深处体会到了这个简单词语所蕴含的厚重真情。爱国——是对生养我的这块土地和这个民族的深刻而持久的真挚感情，是在思想深处对自己祖国母亲自发的爱，是一种文明行为、一种思想境界，是愿意为祖国奉献一切的自觉的爱，是一种实践行动、一种精神力量……

上学期的最后一天，我拿到了新分发的语文课本。带着极强的好奇心，我翻开了目录，只见第一篇课文便是关于我的偶像——邓稼先的。我随即兴冲冲地翻开，迫不及待地阅读了起来，只觉胸中热血泛滥，似乎要冲破我的胸膛，我的眼眶和鼻子感到一阵沉重，可能是想到了中国黄沙北疆那升上天空、英勇绽开的原子弹而豪情难抑、喜悦难止，抑或是打破了时间的阻碍万里迢迢地看到了邓稼先为国家的科研拾起那夺去了他性命的核碎片而震惊、不舍。感叹于邓稼先为国为民的杰出贡献与不畏牺牲，一阵的自豪兼一阵的怅惘在我心口奔腾翻滚着！

当时的我实在没有想到，这一别学校，竟会如此之久。一种新型冠状病毒出现了，皇冠般华丽的外表似乎是天然造就的伪装，它以美丽华贵的样子出现在世人面前，让人难以猜到它是何等来势汹汹。危难时刻，无数知名或不知名的逆行者毅然决然地挺身而出，人们自觉防护，守望相助。一时间，中国的万里长城始终蜿蜒矗立，中华民族骨子里的长城也由无数人拼接起来，就像在广阔平坦的大地上忽然见到了一排排巍峨高山一般，中华民族在世界上一鸣惊人！而在此期间，普通大众也以自己力所能及的方式支持着前方的抗疫战士，捐赠物资，擂鼓加油，哪怕只是在家做好自我防护，进行隔离，何尝不是另一种团结奋战的方式呢？而支撑着千千万万人上下一心、同舟并济的也无非“爱国”二字。

我是个中国人，我也正因此得以在疫情时能够安然地在家正常生活、进行线上学习。放眼国际，一些国家明明有着很好的生活条件，却缺乏强有力的措施来防范控制疫情。中国，一个历经千年风雨的国家，打着与病毒的战争，也积极对各国伸出援手。我为自己是个中国人而无比自豪！

天色湛蓝，是中华儿女们在艰险疫情下凭借骨子中的爱国深情与坚强毅力而拨云见日的。

我不能听到岳飞壮志豪情地说道：“怒发冲冠，凭栏处，潇潇雨歇。”我不能陪着范仲淹把酒临风，带着满腔忧国忧民吟咏：“先天下之忧而忧，后天下之乐而乐。”我也不能看着王勃为滕王阁而铭报国之志。但我活在这个时代，我所见的是钟南山这样奋勇逆行的老人，我看见了许许多多百年之后可能名不见经传的人勇敢献身，也听见了华夏子孙一句句战胜强敌的豪情壮语。历来，中国是个多灾多难的国家，但从来没有迈不过的坎。作为一名新时代的学生，爱国不应只是口头上的漂亮口号，而应该始终深怀着对国家的真挚的认同和高度的责任，并将这种认同感、责任感转化为自觉的行动，为国家、民族的发展贡献自己哪怕一点点的力量，在一言一行中演绎坚实而弥久的爱国心。

诚如苏霍姆林斯基所说：“热爱祖国，这是一种最纯洁、最敏锐、最高尚、最强烈、最温柔、最有情、最温存的感情。一个真正热爱祖国的人，在各方面都是一个真正的人。”丧失爱国之情之人，也不过像无源之水、无本之木罢了。听着豪迈的国歌，望着飘扬的国旗，我要高声喊出我的肺腑之言：“我爱我的祖国！”

（执笔：厦门十中初中2020级学生　周文鸿）

二、我深知雄心壮志是成长之根

为学做人，立志是个人成长的根本。“人须先立志，志立则有根本。譬如树木，须先有个根本，然后培养能成合抱之木。”（谢良佐《上蔡语录》）立志像种树时播下的种子，当下虽然还没有枝叶花实等繁茂的表现，但只要下栽培之功，早晚会有枝叶花实。如果不曾立志，就像种树不种下树根而只进行栽培灌溉，肯定是勤劳辛苦却没有收获的，这正是王阳明在《示弟立志说》所说的：“夫学，莫先于立志。志之不立，犹不种其根而徒事培拥灌溉，劳苦无成矣。"所以，一个人成长必先有志，这是前提，是基础，是方向，是统帅，事关目标达成，理想实现，举足轻重，不可等闲视之。

有了成长的根基，潜力释放的奋斗过程，成才成功也就有了指日可待的期望。"志不立，天下无可成之事，虽百工技艺，未有不本于志者。……故立志而圣，则圣矣；立志而贤，则贤矣。志不立，如无舵之舟，如无衔之马，飘荡奔逸，终亦何所底乎？"（王阳明《教条示龙场诸生·立志》）树立坚定而远大的志向后催化的潜能，任何艰难险阻都阻挡不了他前进的步伐。立志成为圣人，就能成为圣人；立志成为贤人，就能成为贤人。古今中外，不胜枚举。孔子"吾十有五而志于学，三十而立，四十而不惑，五十而知天命，六十而耳顺，七十而从心所欲，不逾矩。"（《论语·为政》），终成一代圣贤；一代枭雄曹操即使年老，依然"老骥伏枥，志在千里；烈士暮年，壮心不已"；少年周恩来以"为中华之崛起而读书"激励鞭策，亦成一国之总理；马克思在适逢中学毕业时发表《青年在选择职业时的考虑》时郑重地树立了"选择最能为人类福利而劳动的职业"的崇高理想，成就其马克思的思想与理论。所以，"君子之学，无时无处而不以立志为事"（王阳明《示弟立志说》）。

青春正是青年成长的关键"拔节孕穗期"，风华正茂，书生意气，挥斥方遒的人生关键节点，立志更是个人找准人生方向，定下人生目标的关键环节。扣好人生第一粒扣子，不仅是个人迈向成才的关键一步，更是国家对我们的嘱托和期望。"志"是人生之路的起点，亦是终点，贯穿了人的整个生命。

"志"，《说文解字》中解释为"意也，从心之声"，即心中所向往的事物。我们可把它简单地理解为"理想""志向"等，表现为一个人心中对某种理想的向往和坚定的信念。通常我们说，有何种志向就会成就何种人生，或说有何种志向便成就何种人格，它表征着一个人的发展所要依归的方向，并使人的具体行为在这一终极意义的牵引、统帅下精进。所以，"立志"表示的是对某种终极目标的信念之坚定，立下一个志愿或为生存下一个决心，然后朝向这个目标不断地践行以至实现。雄心壮志是心之所向，朱熹言："志，只是心之所向。而今欲做一件事，这便是志。"即志向是每个人之心的发用方向与所在，它是思想力与行动力的统一。人若有志，万事可为。

"志"既然是从属于"心"的活动，实现"志"的过程也必然要落实到"心"上来，"立志"就是精神活动付诸实践的具体行为，如果说志向已立，在现实中并没有任何主体自身实质性的行为趋向转变，我们是不能说这是"立志”的。

（一）立志先要“明志”

明志就是认清自己，认识自我。每个人都有其自身的优缺点，正视自己的缺点，扬长避短，清晰地定位自己的起点和终点，成长的方向才会清晰明了。“物有本末，事有终始。知所先后，则近道矣。”（《大学》）我们迈开脚步踏出立志的第一步的时候，一定得清楚自己的方向和终点在哪里，否则即便迈出脚步，步子再大、速度再快都有可能功败垂成。“明志”的过程也是规划人生之路的过程，每一个站点都有一个可望而可即的目标，这样明了的一个个可望目标汇集而成的终极理想就能积跬步以至千里。

（二）“明志”之后更要“持志”

“明志”只是迈出了成才之路的第一步，只是完成了对自己愿意成为那个“我”的誓言承诺，这一个承诺是需要用一生的努力去践行并时时刻刻对照志向加以落实的。在履行志向的过程中，所有遭遇的艰难困苦，都是需要有巨大的意志努力和精神勇气的，是需要有敢于牺牲和坚持的魄力才能实现的，容不得片刻的松懈和放纵。“三军可夺帅也，匹夫不可夺志也。”（《论语·子罕》）志向明确后，要有“矢志不渝”“日笃其志”的主体“持志”坚守来实践自己的志向，甚至能做到“穷且弥坚，不坠青云之志”，于困境中“劳其筋骨、饿其体肤、空乏其身、行拂乱其所为”，磨炼意志，抵御诱惑及外物的干扰，终能“动心忍性，曾益其所不能”来实现心之所向。

“无志不立”是我国传统文化中对人的主观能动性的要求，以“志存高远”的理想要求自己，关照每个道德行为，不仅是学业、事业成功的关键，也是成为道德良善之人的根本，是具有方向性的大事。

习近平总书记说：“广大青年应该在奋斗中释放青春激情、追逐青春理想，以青春之我、奋斗之我，为民族复兴铺路架桥，为祖国建设添砖加瓦。”担当民族复兴大任的时代新人是时代的号角，也是我们志之所向，社会主义建设者、接班人是国家期待，也是我们的雄心壮志。

立“鸿鹄之志”，才能展鸿图之才，才能胸怀天下成大事者。仰望星空，心系家国，志之所成，国之昌盛！

案例 44:

❋理想激励人成长

我深知雄心壮志是成长之根。“立志”表示的是对于某种终极目标的信念之坚定,立下一个志愿或为生存下一个决心,然后朝向这个目标不断践行以至实现。人若有志,万事可为。“志”表现为一个人心中对某种理想的向往和坚定的信念,所以,也可理解为“理想”。理想就是一个人的精神食粮,它激励着我们不断前进,成为更好的自己。理想可以促使你成长,当你有了理想,当你敢为了自己的理想努力时,说明你已在成长。

在实现理想的道路上,你会有许多困难,会遭受不少挫折,但更多的是理想带来的责任感、使命感,还有幸福感。这些都会让你慢慢地褪去幼稚和青涩,变得成熟和冷静。

我自幼学习国标拉丁,一开始只是因为感兴趣,后来慢慢地变成了热爱,并为之努力。后来我知道了“黑池”,这是拉丁舞界最盛大、含金量最高的比赛,但直到现在,在这个比赛的领奖台上出现的中国舞者少之又少,我的志向就是有朝一日能站在这个比赛的领奖台上,为中国人争光。我知道这很难,但是我听过一句话,只要你敢想,你就有机会。

这一年,学校举办了“红五月”文艺汇演,我准备了一段舞蹈参加演出。由于太想表现自己,我挑选了一支难度很高的舞蹈,表演时失误了,这给了我很大的打击。

之后的一个夏天,我迎来了舞蹈生涯中最重要的一场比赛。编排的这支舞,难度不小,我很怕再出现学校表演时的失误,于是打起十二分的精神准备这次比赛,为此我集训了一个月。这次整个舞蹈的动作都是重新编排的,对我的挑战非常大。我记得有一个动作当时一直无法完成,甚至拖慢了排练的进度。我的舞伴需要完成一个托举,我在落地时需借助舞伴之力向右转体 720°。这一系列的动作都要在一个八拍里完成。拉丁舞鞋是高跟鞋,我在反复多次完成这个动作后,脚磨破了皮,几次差点受伤,或许是跟舞伴的配合不够默契,或许是我自己的水平不够,训练进入了瓶颈期,可是比赛将至,时间不等人,我还是振作起来,调整好心态,努力排练。

终于到了比赛的那一天,我的心情有一种说不出的复杂,有紧张,也有激动。经过漫长等待,我终于听到了我的名字。我和舞伴一起走上比赛场地,定格初始动作。随着音乐响起,我们在场地中央翩翩起舞。我谨记着老师对我的教诲，想着每个动作的要点。到了那个托举的动作时，我屏气凝神，和舞伴完美配合，没有出一点差错。我和我的舞伴状态都很好，整支舞蹈圆满完成。

等待结果的过程是漫长的，我和舞伴都死死盯着屏幕。好在比赛结果并未让我们失望，当我的名字在广播中响起的时候，我激动地抱住了老师，感动的泪水瞬间流淌在我的脸颊上。那一刻的场景一直深深地印在我的脑海里，不曾忘却。

从此，我懂得了一个道理：立志先要"明志"。明志就是认清自己，认识自我。每个人都有其自身的优缺点，正视自己的缺点，扬长避短，清晰地定位自己的起点和终点，成长的方向才会清晰明了。

理想本身是不会发光的，发光的是追求理想的我们。

（执笔：厦门十中高中2020级学生　才宇欣）

案例45：

雄心壮志是成长之根

雄心壮志是茫茫黑夜中的北斗星。

——题记

试想月夜行船，没有导航灯，如何能够乘风破浪？试想森林徒步，没有指南针，如何能够坚定方向？而人不立志、立志不坚，就如同缺失了目标，茫茫然不知所措，如随波逐流的浮萍，无法坚定自我，奋勇前行。年少轻狂的我有着"会当凌绝顶，一览众山小"的青云壮志，也趁着这番激情壮志许下"潮平海岸阔，扬帆正当时"的豪言之语。

初二学年扬帆起航之时，想着离中考又近一步，紧张和憧憬交织，我似初生牛犊不怕虎般给自己立下了雄心壮志。起初，我日复一日地努力着，遇到困难时无数次想放弃，却又告诉自己："坚持下去，胜利就属于你！"一天又一天，我努力着，奋斗着，与太阳为伍，与星星做伴。当初二上的期末考真来临之际，手握一支黑笔，我在卷子上留下痕迹，幻想着自己就是那匹黑马，可成绩不尽人意，凌云壮志只留下了美丽虚幻的外壳。这一切仿佛都在告诉我："你的努力毫无效果。"这个念头一直占据着我的脑海……倒不如让自己轻松点，就这样也挺好……渐渐地，我那雄心壮志日渐被磨去了棱角，颓废包围着我。我仍旧不甘，又暗暗告诉自己不要忘了曾许下的豪言,可心中的无力之感挥之不去。

得知成绩后的几天,老王(和蔼可亲的语文老师)让我们翻开语文书,映入眼帘的是那首曹操的《龟虽寿》,“老骥伏枥,志在千里,烈士暮年,壮心不已”一下点醒了我。老王语重心长地说道:“年老的千里马躺在马棚里,它的雄心壮志仍然是能够驰骋千里;有远大抱负的人哪怕到了晚年,奋发思进的雄心依然不会止息。一场考试又算得了什么呢?”是啊,曹操的雄心壮志不会随着岁月磨灭,晚年的曹操犹如柄烛之明,光亮虽不比初升的红日般大光其道,但光芒仍在。他在最后的生命时光仍怀有雄心壮志,不曾磨灭,就是这般豪情壮志使他不畏一切!那么,此时的我又在颓废什么呢?这不过是自己怯懦的逃避罢了。

我下定决心,要在即将到来的寒假重新启航!那段时间的我不过是迷途懈怠,我的雄心壮志犹存!哪怕地理和英语两门薄弱科目压着我的翱翔之势,但是我不怕,无论夜有多黑,雄心壮志是茫茫黑夜中的北斗星,它为我引领方向,只要我的雄心壮志存在一朝,我那奋斗的步伐就永不停歇。

突如其来的疫情,没有打乱我的步伐,反之,使我的步伐更加迅疾了。网课期间,我曾也有不理想的考试成绩,但我心底一直记着老王讲过的那首《龟虽寿》,我再没想过放弃。别人学,我就更加认真地学;别人玩,我就趁机弯道超车。疫情虽是不幸,但是它也给了我奋勇前行的机会。开学考试,我不再像初二上的期末考那样慌乱、那样紧张,我放宽心态,因为我相信我所做的努力,从来不是白费的。

结果终于如我所愿!虽然开学考只是我万里征程的一小步,但是每一小步的实现,都会让我看到远方。雄心壮志从未泯灭,只有萦绕心中,才能有更强大的信念,要不怎么说风雨之后见彩虹呢!我有我向往的远方,哪怕风雨兼程、披星戴月,也在所不惜。即使结果不尽人意,我也不会留下遗憾,因为最怕的就是那句:“我本可以。”

雄心壮志是成长之根!愿手引星火,拥有燎原的雄心壮志!

(执笔:厦门十中初中 2019 级学生 邹柔羽)

三、我清楚乐学善学是日新之源

“书山有路勤为径,学海无涯苦作舟。”读书在传统士大夫的观念里,一直都是辛苦、刻苦的,十年寒窗苦读,只为一朝考取功名。所以,两耳不闻窗外事，一心只读圣贤书也就成了读书人的常态。然而，学习作为个人认识世界、认识自己、成长成才的主要途径，是积极主动参与知识建构的过程，是只能由自己完成的私人求索，它关系到一个人的学习欲望与学习热情，涉及学习习惯与学习策略的掌握。据此理解，压迫式的苦学就难以适应新时代对人才的要求，只有乐学善学，个人的成长、进步才能时时发生，日有所成。“知之者不如好之者，好之者不如乐之者。”乐趣是学习的情感动力，是求知欲的源泉。能够快乐学习，愿意主动学习，学习也能达到“苟日新，日日新，又日新”(《礼记》)的“不亦说乎”。“善学者，师逸而功倍；不善学，师勤而功半”(《礼记》)，善于学习的人自然也能从学习中找到规律与方法，学习就会成为一种“天天向上”的体验，成功的喜悦感与成就感无疑会催促着我们更加快乐地学习。乐在其中，体验喜悦，新知识、新能力提升产生的满足感，将激励着我们以高昂的斗志继续前进探索，以至“发愤忘食，乐以忘忧，不知老之将至”(《孔子·述而》)。善于学习，遵循规律方法，学以致用地改造世界获得的成就感，也将伴随着我们的成长，内化为自我的核心素养并成为人生的财富，完成卡尔·罗杰斯所说的真正的学习是“从真实生活中有所发现，然后把这发现变成自己的财富的人”(卡尔·罗杰斯《自由学习》)的不断超越。

“乐学善学”其实正是中国学生发展核心素养之一“学会学习”内容下的一个子内容，具体指的是能正确地认识和理解学习的价值，具有积极的学习态度和浓厚的学习兴趣；能养成良好的学习习惯，掌握适合自身的学习方法；能自主学习，具有终身学习的意识和能力等。

学习的价值根本在于发展，积极的学习态度是在有明确的目标指引下形成的乐观、坚定的行为态度。学习兴趣是保持对学习强烈的好奇心。所以，乐学的本质就是以强烈的求知欲实现学习的价值，发展自我。

良好的学习习惯是学有所成的基础，适合自身的学习方法是认识自己后的个性化体认，在实践中更迭升华。自主学习是自立自为自律的行动反思与进步，终身学习是自觉主动适应时代和个人发展需要，保持不断进步的关键。所以，善学的本质就是真正体认学习的本质，懂得学习，在批判性学习中发展认知，完善自我。

乐学关注动力与兴趣，这是学习有进步、有提高的内在动机；善学重视规律与方法，是决定我们能走多远的关键。乐学与善学相互促进，统一发展。

（一）乐学，我们要保持旺盛的求知欲与好奇心，在兴趣的驱使下主动体验学习带来进步的快乐

求知欲与好奇心的保持，需要我们明确学习的需求与学习价值，知道我需要什么，学会对我有何用处，这样的需求动力推动下，学习成为主动求知的过程就会带来快乐。兴趣是最好的老师，在个人爱好、兴趣、特长有关的学习领域，学习从来就不是件枯燥的事，探索未知领域体验的新奇感，根据兴趣，主动寻找知识，制定计划，实现完成规划的过程，成功的喜悦本身就是兴趣使然的结果。所以，乐学，不仅是态度的坚持，更是情感的自愿行动。

（二）善学，我们要穿透学习的本质与规律，结合自身经验，找到合适的学习方法

学习的本质是知识的主动建构，知识来源于经验并在实践中更新，认知发展的过程是建立在旧知识的基础上，发生同化和顺应反应，进而内化而成。它要求以系统性的思维，拓展知识的多维联系，在宽广的知识链接中敏锐地选择判断，转识成智，实现知识的迁移与运用。它遵循的是“实践—认识—再实践—再认识”的循环往复。善于学习就是要遵循这样的学习规律，找到适合自己的个性化学习方法，在实践中检验，实现学以致用。同时，善学还需具备批判性思维，“学而不思则罔，思而不学则殆”（《论语·为政》），学习与思考只有密切地结合起来，学到的知识才是真知。知识是流动的运用迁移，不是静止的文字符号，学到的知识只有深入思维，与大脑建立联系才能成为智慧。批判性的思维不仅能让我们不人云亦云，不亦步亦趋，还会让我们保持敏锐的思辨性，透过现象看本质，“见树又见林”，以敏锐的洞察力实现智慧的流动发展。

天天向上的成长体验，日日更新的知识拓展，在个人的成长中，学习已成为一种自发的行动意识，无时无刻不发生在生活的每一个角落。乐学善学带来的个人成长，不是平面的知识堆叠，而是立体几何式的素养裂变，这是为学能够进步的本源，也是为人能够实现自我的保证。

快乐学习，善于学习，这是我的成长宝藏。

案例46:

❋学以致乐，乐以致新

“我清楚乐学善学是日新之源!”

学习是张开双手去获得而不只是眼睁睁地望着，人生的开始没有任何人能够决定，但是既然来到了这个世界，你只有迎着磨难而上，用最公平的武器——学习来武装自己，用最锋利的知识——长矛撕开属于自己的精彩未来。这不只是为了自己，也是为了每一个站在你背后的人们。

学习，既要乐学，也要善学。乐学就是关注动力与兴趣，这是学习有进步、有提高的内在动机;善学则重视规律与方法，是决定我们能走多远的关键。乐学与善学相互促进，统一发展。

在日久天长的学习生涯中，人们时常将接踵而至的知识错误地变成济济一堂的记忆。失去有效的学习记忆方法，在层层叠叠的学习难度中，人们的知识缺漏便是那有着一条条裂缝的鸡蛋，自己便会弄碎自身。

“小时候不把他当人，长大之后也做不了人。”鲁迅先生的谏言结合我的经历来说，就是一篇标准的反面教材。对于“乐学，善学”，我仅做到了二者的微末——“不厌学，亦不乐学”。我乐学的人生阶段，是在刚刚接触学习的好奇阶段，那时的我也不知道原来取胜的欲望与我是如此的道相契合。即使这也仅是在我不同于他们擅长的规划能力的基础之上的衍生品，最为重要的是我安心定志地面对一切难关的心态。

如此荒谬的事实，却难以预料地发生在我的身上。之前还未经历挫败，现在一次次的失败将我的自信摧残殆尽，我变成了金玉其外，败絮其中的腐梁朽木。“即使面面俱顾，那就什么事也无能为力了”，外界的喧嚣充斥着我只懂学习一二事的心境，我的颓败也如同年少时的仲永一般，默声凋零。

一晃今时，我能将精力投入学习之中，我再也不是从前那个不谙世事的叛逆少年，虽历经繁杂的挫败，却让我得到了心志的历练和思考的成熟，不言而信学习的原则。鲁迅先生的诚言对我影响深远，支持着我走过了那一段颓丧的时期，先生一直希冀的便是——愿中国青年都摆脱冷气，只需向上走，不必听取自暴自弃者的话语。“愈艰难，就愈要身先士卒，改革，从来都不是一帆风顺的”，改革如此，学习先于改革，愈是要知扎实基础的艰辛，没人行动，怎么发展弘扬?

要做到乐学与善学，还需拓展知识面。在学校组织下，我们来到厦大学府见识它的悠久历史。学校老师殷切的希望在那年仲秋之日氤氲升腾。我受益匪浅。身为华侨中的伟大贡献者，嘉庚先生的执学理念先于人民又领导于人民，追随着先生“三育并重”的理念游历，看着他在厦大的事迹，洗涤自身的不足。

如今，我已明白：经历天天向上的成长体验，面对日日更新的知识拓展，个人的成长中，学习已成为一种自发的行动意识，无时无刻不发生在生活中的每一个角落。乐学善学带来的个人成长，不是平面的知识堆叠，而是立体几何式的素养裂变，这是为学能够进步的本源，也是为人能够实现自我的保证。

（执笔：厦门十中高中2019级学生　林文煜）

案例47：

❋乐学为动力，善学为灯塔

学习是五月的花海，灿烂无比；是海边的浪花，永不停息；是仲夏的骄阳，激情四射。学习让我们一直保持着对生活的热爱与向往，学习让我们从现实出发，接近希望。学习是架在现实和梦想之间的桥梁，我们手持学习这把宝剑斩断路上的荆棘，跌跌撞撞地走向黎明。

“知之者不如好之者，好之者不如乐之者”，享受这个过程，就能从中得到无穷的乐趣。在日常的学习生活中，我也在不断感受学习的乐趣。

在一次阅读活动中，我的任务是品析《骆驼祥子》中的京味儿。我觉得有些枯燥，京味儿不就是儿话音的北京话？不就是故宫长城？可我发现，我错了。我从作者入手。老舍，字舍予，原名舒庆春，被称为“人民艺术家”，为人幽默风趣……这让我有些好奇。

接着，我查到了一个有趣的故事。有人请教老舍怎样写诗，老舍说：“我不会写诗，只是瞎凑而已。”他当场“瞎凑”了一首：“大雨洗星海，长虹万籁天；冰莹成舍我，碧野林风眠。”他把八位文艺家的名字用20字“瞎凑”在了一起。看完，我情不自禁地笑了出来。“好诗，好诗！原来老舍先生这么有趣的吗？”我有些改观，不禁开始期待。

我开始探究作品里的语言特色。如高妈劝祥子放钱：“搁在兜儿里，一个子永远是一个子！放出去呢，钱就会下钱！没错儿，咱们的眼睛是干什么的？瞧准了再放手钱，不能放秃尾巴鹰。当巡警的到时候不给利，或是不归本，找他的巡官去！一句话，他的差事得搁下，敢！打听明白他们放饷的日子，堵窝掏；不还钱，新新！将一比十，放给谁，咱都得有个老底；好，放出去，海里摸锅，那还行吗？”高妈这番话干脆利落，是地道的北京话，她是真心在为祥子打算抑或别有用心呢？再往下读，那是刘四爷过生日的准备：彩屏悬上，画的是《三国》的战景，三战吕布、火烧连营、大花脸二花脸都骑马持着刀枪，棚里放八个座儿，围裙椅垫凳套全是大红绣花的，香炉蜡扦都是景泰蓝的，桌前放了四块红毡子……这些全都是北京的精致工艺物件，我应接不暇。迫不及待地再往下看，我不禁沉醉于北京别致的建筑：长安牌楼、新华门的门楼，南海的红墙都带上了素冠，配着朱柱红墙，静静地在灯光下展示着故都的尊严。原来，北京是这么美！在静默的四合院、喧闹的胡同里，有一群活泼可爱的孩子在玩闹，有爽朗干脆、能说一口地道的北京话的北京人在闲聊。他们幽默善侃、热心肠，多得是欢声笑语。我想尝尝豆汁儿，我想去热闹的庙会开开眼界，我想同孩子们玩抓羊拐，我想融入这个充满人情味儿的地方。这是多么有趣啊！看似严肃的文学作品里的文字也这么美妙，看似枯燥的作业也能令我看到一个前所未见的新世界！

我找到了学习的乐趣！从此，我喜欢钻进语文课本，与李白醉酒，陪张岱赏雪，听嵇康弹琴；享受在数字海洋里的遨游，与亚里士多德为友，与毕达哥拉斯探讨勾股定理。“书卷多情似故人，晨昏忧乐每相亲”，我喜欢在每个清爽的早晨，朗读英语课文；我喜欢在每个短暂的课间，捧一本书沉浸在自己的世界中；我喜欢在每个寂静的夜晚，挑灯苦战，研究有趣的数学题。我在学习的世界里找到了可爱的事物。

在对学习无限的喜爱之下，我找到了适合自己的学习方法。所谓“学而不思则罔”，乐学是航行的动力，善学是指引方向的罗盘。我给自己制定了计划，一月一个小目标；我把心仪的学校的照片做成卡片带在身上；我把对自己的赞赏、批评写在一抬头就能看见的地方，每当我筋疲力尽的时候都会看看它，然后扪心自问：“就只能这样了吗？”

兴趣是最好的老师。兴趣叩开新世界的大门，牵引我们参观每一处的风景。我们要做到快乐学习、学习快乐，学不至于乐，不可谓之学。所谓天才，只因热爱并不断为之努力。无论什么东西，你只要爱它够深，它终会道出自己的秘密。

（执笔：厦门十中初中2020级学生　肖嘉悦）

四、我懂得沟通合作是发展之力

我们正处在知识经济全球化、信息化的时代，社会更加复杂多变和具有不确定性。开放化、多元化发展的时代特征对个人自我的实现、人的核心素养、社会对人才的需求提出了更高的要求，异质团体的沟通与互动俨然成了时代发展下适应合作与竞争的需要。沟通与合作的素养自然也就成了 21 世纪全球都在关注的学生七大素养之首。可见沟通与合作素养作为一个人的重要素养对个人的成长是多么重要，以至于一个人如果缺乏沟通与合作，那他的世界是孤独与单薄的。其实这也容易理解，“人类天生是社会性的动物。”（亚里士多德）“人的本质是一切社会关系的总和。”（马克思）人从一出生呱呱落地开始就用那声啼哭宣告着和这个世界的联系，表达着与周围人沟通的意愿，寻求着他人的帮助，同时与自己形成合作，享受彼此拥抱的温暖。伴随着人的成长，沟通与合作也无处不在，与人交往，化解矛盾需要沟通；传达意思，执行要求，合作也在沟通中完成；甚至心灵交流分享，增进情感也需要沟通合作才能实现共情。对于学习来说，沟通与合作更是学习任务可以进行、目标可以达成的必要条件，自主探究与合作学习，在信息沟通顺畅的基础上才能实现彼此学业的共同进步和发展。

没有沟通就没有合作，没有合作就没有胜利。没有人能掌握人类全部的文化与技术成果，一个人的资源和力量与全社会的资源相比始终是单薄的，孤军奋战始终比不过众人拾柴，个人的力量加入群体发挥出的团队力量是会超越多个个体力量简单相加之和的，更何况一个人的思维局限，没有团队成员的合作互补、对话促进是很难有新的突破和发展的。集体的力量是强大的，集体的智慧是无穷的，一个人在一个和谐的团队中顺利发展，个人的学习力和竞争力也将在人与人的相互沟通与合作中实现共赢与提高。所以说，一个人可以走得很快，但一群人沟通合作能走得很远。一个沟通顺畅，彼此默契，协调一致的合作团队，是个人发展的强有力的依靠。

沟通是人与人之间、人与群体之间思想与感情传递和反馈的过程，以求思想达成一致和感情的通畅。它是一个人获得他人思想、感情、见解及价值观的一种途径，是人与人之间交往的一座桥梁，通过这座桥梁，人们可以分享彼此的感情和知识，也可以消除误会，增进理解。所以，沟通就是理解的交换，是意义的传递和理解。良好的沟通能力，能让人通过高阶认知技能处理问题，助其在学习和生活中取得成功。

合作是指两个或两个以上的个体结合在一起，通过相互间的配合和协调实现共同目标而表现出的以一种步调一致共同行动的综合素养。它往往与尊重、分享、团结、协作、共赢等词汇联系在一起。合作是提升跨个人能力进而发挥人类群体智慧、共创理想世界的重要保障。通过合作，团队成员才能在相互信任的基础上各展所能，建立共同愿景，提高团队的综合竞争力，进而促进团队不断发展和壮大。

沟通是合作的前提和基础，合作是沟通的目的和追求。我们在合作中通过沟通清晰地表达自我的观点，使他人更好地理解和接受；同时，在有效地识别和接收外界的信息及其意图中践行共同的目标，发挥各自积极的作用，提高团队整体的竞争力，实现共赢。

沟通与合作关系如此紧密，作用如此巨大，实现沟通合作的途径也就需要步骤清晰。

（一）要保证沟通和合作能够进行，学会倾听是基础

沟通合作是多人共同的活动，因此，信息的交流与沟通注定是双向互动的，学会倾听，耐心地听完对方的表达，捕捉准确关键的信息，积极地投入判断思考，领会对方的意图并选择合适的语言进行交流，合作才能有效地进行。尊重信任对方，理解对方的需求也是倾听不应忽略的内容。

（二）要提高沟通与合作的效能，换位思考是关键

每个人在合作团队中的角色都不一样，立场和角度也有差异，换位思考的同理心是将心比心，站在对方的角度一起思考问题，在全方位思考的过程中理性地解决问题。同时，换位思考还需要在捕捉全部信息的前提下理解认同对方，并能用别人能理解的方式让别人感受到他所不了解的问题，然后在统一标准的前提下宽容对方，并在达成共识的基础上共同完成合作的目标。

（三）要发挥沟通与合作的最大价值，优化分工是保障

每个人的个性特点与能力所长都各不相同，优化分工能保证个人能力发挥最大化并在负责的领域里独当一面。当每个人都负责任且高质量地完成自己作为整体的那一部分时，集合大家所成形成的目标也将超越预期的共同目标。各方智慧互相沟通分享后收获的集体智慧，是沟通与合作价值的最优化与最大化。

沟通，从心开始；合作，以心换心。沟通畅通，合作才能同步，发展才会共赢。

案例48：

❀成功之道

我们正处在一个开放化、多元化发展的时代，团体的沟通与互动成了时代发展下适应合作与竞争的需要，因此沟通与合作素养作为一个人的重要素养对个人的成长十分重要，以至于一个人如果缺乏沟通与合作，那他的世界是孤独与单薄的。对于学习来说，沟通与合作是学习任务可以进行、目标可以达成的必要条件。

沟通是人与人之间、人与群体之间思想与感情传递和反馈的过程，以求思想达成一致和感情的通畅。良好的沟通能力，能让人通过高阶认知技能处理问题，助其在学习和生活中取得成功。

合作则往往与尊重、分享、团结、协作、共赢等词汇联系在一起。通过合作，团队成员才能在相互信任的基础上各展所能，建立共同愿景，提高团队的综合竞争力，进而促进团队不断发展和壮大。

高一时，学校举办了一场生涯规划活动。周六足足一天的行程，包括了上午的游园活动，以及下午的职业体验课程。

午后，浅色的窗台被阳光分割。明亮的教室里，六个小组，每组五人面对面，正展开激烈的讨论……

从法的起源讲起，延伸至古代的律师地位，再到如今《少年的你》中隐藏的法律知识，最后，老师提出今天有一个环节：要我们在组内进行交流讨论。他也会提供给我们一些情境，让我们进行角色扮演。

共有六个小组，每组有五名来自不同班级的成员，本次课程，是以小组竞赛的形式开展的，而最终得分最高的小组，可以得到一份神秘礼包，我势在必得。讲课时，经过几次抢答，我为我们组抢占了先机。我早已被老师先前的一番话引得跃跃欲试，恨不得立马就能上手试试。

角色卡分发下来后，在法官、原告、辩护律师等角色中，我一眼就看中了律师的卡片，一心想着能够多表现自己，也没多思考，就对另外四人说："我想要律师，我先选好吗？"环视，有两人面露难色，只是嘴唇动了动，也没说什么。我只当不见，拿走了桌上最厚的那一叠资料到一旁翻看，思考着等下要怎样才能让自己表现得更加出色。在其他组员讨论时，我并不上前去。“待会儿你们只要照着这几句台词念就好了，剩下的你们不用管，我自由发挥就可以。”我说道，语气不免有些傲慢，“这次第一肯定是我们的。”说完，也没注意他们的反应，我就转身继续潜心准备了。

“好了，现在有哪个小组愿意上来给大家展示呢？最好的小组可以加十分，而最先的也能够获得额外加分。”听到这，台下纷纷躁动起来，我眼都亮了，抢先站了起来，其他几人在惊讶之后，也都慌慌张张地跟着站起来了。“可是，我们都还没排练过呀……”“没关系的，快点吧，你们只要配合我就行了。”我不耐烦地说道。只是，我们表现得确是有些不尽人意。好几次不是我抢了法官的话，就是证人不知道怎么接我的茬。演完后，我自己都尴尬得说不出话来。老师摆摆手，示意我们可以坐回去了。没想到会是这个结果，一盆冷水泼下来后，我那被气氛哄得发热的脑袋终于冷静下来。我反思后，觉得还是我们没有沟通好，也没有配合好，而其中我的问题不可忽视。认真反思过后，我不免有些羞愧，主动找上大家，有些别扭地说出了自己的想法，承认了错误，没想到的是，大家都不介意，还提出有两次机会，我们可以多排练几次。经过几次的讨论和排练，我们又找出了许多可以改进的地方，而在接下来的两次表演中，我们也的确让所有人大吃一惊。

最终，我们还是以超过第二名两分的优势占据了首位，我也如愿拿到了礼包。

这次的职业体验课程不仅让我丰富了课外知识，还让我学会了沟通合作。我懂得了，有一个团队很重要，有一个合作默契的团队更重要。我也明白了，在团队合作时，多多沟通交流，能够让我们的合作更加默契，不得不说，沟通合作是发展之力，更是成功之道！没有沟通就没有合作，没有合作就没有胜利。没有人是全能的，孤军奋战最终比不过众人拾柴，集体的力量是强大的。一个人在一个和谐的团队中顺利发展，个人的学习力和竞争力也将在人与人的相互沟通与合作中实现共赢与提高。

沟通合作是发展之力！

（执笔：厦门十中高中2020级学生　许雅琳）

案例 49:

❁沟通合作好处多

古人云:人心齐,泰山移。自古以来,在人类数万年的历史中,沟通与合作对人类的发展无疑起到了重要的作用,使人类屹立食物链的顶端。

其实沟通与合作说难也难,说易也易。在字典中,沟通顾名思义就是人们思想与感情的传递和反馈的过程,以求思想达成一致。而合作则是为达到共同目的,彼此相互配合的一种联合行动、方式。

沟通与合作在我们生活中无时无刻出现着,如果运用得当,无疑会使许多困难迎刃而解。

在上网课的时候,老师让我们自由分组制作《骆驼祥子》的微课,这就充分体现了沟通与合作的作用。只有大家好好配合、多多交流,才能又快又好地完成这项任务。我们先将成员组织在一起,讨论如何分配任务,大家你一言我一语地交流开了,经过大家共同的商讨,每个人都分到了自己的任务,有的负责收集资料、有的负责整理资料、有的负责制作 PPT、有的负责录制微课……

大家各司其职,有条不紊地将自己负责的部分做好,然后像拼接积木一样,将它们组装起来,微课就能够完成了! 当然,在具体制作的过程中也会发生一些难以预料或与计划不同的小插曲。比如,有的人想以祥子为主线讲述老北京的京味儿;而有的人却想采用模块分类的方法分别讲述老北京的京味儿。这里就要运用沟通的技巧,谁的道理足,就按谁的做。还有的时候大家的进度不统一,像资料筛选工作比较棘手,就需要一起合作解决这个麻烦。这时大家一起讨论的效果一定会比一个人绞尽脑汁好上许多,毕竟“众人拾柴火焰高”。这就充分体现了沟通合作的重要性,两者缺一不可。

无独有偶,这不老师又让同学们两两结成对子,互相帮助学习。由于两人的学习水平有些差异,所以老师分别给两人布置了不同的任务,帮助他们更好地掌握知识。学习较差的同学负责收集资料、制作课件并给同学们上课。而学习较好的同学则帮助他们检查资料是否有误,做一些补充。

这个过程自然少不了沟通合作。两个人要互相交流,用各自收集的资料取长补短,探讨如何取舍,这本身也是一种合作。

沟通与合作在我们生活的方方面面都有十分重大的作用,就像这次疫情,全世界 80 亿人众志成城、共同抗疫,无数医护人员奔赴一线,而其他诸多行业也义不容辞，持甲逆行，若这千千万万人彼此之间各自为营，拒绝交流沟通、互帮互助，如何能够与时间赛跑、与死神抢人，如何能够共同战胜疫情呢？

一个人的资源和力量与全社会的资源力量相比始终是单薄的，孤军奋战始终比不过众人拾柴。只有通过沟通与合作，才能传达出自己的真实想法，与此同时，在思维共享或碰撞的过程中产生新的火花，齐心合力，才可能真正发挥出个人的智慧与光芒，并逐渐汇聚微光，成为闪耀的星河。风云万变一瞬息，正处于快速发展时代的我们，更要善用沟通与合作这两件上天赐予我们的宝贝，在沟通的基础上达成合作，在合作的基础上迈向成功之路！

（执笔：厦门十中初中2020级学生　张俊昊）

五、我信赖知善行善是日常之功

“这个世界会好吗？”无疑，这个社会是会越来越好的，当知善行善成为每个人的思想和行为的共识时，这样的回答是轻而易举脱口而出的。其实从人性善恶之源分析，为善去恶也是人生常态。孟子说：“可欲之为善。”（《孟子·尽心下》）人生而有之的恻隐、羞恶、辞让、是非之心作为一种内在的道德禀赋与品质，“求则得之，舍则失之”，是“可欲”“可求”的，同时还可以由“心”外化表现为具体的善行。所以，孟子说的“人性善”传达的内涵是人人都具有积极向善的自然趋向和能力，每个人都自然地具有行善避恶的天性。为善的恻隐之心才会让人毅然跳入井中救出小孩。这一点和康德的“至善”道德法则、“无上命令”或“绝对命令”是一致的，人们在自由意志的基础上，出自义务或职责，自愿地执行道德法则。这样的行为之所以“至善”，就在于它是绝对的、无条件的，与任何爱好、愿望、需求、利益或结果无关，而只是为了服从道德法则。你见一个人落河，会义无反顾地跳河救人，是没有其他理由的，因为这个无上命令是不允许你考虑任何外在因素的。

“善好乃万物之所向（或所欲）。”“每种技艺与研究，同样地，人的每种实践与选择，都以某种善为目的。所有事物都是以善为目的的。”（亚里士多德《尼各马可伦理学》）每一种事物的自然所向即是善，万物合成的共同所向也是善。橡树种子要长成橡树，这是橡树的善。芸芸万物组成的宇宙，有个总体的方向，整个大宇宙有个大善。王阳明说：“无善无恶心之体，有善有恶意之动，知善知恶是良知，为善去恶是格物。”心即是理，心外无事、心外无物。欲望起善恶起，良知被遮蔽，所以要“格物”，要“致良知”，才能为善去恶。所以，善恶本身并无过错，人才是为善作恶的本源，“故善恶非对待之物也。”(梁漱溟)唯当人求善，生活才是可理解的、有意义的。唯把一件事情做好的努力，才使得目的与过程内在地联系在一起，才使得目的赋予整个过程以及每一步以意义。知善行善才会把善赋予生活——日复一日的生活过程——以意义。

如此，这个社会会变好！知善行善是最简单的理由！

当然，善的字源阐释也是另一种美丽的理由。会意字“善(譱)”，字形“从羊，从言”。羊大为美，《说文解字》中又将“羊”释为“祥”，“祥，福也。”可见，从羊的性情温顺与其健美的外形来看(羊作为一种食草动物，其最大的特点是温顺与犄角内弯，即使同类之间产生冲突和矛盾，它们也不会杀死对方)，作为中国的吉祥物是符合人们的认知与情感需要的，这一点，从好多寓意美好的汉字都与“羊”字有关之中可以看出来。如吉祥的“祥”字右半边是“羊”字，美好的“美”字、仁义的“义”(義)字的上半边是“羊”字，都说明了这一点。“言”，《说文》中解释说，“直言曰言，论难曰语”。清代段玉裁在《说文解字注》中说：“言，言己事，为人说为语。”那么，从字面意思上来讲，善就一定与个体的经验相关。也就是说，善只有被个体感知到并且能促使个体向外道说，才能称得上是善。

同时，许慎在《说文》中又把“吉”解释为善。“吉”本义就是要把武器放到盛放武器的器具之中，不去使用，意味着不起争端，没有战争。那么，“善”因此就意味着个体在享用好东西(羊)的时候，不会跟他人产生纠纷，引发争斗。也就是说，“善”即是“和谐，和平”。

由此，为善为的是可以和这个世界的一种良性的运行状态或者我们人类的一种美好的生存状态相匹配。这样，社会因人人知善行善而美好就顺理成章了。

当“知善”有了最充分的理由时，“行善”也就成了一种道德的行动自觉，落在生活的每一个细处：学习上，主动为他人答疑解惑，借书于他人并指明课上笔记，别人考试失败而心情低落时及时送上安慰与鼓励；衣食住行上，为贫苦地区孩子捐出衣物，珍惜粮食并为饥饿的人送去温暖，为烈日中辛勤的工人送去清凉，主动为流浪的小动物安一个温暖的家，遵守交通规则不给社会添麻烦，为公交车上需要帮助的人让座，等等。只要我们的言行举止对社会有益，对他人无害，不存私心，不夹带利益，自发积极地去做就是最大的善，传播出去的就是社会正能量。

“勿以善小而不为”，知善行善作为日常之功，虽有大小之别，但无高下之分，只有有益无害之共性，所以，我们不以世俗之标准来评价为善之心血、代价和影响力。只要行善，都是值得提倡和支持的，一点一滴的小事之中也有大大的善意，积小善，成大德，日久之功收获的是个人道德修为的提升与个人幸福的满足，正所谓“赠人玫瑰，手有余香”，就是这个道理。

行小善也能积大善大德，关键在于持之以恒、不忘初心。毛泽东曾说：“一个人做点好事并不难，难的是一辈子做好事。”好事就是善事，做好事就是行善，一辈子做好事就是持之以恒地把内心的无私与奉献表现出来，坚持，心无旁骛地付出与实践。“乐善好施”是我们的优秀文化传统，坚持做下去自然会有久久为功之大效用，社会自然也会实现充满正能量的和谐与美好。

“善”即“吉祥”“美好”“圆满”“满足”。德性之善就是幸福，幸福就是最高的善，幸福的生活就是一种知善行善的生活方式，也是我们每天都要实践的日常之功。

案例50：

❁人间小温

人之初，性本善。善，世间最为可贵的品质。它就像一缕阳光，温暖着自己，也温暖着他人。它是具有传递性的，即使再平凡的人也能及时行善，乐于助人，传递温暖与快乐。知善行善，可谓是人间小温啊！

每年的3月5日，学校总会举行纪念雷锋的活动。雷锋就是一个热心帮助他人的典范，他总是热心地帮助他人，不留名字。这种行为在当时是值得称颂的，现在更是难能可贵的。当今社会，许多人都生性冷漠、自私，对大多数需要帮助的人视而不见，甚至还出现碰瓷等恶劣行为。该帮还是不帮？这成了当今社会普遍存在的矛盾，导致现在很多年轻人对疑似摔倒的人都有所防备，这是值得深思的！要抛开疑虑在众目睽睽之下帮助他人，怕是真的很难迈出这一步。这种善良正直的人本就很少，敢于迈出这一步的更是少之又少，但正是他们在源源不断地向世人传输着一丝丝温暖，让人们温馨快乐着。

当善良成为生活里的一种习惯的时候，快乐就像涓涓细流，不断在心头涌现，愉悦自己，也快乐他人，更感染社会。在学校“文心化行”的潜移默化下，我觉得知善行善是一种极好的行为，不是有一句古话“勿以善小而不为，勿以恶小而为之”吗，因此，我常常竭尽所能，热心地帮助他人，给予他人温暖。

放学，夜色朦胧，我漫步在放学路上。车水马龙，不远处的几座高楼大厦五彩斑斓，时不时和同学闲聊几句，有说有笑，很是快乐。就在这时，我和同学瞥见了一位行为慌张、眼神涣散无神的中年妇女捂着肚子走过去。细心的我们观察到了这一点，没多想立刻跑过去询问她怎么了。

“小朋友，没……没什么事，咳咳……就是肚子有点不舒服。咳咳咳……”这位阿姨边捂着嘴咳嗽边解释，随即不安地看向手心，却发现似乎有一些红黑色的不明液体附着在手上，她连忙加大迈动的脚步。我们连忙拉住她道：“都这样了，还说没事，要不带您去医院看看吧。”“不，不……用。”话音刚落，她便有气无力地昏厥了过去。一瞬间，我俩着急了起来，我赶紧招呼同学打120。她就这样倒在了路边，嘴边还流着许多血……

灯火通明，车水马龙；左右徘徊，忐忑不安；嘈杂的车声，人的脚步声、交谈声不绝于耳。我和同学急得就像热锅上的蚂蚁，汗流浃背。救护车怎么还不来呢？这时好奇的人也开始不断地聚集起来了，七嘴八舌地议论起来。我们紧盯着脸色发白的阿姨，直到人们询问缘故，才回过神来解释。人们都大吃一惊，也十分热心地照看这位可怜的阿姨。

汽车喇叭声连绵不断，催促着前车，也仿佛催促着救护车的到来，我们更加焦灼起来。正当我们反复察看阿姨的状况时，盼望着盼望着，救护车的鸣笛声终于响起来了。这时我们悬着的心才放下，把阿姨送上救护车，直到救护车的尾灯消失在夜色中，我俩才安心离开。

没过几天，一个本地的陌生电话打了过来，竟是阿姨他们一家向我和那位同学道谢，我赶紧解释道，这是我们应该做的。原来，他们通过医院查到了我们的电话，真是太令人感动了！

自此，在丰富多彩的校园生活中，我也常常热心地帮助老师同学，因为帮助他人不仅使别人感到温暖，还能一点一滴地收获自己幸福的果实呢！生活中处处有与人为善的时候，行善积德，难道这不是一种提升自我修养的好方式吗？

行小善也能积大善大德，关键在于持之以恒，不忘初心。好事就是善事，做好事就是行善。“乐善好施”是我们的优秀文化传统，也是学校“文心化行”中重要的一条，只要坚持做下去，就会影响更多的人身体力行，社会自然就会实现充满正能量的和谐与美好。

啊！种下善良，收获感动！与人为善，乐善好施，一起传递人间小温吧！

（执笔：厦门十中高中2020级学生　叶卓航）

案例51：

行善无小事

《三字经》中记载“人之初，性本善”。“善”是人的本性，自古以来便是一种美好的品性。若是人人都能够将“善”作为自己道德上的行动自觉，落在生活中的每一个细节，便能够将小美好传播成为社会中的巨大正能量。

善，首先要拥有一颗善良的心，一颗勇敢的心，一颗乐于助人的心……在校园里，我们处处能够看到热心同学做的各种善事，如在同学大汗淋漓地跑进教室时递给他一张纸巾或倒给他一杯水，在同学遇到难题时耐心地给他讲解，在老师繁忙时主动帮忙做一些力所能及的事……

记得一次运动会期间，天气非常炎热，树上知了叫个不停，学校门前柏油路被照得金光闪闪，大部分同学都躲在帐篷里不敢出去，这时有一位家委自告奋勇要给我们送冰镇水果解暑，其他家长看到后也纷纷效仿，送来了各种饮料、面包，等等。行善，才能把善传播出去，让更多的人去行善，这样世界才会充满善。

去年期末考试后临近春节，大街小巷都张灯结彩，充满了年的味道，老师笑着说道：“春节到了，我们的校园也该美化一下了！”话音刚落，同学们欢欣鼓舞，纷纷忙碌起来：有的把教室天花板上的吊扇擦得一尘不染；有的把“缺胳膊缺大腿”的桌椅修整得崭新如初；有的把教室每一个死角都打扫得干干净净。教室瞬间变得焕然一新。

我也是班级的一分子，也应该为班级做点贡献吧！春联是春节必不可少的点缀，承载着我们中华民族的文化底蕴和历史传统，若能以此来传承中华优秀文化，以浓浓墨香为校园增添喜庆和乐的氛围，也不失为一大善事呢！于是我写了一幅激励同学学习上进的春联贴在教室门口，虽然无法写得笔走龙蛇，但老师和同学都赞不绝口，有的同学还投来羡慕的目光并说他也要学会书法，这样家里的春联就可以自己动手写了，这是一件多么有意义的事啊！尽管这只是一件小事，我却感觉完成了一件“大事”，充满了巨大的成就感,也希望这种善能传递给更多的人。

“勿以善小而不为”,行善无小事,只要是行善,都是值得提倡和支持的,一点一滴的小事之中也有大大的善意,积小善,成大德,日久之功收获的是个人道德修为的提升与个人幸福的满足。正所谓“赠人玫瑰,手有余香”,让我们从小善开始做起,将善良传播到世界的每一个角落,相信世间会变得更美好!

(执笔:厦门十中初中2019级学生 孙俊鑫)

六、我明白劳动运动是生存之技

生存是个问题吗?当这样的发问在我们学生中被问起时,坐在窗明几净教室里读书的我们,大多数都能给出不经思考就能做出的答案:“生存对我们来说当然不是问题。”也确实如此,我们这一代人是幸福的,生长在和平发展的幸福时代,经济发达,物质丰富,生存仿佛是上天对我们的眷顾,从不让我们操心,我们只要把书读好就行了。但是,当“读书是为了什么?”这样的问题出现时,或许“读书是为了更好地生存和生活”就成了大多数人的共识。生存问题就蜕变成了一个需要我们审慎思考后应该认真对待的问题。如此,生存的技能也就自然而然地摆在了我们的面前。要生存,就得先具备一些基本的核心的技能,不是吗?

(一)劳动

“劳动”是人类利用各种生产工具改造自然、支配自然、征服自然,从而实现对自然的占有和利用的有目的的活动。这和马克思对劳动的阐述“劳动首先是人和自然之间的过程,是人以自身的活动来引起、调整和控制人和自然之间的物质变换的过程”是一致的。劳动是人类特有的(而不是其他动物的)基本的社会实践活动,是人类社会生存和发展的基础,是人维持自我生存和发展自我的唯一手段。人类的生存离不开其赖以生存的客观世界,既要依靠客观世界提供的自然资源,又要通过劳动改造客观世界来创造生存的物质基础,这是我们生存和发展都必须努力付出的生命运动。在此意义上,人的生存主要是物质性的问题,劳动创造生存的条件,不劳动者不得食,不劳动生存便无法持续。所以,劳动作为生存的首要技能,是生命延续的重要前提(生存的停滞就意味着生命的停止)。“它是一切人类生活的第一个基本条件，而且达到这样的程度，以致我们在某种意义上不得不说：劳动创造了人本身。”（以上均出自《马克思恩格斯选集》）

通过劳动，人在改造自然的同时也改造人本身，不仅丰富了物质基础，也发展了精神文化。也就是说，人在与客观世界进行创造性劳动时还担负着如何“塑造自我”的任务。在劳动的过程中，为了更好地对抗客观世界生存下来，个体的潜能不断地被激发并从中走向成熟。由此可见，人类的生存与发展虽然通过劳动依附于一个物质的世界，但在深层领域上，却负担着一个如何发掘人的生存观念、创造优越的精神家园的长期性的斗争任务。所以，劳动不单单只为生存而存在，还为人类文明而存在。劳动也就超越了创造“生存世界”的意义而实现了创造“生活世界”的价值。

（二）运动

运动（这里特指体育运动）则是人生活的一种重要方式，是个人保持生命得以生存的前提，是为了满足人的精神需要和实现自由个性而展开的各种身体活动形式，它已经超越了以维持身体存在为目的的功利性的劳动活动而成为人的自我本质的非功利性展示活动。它主要以发展自身体质和身心快乐、精神自由为主要目的。

“生命在于运动”，运动作为劳动的一种特殊方式，是人健康成长的重要保证，是生存之外生命的自由个性选择。野蛮其体魄，强健其精神，运动对于人的生存和发展有着不可替代的重要作用。野蛮体魄，人在运动的过程当中，身体的结构会随着运动而变化，促进新陈代谢，增强身体素质。强健精神，运动时产生的多巴胺、血清素和肾上腺素，这些重要的神经传导物质都能够提升一个人身心的积极因素，让一个人更有活力。不仅如此，运动还能改变你的大脑，改善你的注意力，发展你的身体灵敏性和平衡力。同时，运动的过程中面临的各种困难和挫折，这些日常生活难得的身心体验，对提高和磨炼人的意志品质具有重要效用。所以，运动不仅能让你青春依旧，还能让你的工作学习更有效率，更有活力。工作学习之外，运动也应成为生活中人存在的常态。综上，在劳动基础上发展而来的运动不仅是一种生存技能，还创造着属于个人的自由个性，成为人发展的真正目的所在（物质之外的精神文化生存需求）。

生存是对生命的眷注，发展也意味着对人的生命的扩展或提升。劳动与运动创造的生存之境，从来都不是一个纯粹形而上学的理论演绎，而是一种实实在在的实践性很强的行动意识。实践内化的劳动运动形成的生存之技，才能真正常伴左右，受益终身。

劳动实践，从身边的小事一点一滴做起。我们是幸福的一代，但不应成为家庭不劳动的“宠儿”。体力劳动，“夙兴夜寐，洒扫庭内”、洗衣叠被、家务劳动都应成为个人的分内之事，自发自觉去地行动。精神劳动，读书学习都应主动自觉、自主认真，不为家长、不为老师，只为自己生存生活得更好而奋斗。“民生在勤，勤则不匮”，劳动是财富的源泉，也是幸福的源泉，热爱劳动更是中华民族的优秀传统。劳动是你生存的必备技能，需要你我日日笃行，持之以恒。

运动锻炼，循序渐进，日积月累，科学运动，坚持不懈。运动强健身心从来都不是一蹴而就的，定好计划，明确目标，安排好时间，选择好运动方式，设定好运动量，适合自己有规律的运动才容易出成效。讲究方法，循序渐进，盲目跟风只会适得其反，选择自己喜欢的，掌握科学的锻炼方法，合理的运动才不至于损伤身体，有害健康。养成习惯，贵在坚持，运动需要决心和毅力，“三天打鱼，两天晒网”的运动，积累的效果也会得而复失，持之以恒的坚持，锻炼才会成为一种自发的习惯，变成一种精神的享受，乐在其中。

习近平总书记说：“一切劳动，无论是体力劳动还是脑力劳动，都值得尊重和鼓励；一切创造，无论是个人创造还是集体创造，也都值得尊重和鼓励。”劳动是个人的生存基础，也是时代的发展要求。劳动最光荣，是我们主观的能动实践。柏拉图说：“体育应造就体格健壮的勇士，并且使健全的精神寓于健全的体格。”“流水不腐，户枢不蠹”（《吕氏春秋》），万物流动、运动，生命才会持久，才会充满生机活力。

走向德、智、体、美、劳全面发展的我们，劳动与运动的生存之技，存在并发展着！

案例 52:

※向上奔跑，向下扎根

“追风赶月莫停留，平芜尽处是春山。”

——题记

培根说：“深窥自己的心，然后发觉一切的奇迹都在你自己。”如是也，生命不息，运动不止。“生命在于运动”，运动作为劳动的一种特殊方式，是人健康成长的重要保证，是生存之外生命的自由个性选择。野蛮其体魄，强健其精神，运动对于人的生存和发展有着不可替代的重要作用。哪有什么天生的与体育无缘，只不过是给自己的懒惰找个借口而已。在我这儿，运动从未成为我的负担，前方的终点处永远是我筋疲力尽后还想冲刺的目标。运动早已融入我的生活，不可分割，运动的精神亦时刻指引着我要向上奔跑，向下扎根。

我珍惜每一次运动的机会，无论长短。

我仿佛这辈子天生与长跑结缘，这倒不是自我感慨，而是源于周围朋友的评价，或许是看到我连续两次荣获高中女子组3000米的桂冠。每当听到这些评价，我没有太多的兴奋，有时反而觉得，将一切归功于“缘分”，这样的评价埋藏了太多背后的汗水。

犹可记，高一运动会前夕，我没日没夜地疯狂训练，在繁重的高中课业里，抽出些许时间备赛。每天下午放学后，我总要先去鲜红的塑胶跑道上掐着表跑个七八圈再吃饭。时值九月，奔跑时的风并没有为我带来丝毫清凉，但飞奔的速度让我感受到了挣脱学习束缚的快意。晚自习结束，我会再去操场跑个三四圈。后来，我加大训练强度，尝试着跟上男同学的速度，到底是没跟上，但也不断超越了自己原来的成绩。最后令我大吃一惊，可曾想，那位男同学竟是男子3000米的第一名！

我享受每一秒的坚持，无论结局。进入十中这几年，我好几次从广播中听到十中运动健儿在市运会取得好成绩的消息，每每热血沸腾。他们的运动精神感染着我，鼓舞着我，坚持下去。

的确，正如大家所想的那样，3000米对于普通女生而言不好跑，难就难在时时刻刻把握住呼吸的频率，难就难在最后几圈的坚持，难就难在最后的冲刺。明知道只有几个人报名，为什么还要跑？我也不知道。我只是觉得，人生该多点体验，多点参与感。私以为，与其吐槽学习的枯燥，不如主动获取快乐的体验。比赛时，我不会去想背后有多少人在竭尽全力地追赶我。距离一尺，秋叶不止，只要我竭尽所能，我知道，我一定不会输。而每一圈过去，同伴们的呐喊，都为我注入了更多的动力。我想，如果我再努力一点，就能够为团体贡献一份属于我的力量。正如此，体育带给我的成就并不仅限于运动会，还在接下来的学习中、生活中。每当遇到各种挑战时，我记着，一定要坚持，再坚持，一切难题都会迎刃而解，大不了从头再来，正值青春年少的我何惧失败！带着奋斗不息的十中运动精神，我将会在赛场上继续奔跑，在考场上不断超越，在生活中不断扎根，在未来努力前行！

运动就像一位智者，不显山不露水，没有热切奉谀，只静默立着，便知是你一生中再也无法隐去的春山。每一次奔跑，也是每一次扎根。无数次掐表重来，旧成绩依旧是创造新成绩的动力。我虽不是体育生，却也因自主的锻炼感受到了运动的魅力，运动的精神。汪曾祺有言：“不去想身后会不会袭来寒风冷雨，既然目标是地平线，留给世界的只能是背影。”我想，将运动精神融入人生，大抵也是如此吧。我们不畏荆棘的锋芒掐表重来，不畏惧波涛的汹涌向上奔跑，秉着踏踏实实的原则向下扎根，既然选择了远方，便只顾风雨兼程！

（执笔：厦门十中高中2019级　施丽瑗）

案例53：

❀篮球架下挥舞的扫帚

马克思曾说：“不劳动者不得食”。在我看来，劳动是作为生存的首要技能，是生命延续的重要前提，甚至可以说是一切人类活动的第一个基本条件。而我们学校也把劳动教育列为每一个学生的必修课程。

“同学们，今天是咱们每周一次的大扫除日，拿好你们的劳动工具，我们出发！”班主任的声音刚一落下，班干部快速地把同学们的分工名单整理出来，部分同学安静地留在班中，十来个同学下楼去场地打扫，一切都那么秩序井然、默契十足。

秋末的阳光是和煦的，柔柔的余晖铺满整片篮球场，橘色调的氛围让我们置身于校园特有的温暖中。作为劳动委员，我开始指挥着同学们分工合作。

“来！一个女同学跟我一起‘打头阵’，我俩先把零碎的垃圾扫成一堆一堆的小垃圾堆，然后几个男同学把小垃圾堆弄一弄装进垃圾袋里，咱们先把篮球场扫完再扫跑道，记得分类哦，这样的安排可以吗？”

“可以！”“可以！”

“好，那就开始吧！”

十来个穿着校服的少男少女们，在篮球架下努力劳动着，这是青春的身影，这是青春的证明，这亦是青春的印记。我和那个女同学把零七八碎的落叶送回了“家”，不过片刻工夫，篮球场上就冒出了好几个“小山丘”。忽然，不知是不是秋风调皮，“呼”的一下把“小山丘”吹得“支离破碎”，我一下子急躁起来。

“没事没事，那就再扫一遍吧，不急不急。”小张轻轻地说道。

我深吸一口气，重新拿起扫把，认真地再次执行我的任务。

我发现，在劳动中我慢慢磨炼了自己的脾性，学会了协调与合作，身为劳动委员，更是学会了统筹与安排，而这些是在书本上没有办法获得的。慢慢地，对于劳动我不再逃避、抱怨，反而渐渐地乐在其中，想要完成得更好，享受打扫之后的那份洁净。

“呜！终于完成了！”我抬起手臂抹了一把汗，把手撑在膝盖上，微微气喘。

“呼哧呼哧……”十几个人影如风一般在整片球场徘徊，待他们集合在楼梯上时，篮球场早已“一贫如洗”——一片落叶也找不到。我们你看看我，我看看你，会心一笑，朝着教学楼的方向走去，身后是一片洁净的校园。

“纸上得来终觉浅，绝知此事要躬行。”每次的大扫除都让我在繁忙的课业中找到了一个实践的机会，一个理论和劳动的楔子。在这个楔子中，我再次明白了这个道理：劳动是生存的首要技能，亦是我们认识这个世界的一条重要途径。我想，这也是学校想要带给我们这些学子的理念：不仅仅是做一个只会读书的孩子，更应该做一个德、智、体、美、劳全面发展的新时代少年！

（执笔：厦门十中初中2020级学生　田菁茹）

七、我熟知诚毅礼貌是处世之道

人生短暂而平凡，人类如此渺小，以至在人类文明发展的历史长河里只是沧海一粟，肉体终将会灰飞烟灭，只有精神品质能为人类文明留下一点斑驳的记忆，那是一个人生存发展的精神依托，为人处世的基本原则。这些精神品质历经岁月的沉淀，早已内化为文化中的优秀传统，伴随着人类的发展，不断继承与发展，不管经济如何发达，技术如何先进，时代如何更迭，这些岁月凝聚的德性品质都不会轻易改变，都是每个时代、每个公民需坚守的人生准则与价值观。诚毅、礼貌就是其中重要的内容。

（一）诚

“诚，从言，成声”，有真诚、诚信、真实之意。其核心意思是“真”与

“信”。《说文解字》:“诚,信也。”《康熙字典·增韵》:“诚,纯也,无伪,真实也。”“诚只是一个实。”“诚意,只是表里如一。”(朱熹《朱子语类》)“诚者,天理之实然,无人为之伪也。”(《张子正蒙注·诚明篇》)这些“诚”的意义可以在张岱年理解的《易传》中的“修辞立其诚”中得到全部阐释。张岱年认为,“修辞立其诚”中的“立其诚”包括三层含义:“一是名实一致,二是言行一致,三是表里一致。”名实一致,就是真;言行一致,就是信;表里一致,就是实。所以,“诚”作为一种先验的道德品性,是一个人为人处世的“人之道”。所以,“诚之者人之道也。”(《礼记·中庸》)“诚之者”要求人的言行、表现等与道德原则是一致的,一切行为都要符合道德的要求。

在具体的生活过程中,践行诚,首先要真诚真实地表达内心的感受,不隐瞒,不自欺,强化自身的道德自律性,问心无愧,诚以待人。“所谓诚其意者,勿自欺也”(《大学》),而且要“反身而诚,乐莫大焉”(《孟子·尽心上》),不断地在道德修养中反思自己,在真诚的内省中收获快乐。其次,“诚者,自成也。”(《中庸》)诚是一种天然之物,自然实在于日常生活之中,让诚成为生活中一种内心深处和外在行动的自然自发,日日修为,日日施用,就是养心,就是行仁,就是义举。所以,荀子说:“君子养心莫善于诚,致诚则无它事矣,唯仁之为守,唯义之为行”(《荀子·不苟》)。最后,“言必行,行必果。”(《论语·子路》)言出必行,信守承诺,不管是“与朋友交,言而有信”(《论语·子路》)还是“与国人交,止于信”(《大学》),诚信都应成为个人需遵守的伦理道德规范、社会契约准则,在社会交互规则中充分尊重和践履。如此,一个人的赤诚之心,才能实现“精诚所至,金石为开”的德性升华。

(二)毅

“毅,妄怒也。一曰有决也。”(许慎《说文解字》)“凡气盛曰妄。一曰毅、有决也。《中庸》曰:发强刚毅。《左传》曰:杀敌为果,致果为毅。苞注论语曰:毅、强而能决断也。”(段玉裁《说文解字注》)所以,概而言之,“毅”有刚强、果敢之意。具体到人的道德修养,“毅”的内涵是个人刚毅、果敢、坚韧的气质和性格以及勇于做出道德选择和判断的能力。

“曾子曰:‘士不可不弘毅,任重而道远。仁以为己任,不亦重乎?死而后已,不亦远乎?’”(《论语·泰伯》)儒家士大夫以“弘毅”为精神力量和道德品质,追求“仁”的远大理想。这对我们青年为人处世,奋斗进取有重大的启示意义。它可以是我们如何立于世的品质要求,也可以是实现自我的必备要素,还可以是我们对待人生的一种观念和态度。这对处于青春“迷茫期”的我们,具有拨开云雾见青天的指引价值。

每个人在实现目标理想的实践中总会遇到困难,坚定的意志力体现出来的坚韧、果敢、刚毅的精神力量和道德意志品质,是我们一生都要努力践行与修炼的。具体到为人处世的道德行为实践,“毅”的达成需要具备几个要求:首先要有坚定明确的志向,没有志向,目标缺失,奋斗的过程就会没有坚定的信念,坚韧、刚毅、果敢的品质也就无法生根发芽。其次要有百折不挠的决心和勇气。“折而不挠,勇也。”(《荀子·法行》)咬定志向不放松,敢于经受磨难,不退缩,越战越勇,屡败屡战,无怨无悔。最后还要有过人的胆识和创新精神。《中庸》有云:“发强刚毅,足以有执也。”奋发的过程需要有过人的胆识与创造力,敢于决断大事,不畏首畏尾,瞻前顾后。如此,“毅”的德性才能以“仁”为己任,立己达人。

(三)礼

“礼,履也。所以事神致福也。”(《说文解字》)本义是击鼓奏乐,奉献美玉美酒,敬拜祖先神灵,引申为尊敬、厚待、敬重的态度、言行等。“辞让之心,礼之端也”,“恭敬之心,礼也”(《孟子》)。在孟子看来,礼貌就是恭敬辞让之心,是表现在人的言行举止、神态体态上的一种与人和谐相处的方式。

以礼待人是为人处世基本的道德规范,是一个人区别于动物存在的标志。“不学礼,无以立”(《论语·尧日》),“人无礼则不生”(《荀子》),“使人以有礼,知自别于禽兽”(《礼记·曲礼》)更是处事成事的保障,国家安宁的前提。“以仁存心,以礼存心”(《孟子》),“人无礼不生,事无礼不成,国家无礼不宁”(《荀子》)。由此可见,礼在社会生活中的作用不言而喻,它使一个人安身立命、做人成事有坚实牢靠的道德根基,是一个国家和民族内在的精神文化素养的呈现,是中华民族内化的文化基因。中国素有“礼仪之邦”之美誉也源于此。

礼的精神内核是“敬”。礼貌的行为表现首先体现在待人尊敬上。不仅是对他人、对施礼对象的尊敬,更主要是对自己人性尊严和人格尊严的尊敬。以谦敬礼让对待他人,有礼有节,不失礼于他人,遇事“礼之用和为贵”,“敬而无失”(《论语》)。以自尊对待自己,“君子不失足于人,不失色于人,不失口于人”(《礼记》),自重、自爱,不夸夸其谈、妄自尊大;不向人献媚而自取屈辱;不迁怒于人以泄私愤,如此才能“敬人者,人恒敬之”(《孟子·离娄下》)。其次,以人为本,平等待人是关键。《弟子规》讲:“勿谗富,勿骄贫。”不谄媚富人,也不轻视穷人。人虽有地位高低、财富多寡,甚至智愚之别,但在人格上每个人都是平等的,都有自己的尊严,都应该受到尊重。平等待人是在一视同仁地对待每个人、维护彼此尊严的同时,实现“己所不欲,勿施于人”(《论语·颜渊》)。最后,要规范日常生活中的言行举止,养成知书达礼的君子风范。《礼记·冠义》讲:“凡人之所以为人者,礼义也。礼义之始,在于正容体,齐颜色,顺辞令。”只有做到仪表体态规范、言行举止得体、态度端庄谦和,礼貌才算真正完备。

为人处世,立命修身。儒家之仁,允执厥中。正心诚意,弘毅道远,恭而有礼,敬守“五常”(仁、义、礼、智、信),履行“八德”(孝、悌、忠、信、礼、义、廉、耻),志诚君子,是为天道。

案例54:

文心化行

——讲文明有礼貌

中国素有“礼仪之邦”的美誉。礼在社会生活中的作用不言而喻,它是一个人安身立命的道德根基,是一个国家和民族内在的精神文化素养的呈现,是中华民族内化的文化基因。

以礼待人是为人处世基本的道德规范,是一个人区别于动物存在的标志。礼的精神内核是“敬”。礼貌的行为表现首先体现在待人尊敬上。不仅是对他人,对施礼对象的尊敬,更主要是对自己人性尊严和人格尊严的尊敬。

一个发传单的“老大妈”站在学校的门口。

叫她老大妈是再恰当不过了。一身朴素的外衣,破旧的裤子,那张历尽沧桑的瘦脸上爬满了密密的皱纹。大妈有点矮,没我高。只见她那只又黑又脏的手紧紧地握着一摞广告单。

从她那身“华丽”的行头上,我仿佛能看到她窘迫的生活,就像鲁迅笔下的孔乙己!

她静静等待着学生陆陆续续地走出,再小心翼翼地凑上去,递上一张颤动着的传单,接着向下一个走去。

有的同学家境很好,渐渐地,便变得骄纵起来,总把自己的地位看得比别人高,这位同学便是这样,大妈向她递来一张传单,可她却理都不理。大妈见了,只好尴尬地收回纸。

庆幸的是，只有少数同学摆“架子”。有些同学就算不要，也会摇摇手或者说一声：“对不起，我不要。”这样大妈就不会发给他们，心情也不会十分沮丧。

“对不起，我不要。”这是一个有礼貌的回答，也是对他人的尊重。这告诉我们，做人要有礼貌。在我们的语文课上，老师教育我们，我们国家自古就是个“礼仪之邦”，在我们的校园，礼貌待人更是一项基本素质，老师对学生亲和友善，学生尊敬老师，……师生和乐而有礼。

想起小时候，父母总让我们学会打招呼，看见叔叔就叫叔叔，看见阿姨就叫阿姨，听他们说这叫礼貌。当时也不懂，只知道见了陌生人就要叫，一开始觉得很麻烦，后来也就习惯了。直到现在，我也不曾忘记那时的事。

从书上看到，名人都十分注重礼貌。歌德说：“一个人的礼貌是一面照出它的肖像的镜子。”孔子说：“礼之于人，犹酒之有糵也。”培根又说：“人们的举止应当像他们的衣服，不可太紧或过于讲究，应当宽舒一点，以便于工作和运动。”由此可见，无论是中国人还是外国人，都十分注重自己的言行举止——礼貌！它决定了你在他人眼中的形象与地位。如果你举止优雅，待人温厚，那么别人也会尊敬你，对你以礼相待；如果你举止粗俗，满嘴脏话，那么别人就不会尊敬你，甚至会不想见到你！

想到这里，我走了过去，接下了那张广告纸，同时，我也递上了礼貌。

是的，人虽有地位高低、财富多寡，甚至智愚之别，但在人格上每个人都是平等的，都有自己的尊严，都应该受到尊重。平等待人是一视同仁地对待每个人，维护彼此尊严的同时，实现“己所不欲，勿施于人”。我们要规范日常生活中的言行举止，养成知书达礼的君子风范。只有做到仪表体态规范、言行举止得体、态度端庄谦和，礼貌才算真正完备了。

（执笔：厦门十中高中 2019 级学生　邹扬）

案例 55：

处世之道

人生短暂而平凡，不过数十年。人类是如此渺小以至在人类文明发展的历史长河里只是沧海一粟。肉体终将会灰飞烟灭，唯有精神品质能为人类文明留下一点斑驳的记忆，那便是一个人生存发展的精神依托，为人处世的基本原则——诚毅礼貌。

"人而无信,不知其可也。"诚信是做人的根本,一个人若失去了诚信,就如无根之树,无源之水。现如今,社会上有许多企业为了一己私利,以次充好,抢占市场。还记得,以无数小生命的健康为代价的三鹿奶粉吗?这血淋淋的教训给多少家庭带来了无法弥补的伤痛啊,最终,该企业也只能"自食恶果"。可见,一旦失去消费者的信任,这些企业也只能一步步走向毁灭。我记得,北京同仁堂门口挂着这样一副对联:"炮制虽繁必不敢省人工,品味虽贵必不敢减物力"。为什么同仁堂会成为中国老字号?这亘古长存的"店训"正是它百年长兴的缘由。这百年老店靠的是诚信,赢的是口碑。在我们的校园中亦要做到诚信至上,犹记得"先锋杯"篮球赛时,年段有位同学为了夺冠,起了犯规的念头,通过一些违规的手段来取分,一推一搡,这细微的小动作,可逃不过观众席上所有同学的眼睛。最后,这位同学不仅输了比赛,更输了诚信、输了人品。一个人虽有才华,没了诚信将一无所有,也无法再真正取得他人的支持和信任。所以说诚信既是社会交往的准绳,更是一个人的处世之道。

"不学礼,无以立"。礼貌就像是一件透明的外衣,能看透你内在的修养。它使一个人安身立命做人成事有坚实牢靠的道德根基,是一个国家和民族内在的精神文化素养的呈现。在校园里,见到老师问好是作为学生最基本的礼貌;在家里,倾心聆听父母教导是作为孩子最基本的礼貌;在社会上,尊老爱幼、尊重他人是作为公民最基本的礼貌。还记得那日,在灼灼烈日的炙烤下,公路上的人寥寥无几,只有车辆在来回穿梭着。此时的我坐在公交车上的一个角落,一位白发苍苍、满身疲惫的老奶奶带着一个四五岁的小女孩上了公车,可车上已经熙熙攘攘,没有落脚之处。突然,有一个青年男子站了起来,二话不说地比了个手势,示意让老奶奶和小女孩坐,之后便又有人在这炎热的天气、拥挤的空间中让出座位,这一幕深深地刻印在我心底。也许这就是一个人的修养,没有惊天动地的表现,仅仅是一个举动,也流露出了待人接物的礼貌和修养,着实令人感到敬佩,不禁让我想到:要规范日常生活中的言行举止,养成知书达礼的君子风范。

为人处世,立命修身,每个人的处世之道都是不一样的,而诚毅、礼貌便是为人最基本的处世之道。

(执笔:厦门十中初中2019级学生　许书玮)

八、我相信公平公正是和谐之核

经济发达，物质不断丰富，人们的生活水平也在不断提高，但是伴随着物质文明发展而产生的收入分配差距的扩大，正损害着社会的公平公正。“富者愈富，穷者愈穷”，悬殊的贫富差距让仇富心理有了滋生的土壤，“权钱交易”“拜金主义”现象背后的个人特权与不平等待遇导致的利益差别，更是激化了人与人之间的矛盾冲突，影响着社会秩序的稳定。矛盾的化解需要公平公正，和谐社会的构建更需要公平公正，以“公平公正”的价值观来引导和规范社会生活的各种行为，显然有利于人际关系的改善，有利于公平竞争、和谐共处。因此，公平公正作为和谐的核心，不仅是每个公民都热切期盼的欲求，更是社会制度建设的根本保证。这正如罗尔斯在《正义论》中指出的：“正义是社会制度的首要价值，正像真理是思想的首要价值一样。”公平正义促成的良好的制度无疑是实现国泰民安、社会和谐以及国家利益和全体社会成员福利最大化的根本保障。

社会制度建设层面的公平公正是社会稳定的基石，是构建和谐社会的关键保证，这对还未步入社会的我们来说，谈实践坚守似乎还为时尚早。然而，公平公正作为和谐社会人民践行的核心价值观取向有着重大意义，党的十八大报告在阐述培育社会主义核心价值观时，明确把“公正”作为社会层面的社会主义核心价值观的主题词表述，其目的也是引导、激励广大群众在生活中践行。可以这样说，社会主义公正价值观的基本要求是自觉以社会主义核心价值观来指导和调节生活领域的各种关系，讲求公正，秉持公道，维护公平。所以，公平公正作为和谐之核，于我们切身实际的意义，更多的是思想精神上的认识论以及行动方式的价值观体现。

就认识论而言，荀子有言：“贵公正而贱鄙争，是士君子之辩说也。”(《荀子·正名》)意思是说，我们在论辩说理时要用公正的态度，言说过程要合乎情，更要合乎理，而鄙视争强好胜的言辞之争；就价值观而言，公平公正强调个体作为群体的一员应得到公平的对待，以统一的标准对待个体，做到不偏不倚。“公正无私”(《荀子·赋篇》)是也。

“公，平分也。”(《说文解字》)“公，公平正直、不偏私。”(《辞源》)所以，公平公正可以被理解为一种基于一定标准或原则而对待人、事不偏不倚的态度。简单通俗的理解就是，公正公平就是在合理的平等下使相关者各得其所、各尽其能、各受其教。在社会生活中公平的体现是一个人得到他应得的东西，无论是好人得到奖赏还是坏人受到惩罚都是公平公正的体现。其实，在我们的传统文化精神里，追求公平正义的尚“公”重“义”精神一直是其中重要的组成部分。“公正为民”“公平无私”“天下为公”“至公无私”“不患寡而患不均，不患贫而患不安”，一句句警句名言无不凝聚着中华民族公正公平的价值观。重“公义”“公平”的精神对中华民族群体价值意识的培养起了相当大的作用。

“其身正，不令而行，其身不正，虽令不从。”(《论语》)公正公平是一个人为人处世重要的价值取向，是每个人处理人际关系的重要依据，也是和谐人与人关系的关键核心。培养以公正公平为核心的价值理念和思想道德素质，需要在社会生活领域的广泛实践中养成。统一标准，平等地待人处事是基础。在处理具体的事情时，我们要抛弃个人的成见和喜好来平等地分析辨别，既要合情，又要合理，不偏袒任何一方；要以同一的尺度和标准来衡量，要以“一视同仁”的态度来对待，防止双重标准或多重标准下的不平等“区别对待”，让每个人在规则面前，机会均等，平等竞争。权利和义务的平等统一是关键。公平公正既然是每个人得其所应得，就涉及社会资源公平公正的合理分配，而其中主要是权利与义务的统一。马克思曾说过：“一个人有责任不仅为自己本人，而且为每一个履行自己义务的人要求人权和公民权。”没有无义务的权利，也没有无权利的义务。公平公正的权利和义务的相统一要求我们，在数量上，我们享受的权利越大越多，相应履行的义务也要越大越多，反之亦然；在质量上，高低优劣层次差异的权利要与相应的义务保持一致性与对应性。简单理解就是责任越大，承担的义务也越大。“公者，心之平也；正者，理之得也。一言之中，体用备矣。”(朱熹《朱子语类》)在社会人群之中，公平公正才能得之理、当于理。

人类在不断争取社会公平公正的过程中所散发出来的光辉，汇聚而成的德性光芒是人类社会和谐的重要保障，推己及人达成的利益共识是人类命运共同体建设的核心基础。公平公正原则规范下行为方式内化而成的道德品质，凝聚着全人民的向心力，激发着广大人民为实现民族复兴大业而产生的奋发向上的创造力。因此，我相信公平公正是和谐之核并身体力行。

案例 56:

❋无形的天秤

“其身正,不令而行,其身不正,虽令不从。”公正公平是一个人为人处世的重要标准,是每个人处理人与人关系的重要依据,也是和谐人与人关系的关键核心。以公正公平为核心的价值理念和思想道德素质,需要在社会的广泛实践中养成。

我一直坚信世上有一个天秤,每个人在那个秤上都是平等的。也许因为一些有心人,天秤会一时失去平衡,但最后,天秤总会出乎意料地达到某种平衡,天秤总是有着公平公正的原则。

记得年幼时,我没有什么公平公正的概念,只是偶尔会有些自私的想法。我很庆幸,后来,我遇到了她。

她是我的小学同学,平时我们玩得好,成天像块橡皮糖一样黏在一起。有一年,班级里竞选班干部,在我的不断鼓励下,她终于鼓足勇气参加了竞选,最终当选了班长。

一节自习课,老师安排我们看课外书,让身为班长的她来管理纪律。顽皮的我看到她站在讲台上,像吃了颗定心丸,将“纪律”二字完全没有放在心上,毕竟她是我最好的朋友,是不会记我名字的。幼稚的想法促使我开始与同桌打闹。

出乎意料的是,我在黑板上看到了我和同桌的名字。我向她投去询问的目光,她居然只是平静地看着我。一刹那,被背叛的恼怒如洪水般涌来,幼稚的想法跳脱出来。下课后,我不再理会她。

等老师开会回来,不出所料,我被处罚留下来打扫卫生。等教室清空后,我一个人默默地拖着地,看到她空无一人的座位,心中充满了对她的责怪。

我拖地时,猛一回头,居然看到了她。这是回来与我和好吗?我不禁思索着。只见她什么也没说,默默地拿起黑板擦帮我擦黑板,一种难以言说的氛围顿时在教室里弥漫开来。我和她就这样安静地做完了卫生。当我收拾完准备走的时候,教室里已经没了她的人影。我以为她先走了,下楼梯时,抬眼看到她站在楼梯口,她看见了我,快步走来。

“虽然我们是最好的朋友,但我也是班长,如果当时不记下你的名字,那对其他同学就不公平了。”她一口气说完。我懵在那里,之前的责怪化作羞愧，我顿时醒悟过来，之前的想法是多么差劲呀。

是啊，做事需要统一的标准，平等的待人处事是基础。即使班长是我的好朋友，在处理具体事情时，也要做到既合情，又合理，不偏袒任何一方。要以同一的尺度和标准来衡量，要以“一视同仁”的态度来对待，防止双重标准下不平等的“区别对待”，让每个人在规则面前机会均等。

一个无形的天秤在我心中悄然生长。

“公平公正”这个词让我第一次开始认真思考，她并没有错，错的是我的理直气壮。感谢她，让“公平公正”这个词和那个无形的天秤，如烙印般刻在了我的心中。

（执笔：厦门十中高中2020级学生　陈鑫渝）

案例57：

平出于公，公出于道

“公者无私之谓也，平者无偏之谓也。”这出自清末政治家何启之言。自古以来，人们就有公平公正的思想，宋朝司马光曾有“平而后清，清而后明”的说法，明朝刘基也曾发表过“持心如衡，以理为平”的观点。所以，“公与平者，即国之基址也。”

作为一名学生，或许会认为“公平公正”这四个字太过深沉，却不承想，它离我们的生活竟如此近。

去年的今天，我正在准备一个科幻作文比赛。关于这个比赛，我拼尽全力，准备了很久。这是我第一次参加现场作文比赛，按照比赛规则，只有获得一等奖的同学才有机会晋级到市级的评选。我查了很多资料，看了许多往年的优秀作文，打了不知多少草稿，就为了这一天的到来。

然而，结果并不如人意，我获得了二等奖，我输了。我一脸的失落被老师尽收眼底。老师叹了口气对我说：“我看了你的作文，其实很不错，比大多数人要来得好，只是……”老师停顿了一下，神情有些犹豫，“这次比赛的主办方是××小学，主考官大部分也是他们学校的，自然要照顾他们些……你长大后就会渐渐了解的。”老师严肃而又无奈的神情使我不禁感慨：太不公平了吧！我虽然理解那种无奈与无力，可我毕竟只是一名学生，就算心有不满也无能为力。从此，我在心里暗暗发誓：来日定要做一把衡量公道，代表正义的“秤”，绝不失之偏颇。

前几日，我曾听我的朋友说过这么一件事情，在学校组织的每班一位“网课之星”的评选中，初一某班在线上采用学生投票的方式评选。这种新颖的评选方式吸引了众多关注，这种方式本应是最公平公正的，理应受到各班的推崇与赞赏。不承想，有几位候选人竟然公然以贿赂的形式来拉拢同学，以求获得选票，甚至将投票的小程序分享给其他班的同学，好让自己获得更多的票数。此等行为不仅引起了同学们的不满，还破坏了校园公平公正的良好风气。我不禁想到去年自己受到的那不公平的对待，心中委屈却无法述说，一想到剩下的那几个候选人也是这样的心情，便对这样可耻的行为感到愈发气愤。所幸，那个班级的老师及时制止了这种不公平现象，他严肃地批评了弄虚作假的同学，取消评选资格，并重新开启投票，最终以公平公正的方法重新选出了“网课之星”。这不禁让我感到安慰，世上也绝非都是不公平之事，还是会有人站出来主持公正的。所以说，在生活里，会有不公平但也并非总是不公平的。不管怎样，公道自在人心，正义永远不会缺席！

平出于公，公出于道。这是个和谐而美好的时代，每个人心里都充满了希望，让我们握紧双手放在胸前，轻轻闭上眼睛，心里默念对自己的憧憬。在这个和平年代里，我们期待自己以更加公平、公正的姿态来迎接新生活。

（执笔：厦门十中初中2020级学生　周欣林）

九、我明了悦纳分享是快乐之诀

快乐是一种生活的态度，追求快乐是生活的目的，也是人生的重要之事和幸福的开端。美国心理学之父威廉·詹姆士以“人生的主要事情是快乐”，告诉我们：“其实在一切时代的大多数的人，如何取得快乐，如何保有快乐，如何恢复快乐，是他们所做的，并是他们所情愿忍受的一切事情的秘密动机。”（以上均出自威廉·詹姆士《宗教经验之种种》）

古希腊哲学家伊壁鸠鲁更是以“快乐是天生的善”承认“快乐是幸福生活的开端和终点，一切事物的选择和规避，都从它出发，又回到它，仿佛我们乃是以快乐感受为准绳去判断所有的善。”（第欧根尼·拉尔修《明哲言行录》）

“快乐的人生在极大的程度上恰如美好的人生。”“须知参差多态，乃是幸福本源。”(以上均出自罗素《幸福之路》)由快乐而起终于幸福的美好人生之路，宣告着快乐幸福的本源是因为世界存在的参差不齐多样的形态，从这一观点出发，人生快乐的秘诀在于承认世界的多样与不完美，欣赏人类的差异个性与独特行为，而悦纳与分享正是其中的关键。

快乐本身并不抽象独立存在，它伴随着你的快乐活动而来，悦纳分享作为一种快乐的行动，本身就伴随着快乐产生。悦即快乐，纳是接纳，悦纳是影响心理健康的重要因素，可以分为悦纳外物与悦纳自我。悦纳就是包容、等待，就是尊重、信任，就是欣赏、赞美。包容和等待能去除急躁和功利；尊重和信任能拉近距离，传递温暖；欣赏和赞美更是精神的抚慰剂，能增强自信，重塑自我。悦纳的过程就是一种快乐的过程，快乐的秘诀在于悦纳。

(一)悦纳

悦纳万物要客观地认清世界的不完美。世界没有两片完全相同的树叶。世界多元，万物多样，人生百态，没有十全十美的事物，也没有完美无缺的生活。不完美、有缺憾本身也是一种美，断臂的女神维纳斯并不需要你给她装上双臂，缺憾自然形成的想象力完形本身就是一种审美的悦纳。接受它的不完美，审美快乐自然而来。生活中正因为有各种不完美的存在，我们才能不断地去修正，不断地去完善，使之趋于美好；人生中正因为有诸多的缺憾，我们才有机会去体验不一样的人生，才有机会以更加积极的态度和行动去实现下一个未完成的期待。悦纳这些不完美、这些缺憾，低姿态、低起点、低目标地学会接纳，坦然面对逆境，宽恕不完美的别人，谦卑地包容缺憾，海纳百川，追求美好，快乐其实也很简单。

对外物的悦纳成就的是一种胸怀与格局，对自己的悦纳收获的就是一种自信、智慧与自我实现。“金无足赤，人无完人”，就像万物本身不完美一样，每个人也是不完美的个体，形态各异，优缺点分明。悦纳自己就是清晰地认识自我，无条件地接纳自己的全部，无论是优点还是缺点，相貌缺陷还是性格特异，现在的不足还是过去的遗憾，失败还是不如意，我们都积极地走进自己的内心，自我肯定欣赏自己并乐观地去接受我们身上的那些不完美的存在。“天生我材必有用”，悦纳自己就是敢于发扬自己的长处，也不避讳自己的短处，积极乐观的态度面对自己，不停地设计自己、要求自己，看重自己的言行、看重自己的成长，不断地提出自己的发展目标，努力地完善自我。悦纳自我的积极体验，认识自我的自我实现，“知人者智，自知者明”也是一种悦纳的快乐。悦纳自我,快乐其实也并不是很难。

敢于复盘那些不完美的经历,乐于接纳那些失败的体验,悦纳表现的是生活的幸福。“既然今天没人识得星星一颗,那么明日何妨做皓月一轮。”(汪国真语)“做不了太阳,就做星星,在自己的星座闪闪发光;做不了大树,就做小草,以自己的绿色装点大地。”认同自己,悦纳自己,欣赏自己,不仅是快乐的秘诀,更是一种乐观的心态、理性的智慧。

(二)分享

分享就是与他人共同享受、使用、行使。分享是摒弃自私,以宽容快乐的心态付出。懂得分享,能够分享的人是快乐的。我们的成长路上,分享的快乐无处不在:微信朋友圈分享的生活点滴与人生感悟;生活中与三五好友品一壶香茗,交流一本好书。那些美好的分享都是记忆中最好的见证。学会分享,也就学会了生活,快乐也就不请自来。

分享行为并不是与生俱来,天生就会的,学会快乐分享是一个人成长和成熟的标志。分享是一种能力和品质,更是一种人生态度和人生哲学。快乐分享要求我们放下小我去坦诚面对自己,不仅分享快乐,也分享忧愁。交换苹果比不上分享快乐收获的双向愉悦,分担痛苦也会因痛苦有另一半的寄托而压力倍减。与人分享幸福,彼此都能拥有快乐。分享让我变成我们,不仅可以改善人际关系,更可以改变世界。

人生之乐在于乐在分享。分享充实与愉悦精神的同时也丰富了生活的美好。比尔·盖茨曾说:“每天清晨当我醒来,我便思索着如何与他人分享我的快乐,因为那会使我更快乐。”乐于分享的人是快乐而大度的人。“乐人之乐,人亦乐其乐;忧人之忧,人亦忧其忧。”(白居易)乐于分享的人生智慧,让我们快乐地存在。

你我共同担当的社会责任与克服的艰难困苦,也在分享中收获彼此的美好,世界也因此处处充满阳光。

快乐的人生,从学会悦纳自己、分享自己开始!

案例58:

❀夏日里的分享

快乐本身并不抽象地独立存在,它伴随着你的快乐活动而来,悦纳分享作为一种快乐的行动，本身就伴随着快乐的产生。

分享，就是摒弃自私，以宽容快乐的心态付出。懂得分享，能够分享的人是快乐的。我们的成长路上，分享的快乐无处不在。那些美好的分享都是记忆中最好的见证。学会分享，也就学会了生活，快乐也就不请自来。

又是一年盛夏，微风袅袅，轻抚去几分燥热，屋外蝉鸣不绝于耳，洁白的栀子开得正盛。一切都是如此惬意与美好，一如那年夏日。

“夏天的风我永远记得……”听着歌声，记忆不断翻涌，定格在那年夏天，我和她友谊的开始，也是在那年夏天我悟到分享是快乐之源，是成功之因。

“这次比赛的规则很简单，两个人互相比拼，赢的人自动晋级。”伴随着风扇转动的嗡嗡声，舞蹈老师讲解道。我和她被分到一起，成了对手。先前我并不了解她，只觉得是个高冷的姑娘，因为她总是一个人在角落安静地练习。我摇摇头，不再多想，很快投入练习中。我的练习并不顺利，总有动作不得要领，要么幅度不够，要么力度不够，始终跳不好。我当下又急又燥，毕竟我一点也不想输，内心那该死的取胜欲正熊熊燃烧。一种莫名的情绪驱使着我偷偷转过身看她，她正随着音乐舞动，每一个动作都恰到好处，无比流畅。唯一美中不足的便是老师说过她很多遍的老毛病，全程面瘫。突然，她像是感应到了什么，也转过头来，与我四目相接。偷看被抓包的我慌乱地转身，努力装作漫不经心的样子，余光却还是不由自主地瞟向她。她迈步朝我走来，在我面前站定，正当我不知所措地摸了摸鼻头时，她开口打破了沉默：“我看你刚刚有几个动作做得不好，要不我们一起练习吧，我把我的秘诀分享给你。”我诧异地对上她的眼，以为会从她的眼中看到戏谑嘲讽，可她的眼中一派澄澈，满是真诚。我鬼使神差地在这样的眼神下点了点头。七月的风懒懒的，顺着窗户吹进舞蹈室，洁白的窗帘随风飘动，带来栀子的清香，她笑了，眉眼弯弯，犹如火红凤凰花般明媚动人，又似夜空繁星般绚烂璀璨……我怔在原地，原来万年冰山融化是这样的。那是我第一次看见她笑。

随后，她便认真地帮我排舞，每一个动作，每一个细节，甚至还将她的小秘诀大方地分享给我。“这是比赛，我们可是对手，你怎么还愿意帮我呢?”我问她。“那又如何，我想帮就帮了，很多时候能完美地呈现一支舞远比比赛重要。”她说这话时眼中溢满星光，我知道那是对舞蹈的热忱。“况且……”她话锋一转，“我怕某人一会输得太惨会哭鼻子呢!”我知道她故意调侃，毫不客气地送了她一拳。我突然想起她在跳舞时的面瘫表现，被老师批跳舞没有感情，我也将我的表情管理的小技巧分享给她，她说得对，完美地呈现一支舞才是最重要的，这是出于对舞蹈的尊重与热爱。

不久后，在学校校庆舞台上，我表演了她教我的这支舞，台下响起了热烈的掌声。甚至还有不少同学想跟我学习这支舞，我欣然应允，我想要是能有人因为我的表演、我的分享而喜欢上舞蹈，那我也算是小有成就了，不是吗？微风正起，伴着校园的蓬勃朝气，同学们嬉戏打闹，我与她们分享着跳舞的快乐。正值青春年少的我们，在绿茵场上，肆意欢笑，肆意挥洒汗水，肆意舞动，一切都是如此美好。

学会快乐分享是一个人成长和成熟的标志。通过分享，我们的舞蹈补上了短板；通过分享，我们的舞蹈收获了掌声；通过分享，让我变成了我们。

人生之乐在于分享。少年时的相识，源于主动；少年时的相知，源于分享。彼时夏天的风正暖暖地吹过，我们在绚烂的晚霞下，嗅着栀子花的清香，分享着属于我们彼此的故事与快乐。

（执笔：厦门十中高中2020级学生　方鹭）

案例59：

❋活力青春，快乐分享

比尔·盖茨曾说："每天清晨当我醒来，我便思索着，如何向他人分享我的快乐，因为那会使我更快乐。"分享是漫漫寒冬中的一丝暖阳，是茫茫沙漠中的一掬清泉，是浩浩黑夜里的一颗明星。分享是人与人之间的交流与倾诉，是百花齐放，是集思广益。世间因分享而更加美好，生活因分享而更加充实，生命因分享而更加绚丽多姿。

那是我进入十中后的一节体育课，体育老师特地让我们以班级为单位进行自由体育活动。同学们一听，一个个欢呼雀跃，聚在一起激烈地讨论了起来。寻常的游戏不过是贴膏药、三个字之类的，大家早已玩腻了。这次就来个不一样的吧！同学们你一言我一语，各抒己见，兴奋地分享着各自的想法，讨论得热火朝天。我思前想后，突然灵光一闪，想到了个好主意分享出来供大家参考。经过大家的讨论表决，我们最终决定玩"捕鱼"游戏。

首先，我们规划出一片区域作为鱼塘，规定不能超出范围；接着选出一人做抓捕者，其他同学们都是小鱼。在游戏开始后被抓到的鱼，要和抓捕者一起牵着手连成一排,形成一张“渔网”来网住小鱼。到达规定时间之后,幸存的小鱼就是游戏的胜利者。

大家个个摩拳擦掌,跃跃欲试,兴奋地准备着。随着一声响亮的哨声,紧张的游戏开始了。不少“小鱼儿”盲目地随着人流四处逃窜,东躲西藏,你追我赶,跑得转晕了头脑,不一会儿就有几只倒霉的小鱼儿,落入了渔网。一开始,成为渔网的同学们,由于缺乏经验,在抓捕时,一个往东,一个往西,一个快,一个慢。因为方向和速度的不统一,渔网总是分崩离析,漏洞百出。而小鱼儿们以机敏的反应和矫健的身姿,一弯腰,一侧身,脚底一滑,一个快速闪躲,总能灵活地与渔网“擦肩而过”。明明就近在眼前,却怎么也抓不到,一次次,逃出生天,好不快活。

眼看着到嘴的美食就这样丢了,“渔网”当然不会善罢甘休,经过一番秘密讨论,他们摩拳擦掌,重整旗鼓。团队通过协调统一,和渔网捕捉的优势,制定独立目标,挑落单的小鱼下手,趁敌不备,迅速扑向目标,发起猛攻,一招制敌。一时间小鱼儿纷纷被收入囊中,编织成一张巨大的渔网,以不可阻挡的气势,铺天盖地地笼罩下来。这下形势急转直下。只剩下寥寥无几的几只小鱼,在不断地斗智斗勇,展开“殊死拼搏”……

阴凉的树荫下,蝉在枝头吱吱地鸣叫着,麻雀在葱郁的树枝间来回跳动着。操场上是同学们飞驰的身影,一个个玩得热火朝天,乐在其中。看着同学们灿烂的笑脸,额头上那恣意的汗水,听着那一阵阵欢声笑语,此刻,我似乎更能体会到白居易的那句话了:“乐人之乐,人亦乐其乐”。我明白,人生之乐在于乐在分享。我们在分享充实与愉悦精神的同时也丰富了生活的美好。在分享中我们可以集思广益,收获快乐,共同成长。这种不一样的形式,让运动充满乐趣和青春活力,也让我们得到意想不到的收获。

（执笔:厦门十中初中2020级学生 刘诗悦）

十、我向往当一名心想行能的个性学子

一谈起“个性”,我们的传统意识往往把它等同于“集体主义”的对立面“个人主义”,不知不觉就给它贴上“贬义”的标签。个性强的人也因为叛逆与反抗传统,成了“不合群”的异类而被批评为无组织、无纪律的个体被加以否定。在我们受教育的旅程里,“有个性”的学生则是被当成是与培养“好学生”教育目标冲突时的“解释”而成为老师们委婉批评学生的评价话

语。“枪打出头鸟”,“木秀于林风必摧之”,“以和为贵”,文化里的保守传统与“折中”的思想更是浸透在每个人的身上,抑制着个性的发展。就是在我们学生眼里,个性也只是停留在装扮上的奇装怪服,行为中的乖张狂妄,价值观上的偏激极端的浮躁虚华化的理解。因此,大多数人总以外在的“标新立异,我行我素”来曲解内在气质富有个性的“我”。

人们对“个性”概念与内容的多方面误解,更说明了对“个性”的内涵性解释需要进一步的理清。如此,我们才能走上“个性化”的发展之路。

个性,也可称人格,是指一个人的整个精神风貌,即具有一定倾向性的心理特征的总和。个性是精神的,并以精神世界的存在为前提,具有某种不可重复的稳定统一的整体性,并管理着各种心理过程。这个管理各种心理的整体性精神人格,就相当于威廉·詹姆斯所说的心理机能的“主人”,或奥尔波特说的“行为和思想”的决定者。所以,个性不是生理学上的外在形态呈现,而是心理学、哲学上的内在整体性精神人格。这样我们不会把一个人的相貌和体重的特点当作一个人的个性属性,而会毫不犹豫地把坚强意志的个性、善心的人列入个性的范畴。

在把个性定义为精神人格的阐释中,荣格无疑为我们找到了一条通往个性发展的“个性化”之路。荣格把个性发展过程看成是一个人走向精神个体,成为自我,进而走向自我实现的过程。也就是说,个性的发展在荣格的理解中是个人按照自我的潜在特质和意愿,发现并发展起个体的独特的个人生活模式,从而逐步走上自我实现之路的过程。发现自我特质并逐步走向自我实现,从而成为一个具有完全平衡和统一人格的独特精神个体,这是荣格阐释的个性发展的自我实现之路,也是我们身体力行、积极向往成为独立个体实现自我的个性之路。而这种个性发展之路的演进正是要通过“心想行能”的意识活动形式来达成。“心想”是使“无意识深处的原型得以充分表露,成为能够意识到的东西,进而在自觉意识的作用下,使意识和无意识达到完满的和谐状态,使人格系统达到个性化。”(荣格著,刘烨编译《荣格的智慧:荣格性格哲学解读》)“行能”则是意识外化的行动方式,是内在潜能发现后的行动反应。所以,综合以上理解,心想行能的个性学子就是通过内在自我潜质的发现,及时将意、行的转化以知行合一的认知演绎体现在具体的行动中,以实现自我独立精神人格的发展。

“人的目的,乃是要使其各种能力得到最高度和最调和的发展而达成一个完整而一贯的整体。”因此,个性的自我实现是人之为人的本质目的与人生追求,个人自我的最终实现也自然是人类幸福的主要因素之一。这正如约翰·密尔所说:“个性自由是个人幸福的必要条件。”“凡在不以本人自己的性格却以他人的传统或习俗为行为的准则的地方,那里就缺少着人类幸福的主要因素之一。”(以上均出自约翰·密尔《论自由》)个性的发展在使人成为一个完整而丰富的整体的同时也让人们能够通过这种个性获得人生幸福。幸福是每个人都向往的人生境界,个性的自我实现也是人一生的奋斗目标。我之为人,因其独立而与众不同。当然在追求个性发展的过程中,人内在的各种特质被不断地激发与调动,自然也有助于人类智力活动和道德取舍能力的提高,即有利于人的发展。所以,个性发展良性循环(自我发现——自我发展——自我实现)的过程中也伴随着幸福的产生。个性发展的积极意义也自然推动着我们每个人尽其所能去挑战自我,去追求自我,去实现自我的幸福人生。

其实,无独有偶,在我们的历史长河里,也有突出个性发展之于个人自我实现,成才成功的先例。王阳明以孔子与曾点言志一章为例说:“圣人何等宽洪包含气象!且为师者问志于群弟子,三子皆整顿以对。至于曾点,飘飘然不看那三子在眼,自去鼓起瑟来,何等狂态。及至言志,又不对师之问目,都是狂言。设在伊川,或斥骂起来了。圣人乃复称许他,何等气象!圣人教人,不是个束缚他通做一般:只如狂者便从狂处成就他,狷者便从狷处成就他。人才之气如何同得?”(王阳明《传习录》)“狂者”要成就他的“狂”,“狷者”要成就他的“狷”。有个性的人就要努力根据其个性特点成就他。这不也证实了个性发展之于自我的实现的重要意义吗?

正如个性发展之于个人的积极意义一样,个性发展对社会的发展也意义深远。个人是社会存在的前提,如果社会的每个个体都按照其自然的本性,发扬其个性,那么整个社会就会充满活力,民族的才智也会得到发展,人类的生活也会具有更高的品位与情趣,精神文明也会进一步提升。所以,“要想让人类为值得瞩望的尊贵美好之物,不能消磨一切个人所独具的殊才异禀使之泯然于众,而只能在无损于他人的权利和利益范围内使之得到培育与发扬。”(约翰·密尔《论自由》)发展的个性,就是保护着人的创造性,也就能改变一成不变的过时的习俗和制度,推动着社会的进步和发展。

时代在不断变化,唯有人的个性自由发展的价值信念永恒不变。个性如何形成也就成了人类绕不过去的关于“人”的话题。

发展个性的前提是认识自己,聚焦特质。“认识你自己”永远是个人发展的前提,不管是智识发展,还是道德品质提升,个性发展以认识自己为前提是无需质疑的。人作为自然实质,具有某种体质、独特的气质类型和特长禀赋，这些特点在个体发展的过程中有的是扩展开来，有的则受压抑隐藏着，在这种情况下，就需要你在客观世界的创造性活动中有清醒的认识。只有通过深刻的内在反思和积极的外在实践，自我的本质潜能才能源源不断地被挖掘出来。潜能是无穷的，能力是可以培养的。用"心想"的强烈意识突破本我的界限，认识自我；用"行能"的积极实践挑战"自我"，创造出超越自我的个性实现。清晰地认识自我之后，定位准确的个性发展之路也就坦荡通达。

形成个性的核心是发扬主体能动性，学会理性判断。"我们有思想、情感和意志，这是属于我们自己的；我们还有一种自我控制的手段，也就是自己支配自己的力量。所以在经验中我们知道有个'自我'和相对的'自主'，这个事实使我们成为真正的人格。"（鲍恩《形而上学》）人为自己做主，主宰自己的一切，独立个性倾向的个体依赖自己而不依赖他人。有个性的人以自己为目的发展自己，通过自己的方式、自身的标准进行自主选择、自主创造的活动。"人终于成为自己的社会结合的主人，从而也就成为自然界的主人，成为自己本身的主人——自由个性的人。"（马克思、恩格斯《马克思恩格斯选集》）

主体的自主能动性在实践中不断内化知识的学习，从而不断地完善自己，建立在转识成智基础上的批判性思维，让我们能够"用自己的观察力去看，使用推论力和判断力去推测，使用活动力去搜集为做出决定之用的各种材料，然后用思辨力去做出决定，而在做出决定之后还用毅力和自制力去坚持自己考虑周详的决定"（约翰·密尔《论自由》），从而选择适合自己个性特点的个性化实践方式。人是理性的动物，不人云亦云，不亦步亦趋，不听凭他人代替自己选定自我的生活，这是个性自我的体现，也是个性形成的理性判断结果。形成个性的核心只有依赖自我的觉醒与行动的自主自觉，心想行能才能成为一种下意识的条件反射，推动个性人格的养成。

实践，是实现自我个性的本源途径。人是实践的存在物，人在劳动中创造了自我，也在实践中成就了自我，内在于人的丰富潜在力量只有通过与客观世界的对象化创造性实践过程，才能获得公开的展示。在多样化的实践活动中，丰富实践的成果，让人的本质力量得到了充分体现，在主体性不断确证的过程中，自我实现带来的充足成就感和强烈幸福感充盈着每个人的生命，也带动着个性的继续发展。"我在劳动中肯定了自己的个人生命，从而也就肯定了我的个性的特点"。（马克思、恩格斯《马克思恩格斯选集》）此外，实践性活动创造的过程还具有超越性，可以使人的个性发展不断提升，借助于不断的实践活动，人获得了一个开放性的存在形式，正如萨特所言，物是“是其所是”，人则是永远“是其所不是”。人通过创造性的实践来确证自己的主体地位和唤醒自己的主体力量，个性也在实践中成为其所是。

人从自然的束缚中解放自我，在社会的枷锁之中挣脱本我，走在自由个性而又全面发展的康庄大道上。人的全面发展的结果是自由个性，追求个性发展是我们的一生理想。我们要释放自我内在潜能自由而全面地发展，努力成为具有创造性和自由个性的活生生的个性自我。

我想说，只要你敢“心想”，就一定“能行”！

案例60:

❁青春追梦，多远都可以到达

时代在不断变化，只有人的个性自由发展的价值信念永恒不变。

“认识你自己”永远是个人发展的前提，只有通过深刻的反思和积极的实践，自我的本质潜能才能源源不断地被挖掘出来。

形成个性的核心是发扬主体能动性，学会理性判断。人为自己做主，主宰自己的一切，有独立个性的人依赖自己而不依赖他人。有个性的人以自我为目的发展自己，通过自己的方式、自身的标准进行自主选择、自主创造的活动。

青春，是一场人生中的必修课，每个人的青春，都会留下不同的痕迹，或欢乐，或悲伤。在这场必修课中，每个人都有梦想，每个人都在为了自己的梦想而前行。

我是一个不太自信的人。在我六年级转学到厦门之前，我的自我感觉还是很好的。那时的我敢放声歌唱，敢在舞台上尽情跳舞。自从上了六年级，随着饭量的增加，体重也一下增加了许多，我的自信心也逐渐丧失了。不敢在陌生人面前唱歌，因为我害怕从别人嘴里听到“你看这个胖胖的女孩子唱歌好好听”；我也不敢上台跳舞，因为我害怕别人说“你看她这么胖还跳舞，肉都在抖，真影响美观”。

我害怕，害怕被人嘲笑，害怕被人看不起，害怕被人以貌取人，害怕被人轻易地下定义。

我的室友很优秀，无论高一还是高二。每次一想到这里我就很难过，我外形不好，成绩不好，我凭什么和她们一起玩？每次和她们走在一起，我都会想：其他同学会不会因为我太胖而注意我；或者因为我很普通完全注意不到我。其实看不看得到我并没有那么重要，我害怕的是他们会不会在想我凭什么能和她们走在一起。

好在我的室友从来没有嫌弃我。

她们知道我擅长唱歌，鼓励我在宿舍多唱，鼓励我参加十佳歌手，并且在我初赛失利的情况下安慰我。评委们也在表演后为我打气："要把十佳歌手看作是一个增长经验的舞台，要更自信！这才是比赛本身最大的意义！"

上学期，我又有了一个在研学时的表演机会，我下定决心和几位朋友上台表演舞蹈。但在表演前我依旧非常紧张，我的外形不够好，胆子也很小，失误了岂不是很丢脸？但十佳歌手的舞台给了我经验。想到那时的失利，我似乎变得没有那么紧张了。深深地吸了一口气，我登上了舞台。节目中我有一段单人表演，后来看了朋友录的视频，我竟然觉得我会不会在舞蹈方面是有天赋的。这些改变来自舞台，当你站上舞台后，就会发现原来的恐惧、自卑似乎变得渺小了，变得不再重要了，甚至消失了。

我有一颗渴望舞台的心，我喜欢听别人称赞我。在上学期期末取得一个还算不错的成绩之后，我有了坚持学习的想法，我还定下一个远大的目标——浙江大学。我向往杭州这座城市，向往浙江大学，向往有自信的自己。即使现在的我离浙江大学还很远，但我会朝着目标一步一步走下去。

我知道，人的潜能是无穷的，能力是可以培养的。用"心想"的强烈意识突破自我的界限，认识自我；用"行能"的积极实践挑战"自我"，创造出超越自我的个性实现。只要清晰地认识自我，个性发展之路也就坦荡通达。

敢做敢拼，永不放弃才是我！青春追梦，多远都可以到达！

我想说，只要你敢"心想"，就一定"能行"！

（执笔：厦门十中高中 2019 级学生　李圆圆）

案例 61：

心之所向，力之所及

高山仰止，景行行止，虽不能至，然心向往之。在这人生路上，目标也许宏大，理想也许遥远，但我们都应望向前方，向着那缥缈的远方勇敢前进，对着理想奋勇直追，心之所向，力之所及，敢做敢想。

以前，我常常羡慕同学在舞台上光芒四射，羡慕学霸优异的成绩，虽然心神往之，却总认为这是我无法企及的高度。还记得小时候，我非常腼腆，不敢主动和老师打招呼，常常独自在角落玩耍。可是这样的我却非常渴望在舞台上展现自己，渴望像别人一样，努力完成自己心里想做的事。家里的沙发是我一个人的小舞台，布娃娃虽然不会说话，却是我最忠实的观众。从那时起，我就暗暗下定决心："我一定要登上更大的舞台！"但事情往往没那么顺利，每当老师问道："谁愿意参加这次的表演？"我先前在家中的自信，瞬间土崩瓦解，我想到台下人直勾勾的目光，想到忘词时在台上呆若木鸡的样子，又想到观众看到我捧腹大笑的神态，我不禁害怕起来。恐惧、渴望这两种矛盾的心情交织在一起时，我开始犹豫不决。于是每当老师选拔完离开后，我都会这样安慰自己："没事，下次还有机会。"这或许就是"心想却行不能"吧。直到那一天，老师像从前一样来班级询问。想起之前无数次的踌躇，我在心里咒骂道："你怎么这么没自信，以后还怎么完成自己的目标！"我咬咬牙，鼓起勇气把手高高举起。就这样，在老师的帮助下，我第一次登上了舞台。那时我紧张得手心直冒汗，妈妈在台下拼命为我加油。刺眼的聚光灯聚焦到了我的身上，我望着台下的人群，内心长长地舒了一口气。四周静得出奇，只剩下我坚定而又自信的声音在场馆内回荡。伴随着最后一个音落下，场馆内响起了雨点般经久不息的掌声。此刻，我仿佛是舞台上最闪耀的明星，散发出驱散黑暗的耀眼光芒。内心有个声音告诉我："你成功了！你终于越过重重困难，完成了你心中一直渴望的事！"从此，我丢掉了腼腆和怯懦，在心之所想、力之所及的道路上不断前进。我的舞台也从家里的沙发到班级的讲台，从学校的操场到区里的大舞台，最后走上市级比赛的现场。

巍峨的高山可以抬头仰望，宽广的大道可以循序渐进。我虽然不能一下子到达那里，但是心中一直向往它。尽管一路上荆棘密布、困难重重，但我毫不退缩，把自身能做的事情做到极致，那距离心中的目标，又会跨进了一步。敢做敢想，做一名心想行能的个性学子。

（执笔：厦门十中初中2019级学生　陈果）

第四节　课　程

一、学校课程本质

“课程”(curriculum)一词源于拉丁语,意为“跑道”。在学校教育中,其原初的含义主要是指对学科内容学习的进程。它“作为一种具有多方面来源的客观现象,是学校借以实现其目标、完成其任务的主要手段和媒介,其本质内涵是指在学校教育环境中旨在使学生获得的促进其全面发展的可迁移教育性经验的计划。”(郝德永《课程:走向自觉与自律》)时代的发展和教育的进步,“课程”的内涵也不断地更新重建,现代的课程观认为,课程是一所学校及校外提供给学生用以获取知识、能力、人格以及学习经历等一切活动的总和,或者说是一所学校有计划地让学生主动学习获得经验与体验的全过程。

课程是教育中的核心要素,是实现教育目的的重要途径,是组织教育教学活动的重要依据,是集中体现和反映教育思想和教育理念的载体。它是学校的核心竞争力,是学校办学特色的核心载体,只有通过课程,学校教育理念及价值才能得以实现。为实现“文心化行”这一办学理念及培养有雄心、慧心、壮心、雅心、苦心的“五心”学子育人目标,促进学生自主全面而又有个性的发展,学校以“文心·合心课程”为载体,设计丰富且多样的课程,让学生能够自主选择适合自己、贴近自己、满足自己所需且合乎心意的个性化课程,真正让学生的心灵能够自由成长,绽放个性魅力,成为具有鲜明个性、学校印记,并能全面发展、适应将来社会发展的现代公民。

学校“文心化行”办学理念的核心关注生命的心灵成长,从心出发,知行合一,塑造身心合一的美丽心灵。同心从心,心往力行,向阳生长,拥有健全与美丽心灵的师生,生命的多彩与丰富将温暖每个生命的个性独特发展,一路向阳,春暖花开。

“文心化行”办学理念之下的课程目标——同心从心,全心向阳,致力于学生阳光快乐、文雅和善、诚毅坚韧、可持续发展,张扬个性发展,让独特的生命、美丽的心灵,闪烁耀眼的阳光,从而实现学校办学理念内化于心——形成共同的价值取向;外化于行——滋养每一个学生身心的健康成长。

二、学校课程目标

(一)育人目标

培养有雄心、慧心、壮心、雅心、苦心的“五心”学子,具体如下:
德·雄心:雄心壮志的爱国情怀。
智·慧心:乐学善学的智识生长。
体·壮心:阳光快乐的进取之力。
美·雅心:文雅和善的美丽心灵。
劳·苦心:诚毅坚韧的立身之道。

(二)课程目标

同心从心,全心向阳。其具体体现为夯实基础,身心体验,智识成长,个性发展,将学生培养成为有雄心、慧心、壮心、雅心、苦心的“五心”学子。

三、学校课程体系

“文心·合心课程”有以下三个特征:课程资源丰富,合乎师生心意,满足师生的发展需求;课程结构合理,综合多元素养,提升师生的综合素养;课程特色鲜明,适合师生个性发展,凸显学校的办学特色。

(一)课程逻辑结构

育人目标:“五心”学子。
课程类别:学科特色课程(基础+延伸)、智识发展课程、体验创造课程。
课程系列:“文心·合心课程”。
课程理念:用“五心”合心的课程文学生之心,成学生之性。
办学理念:文心化行。

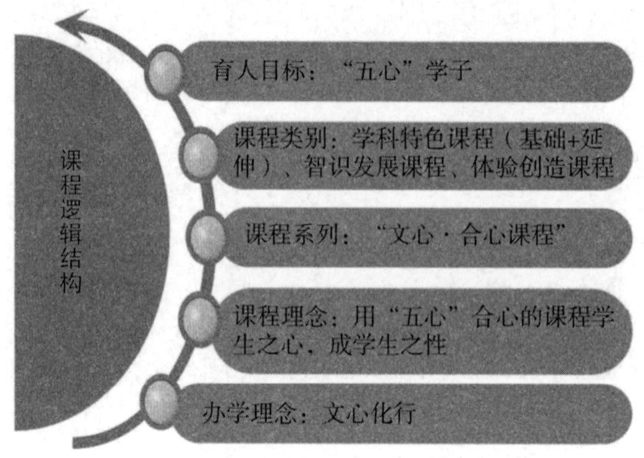

图 4-6　课程逻辑结构

(二)学校课程框架

学校用心构建"文心·合心课程",即以雄心、慧心、壮心、雅心、苦心为核心课程聚合多元智能,全面落实学生德、智、体、美、劳协同发展,让学生自主选择,合心合意地全面发展。雄心课程以人文底蕴为核心,致力于人文素养的提升,慧心课程以科学技术为核心突出科学素养的培养,壮心课程以身心健康为核心塑造阳光悦心的美丽心灵,雅心课程以艺术修养为核心发展审美艺术,苦心课程以实践创造为核心练就诚毅坚韧之能。

"文心·合心课程"以学科特色课程、智识发展课程、体验创造课程三类课程为主要内容,期望学生通过人文底蕴、科学素养、身心健康、艺术修养、实践创造等课程的学习,成长为具有爱国情怀、志向高远、乐学善学、阳光快乐、文雅和善、诚毅坚韧的心想行能的个性学子。

1.学科特色课程

学科基础课程+学科拓展课程("学科基础课程"即基础型课程,也即国家必修课程,"学科拓展课程"即学科特色自主拓展的课程,也即选修课程)以基础知识和基本技能为主,重视知识、技能的传授,旨在培养学生的学科核心素养,提升思维品质。各学科形成特色课程群,可以满足各年级学生的兴趣爱好及个性化的学习需求。

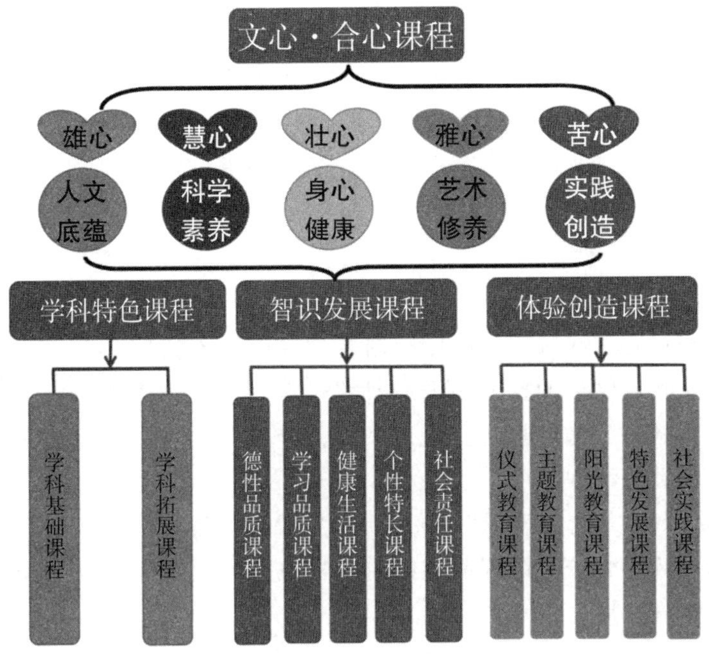
文心·合心课程
雄心
慧心
壮心
雅心
苦心
人文底蕴
科学素养
身心健康
艺术修养
实践创造
学科特色课程
智识发展课程
体验创造课程
学科基础课程
学科拓展课程
德性品质课程
学习品质课程
健康生活课程
个性特长课程
社会责任课程
仪式教育课程
主题教育课程
阳光教育课程
特色发展课程
社会实践课程

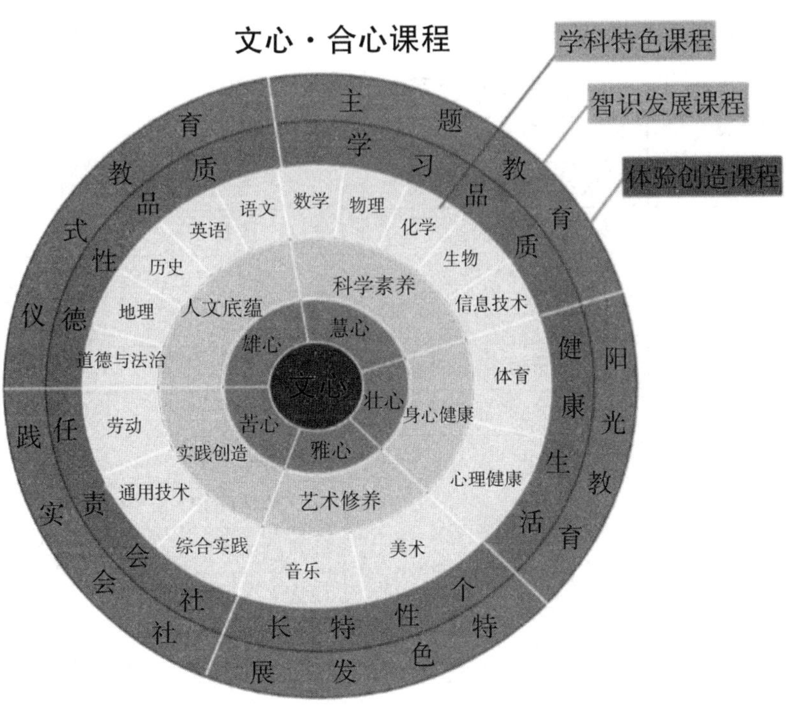
文心·合心课程
学科特色课程
智识发展课程
体验创造课程
文心
雄心
慧心
壮心
雅心
苦心
人文底蕴
科学素养
身心健康
艺术修养
实践创造
语文
数学
物理
化学
生物
信息技术
体育
心理健康
美术
音乐
综合实践
通用技术
劳动
道德与法治
地理
历史
英语
德性品质
学习品质
健康生活
个性特长
社会责任
仪式教育
主题教育
阳光教育
特色发展
社会实践

图 4-7 文心·合心课程

2.智识发展课程

它侧重认知，即以知识教育为主渗透德育，发展学生的不同基础、培养学生的主体意识、完善学生的认知结构、拓宽学生的学习渠道、改善学生的学习方式、提高学生的自我管理和选择学习能力、形成学生的自我发展方向。其主要包含德性品质、学习品质、健康生活、个性特长、社会责任等课程。

3.体验创造课程

它侧重体验，知行合一的体验创造类课程以体验为核心，重视学生的活动参与，培养学生的探究态度与研究能力，在活动中发挥学生的主动创造性，学会解决问题。其主要包括仪式教育、主题教育、阳光教育、特色发展、社会实践等课程。

三类课程以“合心课程”为核心形成完整的课程体系，呈现“五圆同心”的形状，体现了学校对课程品质的追求，促进学生、教师、学校发展有机结合，优质共赢发展。

（三）学校课程设置

1.学科特色课程的设置

表 4-2　学科特色课程的设置

<table>
<tr><td rowspan="2">课程板块</td><td rowspan="2">课程领域</td><td colspan="2">课程名称（内容）</td></tr>
<tr><td>学科基础课程（必修）</td><td>学科拓展课程（选修）</td></tr>
<tr><td rowspan="12">雄心</td><td rowspan="12">人文底蕴</td><td>语文</td><td>文学与欣赏</td></tr>
<tr><td>演讲与辩论</td><td></td></tr>
<tr><td>文章写作</td><td></td></tr>
<tr><td>新闻阅读与实践</td><td></td></tr>
<tr><td>经典诵读</td><td></td></tr>
<tr><td rowspan="4">英语</td><td>英语歌曲学唱</td></tr>
<tr><td>经典童话配音</td></tr>
<tr><td>经典童话表演</td></tr>
<tr><td>西方名著鉴赏</td></tr>
<tr><td rowspan="3">历史</td><td>中外历史人物评说</td></tr>
<tr><td>国家宝藏</td></tr>
<tr><td>世界文化遗产荟萃</td></tr>
</table>

续表

课程板块	课程领域	课程名称(内容)	
		学科基础课程(必修)	学科拓展课程(选修)
雄心	人文底蕴	地理	宇宙与地球
			走遍天下
			环境保护
		道德与法治	公民道德与常识
			生活中的法律常识
			模拟法庭
慧心	科学素养	数学	数学史选讲
			生活中的数学之美
			数学思维方法
		物理	生活中的物理知识
			创造性物理实验
		化学	化学与生活
			实验化学
慧心	科学素养	生物	生物科学与技术
			校园植物分类与命名
			插花艺术与绿植养护
		信息技术	多媒体技术应用
			网络技术应用
			人工智能
壮心	身心健康	体育	篮球的奥秘
			足球的奥秘
			武术
		心理健康	心灵驿站
			情绪心理学
雅心	艺术修养	美术	绘画
			工艺
			书法
			集邮

续表

课程板块	课程领域	课程名称（内容）	
		学科基础课程（必修）	学科拓展课程（选修）
雅心	艺术修养	音乐	合唱
			演奏
			音乐与舞蹈
			音乐与戏剧表演
苦心	实践创造	劳动技术	巧手制作
			陶艺
		综合实践	职业体验
			社会调查
		通用技术	简易机器人制作
			家政与生活技术

2.智识发展课程的设置

表 4-3　智识发展课程的设置

课程板块	课程领域	课程名称（内容）
雄心	德性品质	爱国主义教育影片鉴赏
		国学入门
		革命历史钩沉
		民族与国防
		诚实守信美德故事选编
		知爱明善——身边的友爱善良小故事
慧心	学习品质	励志勤学故事
		目标管理
		生涯规划辅导
		如何制定合理的中、高考目标
		良好学习习惯培养
		有效预习、复习策略
		如何开展小组合作学习
		文科、理科思维能力培养
		自学能力新方法
		激发学习动力的策略

续表

课程板块	课程领域	课程名称(内容)
壮心	健康生活	食品安全
		交通安全
		网络安全
		个人家居安全
		活动安全
		自护自救常识
		中学生 20 个良好的生活习惯
		中学生基本生活技能指导
		心理健康教育
		生活情趣
		生活目标
雅心	个性特长	体育、艺术、科技、语言文学类特长
苦心	社会责任	责任教育
		团队精神
		法治讲堂
		时政纵横
		正义之心
		公民课程

3.体验创造课程的设置

表 4-4 体验创造课程的设置

课程板块	课程领域	课程名称(内容)
雄心	仪式教育	开学典礼
		升旗仪式
		入团仪式
		青春成人礼
		百日誓师
		毕业典礼
		雷锋纪念日
		植树节

续表

课程板块	课程领域	课程名称(内容)
雄心	仪式教育	清明节
		五四青年节
		教师节
		勿忘国耻“九一八”事变
		中秋节
		重阳节
		国庆节
		元旦迎新
		元旦:迎新活动
		校园读书节
		校园艺术节
		校园科技节
		校园外语节
慧心	主题教育	“开学第一课”安全教育周主题活动
		“珍爱生命　远离毒品”禁毒教育月主题活动
		劳动习惯养成教育
		健康教育
		行为规范教育
		文明礼仪教育
		廉洁教育
		环保教育
		法制教育
		民防教育
		消防安全教育
		“向国旗敬礼”主题教育
		“过有意义的假期”暑期社会实践
壮心	阳光教育	校园体育节
		青春心理拓展
		军训磨炼意志
		劳动教育

续表

课程板块	课程领域	课程名称(内容)
雅心	特色发展	认识学校:知校史　访校友　扬校风
		认识自我:发现自我优势,展示自我特长,建立成长档案
		热爱家园:走进家乡,体验民土民风
		热爱家庭:厨艺体验
		艺术体验:高雅艺术观摩
苦心	社会实践	志愿公益活动
		爱心手拉手
		社区活动:文明社区、关爱老人、文明交通、绿色环保

第五章

“文心教育”的评价体系

第一节 “文心教育”的评价概述

“文心教育”的评价体系是学校根据“同心从心、心往力行”的价值诉求与教育教学的阶段性目标制定的，主要针对日常实践中最基本的主体和组织所施行的评价策略。它致力于学生发展与质量提升一致性的本校化判断，它是“文心教育”不可或缺的重要组成部分。

一、“文心教育”的评价目的

“文心教育”的评价目的是通过评价来诊断并改善“文心化行”的实践水平，努力建构适合师生共同成长的教育。其具体表现在：一是检讨反省组织管理在“同心”上付出了哪些努力——哪些是成效显著的，哪些是成效不彰的，哪些是需要废止的，下一步的落脚点与实践方向应该如何确立与展开等。二是教师在“以心传心”的过程中“已经做了什么”“下一步去哪里”“怎么到达那里”，即经验提炼、问题分析以及目标确立、路线规划等。三是学生自我反思发展状况并明确再接再厉的空间、方法等。四是听取家长对学校、教师以及自己孩子表现的意见建议等。

二、"文心教育"的评价功能

"文心教育"的评价功能是通过评价把好办学改革方向、厘清办学发展现状、激励师生共同成长。其具体表现在:一是导向功能。评价意味着价值判断,意味着办学主张,意味着管理态度,意味着制度规范。二是鉴定功能。评价所确立的标准可能是阶段性的或是不够完善的,但它肯定是基于现实又高于现实的,是大部分人经过阶段性的努力所能实现或逼近的。那么,距离何在、距离多远,需要创造什么样的条件、提供什么样的平台,采取哪些效应性更强的措施,这是通过评价必须厘清的,否则,下一步肯定踩空。三是激励功能。评价是为了告诉师生在通向目标的道路上又走了多远、谁走得最快、自己身上还有哪些潜能未能充分挖掘,你行、我也行。

三、"文心教育"的评价形式

"文心教育"的评价形式主要以量表为核心,辅以动态的、多元的、定性的评价方式。其主要包括:一是量表,凡评价对象必配备相关标准的试行评价量表;二是动态,评价以学年为时间单位,但在权重上会根据不同阶段的需要有所侧重;三是多元,将自评与他评广泛结合;四是定性,将量表得分与定性分析综合考量,形成评价分值与意见。

第二节 "文心教育"的评价体系内容

教育教学的实践主体主要是教师与学生,教育教学的实践平台主要是班级与课堂。现阶段,"文心教育"的评价内容主要指向最基本的,也是最重要的人与事,包括同心团队、知心教师、立心少年、正心班级、养心课堂等。我们认为,这五个方面的突破将会带来教育教学的根本性突破,为师生发展与质量提升营造生机勃勃的生态环境,并为"文心教育"走向成熟奠定最坚实的实践基础与发展可能。

一、同心团队

思想同频、认识同辙、实践同力，是谓同心。同心是团队"心往力行"的逻辑前提，也是"文心化行"的内在机智和外在表现。团队是否同心，将从根本上与全局上决定"文心教育"的成败。因此，在评价体系里，同心团队处在极为关键的地位。这里的团队主要包括各处室、各年段、各教研组，这三类团队从不同的专业化角度既支撑着又拓展着"文心教育"追求的今天与明天。

同心团队的评价标准主要根据"同心组织"及"管理者十条"的内容制定，评选主要采用自评与联评的方式进行。

表 5-1　同心团队·自评联评表(试行)

团队名称____________

<table>
<tr><th rowspan="2">序号</th><th rowspan="2" colspan="2">项目</th><th rowspan="2">分值</th><th colspan="3">等级</th></tr>
<tr><th>优</th><th>良</th><th>一般</th></tr>
<tr><td>1</td><td colspan="2">同心建设计划翔实，有想法有办法</td><td></td><td></td><td></td><td></td></tr>
<tr><td>2</td><td colspan="2">团队有认同感、凝聚力</td><td></td><td></td><td></td><td></td></tr>
<tr><td>3</td><td colspan="2">讨论研究工作有"可以更好"的观点碰撞</td><td></td><td></td><td></td><td></td></tr>
<tr><td>4</td><td colspan="2">工作落实有速度、效度、新度</td><td></td><td></td><td></td><td></td></tr>
<tr><td>5</td><td colspan="2">成员坦诚相待、信任互助</td><td></td><td></td><td></td><td></td></tr>
<tr><td>6</td><td colspan="2">人人做事有标准、个个服务讲奉献</td><td></td><td></td><td></td><td></td></tr>
<tr><td>7</td><td colspan="2">重视集体实践、反思与专业学习</td><td></td><td></td><td></td><td></td></tr>
<tr><td rowspan="3">总体评价</td><td>同心特色</td><td colspan="5"></td></tr>
<tr><td>主要不足</td><td colspan="5"></td></tr>
<tr><td>意见建议</td><td colspan="5"></td></tr>
</table>

说明：

1.序号 1 主要在期初检查，其分值以百分计算并直接折为 20%加入年度总分(年度总分占 80%)；

2.序号 2 至 7 必须附相关的材料，主要有：年度团队总结材料及会议记录、相关项目的典型材料等；

3.对其中团队建设、工作落实等创新特色明显且具有推广价值的，自评分可直接打满分；

4.自评分折算为 70%，联评分折算为 30%；

5.评选程序：自评——初评(按类别)——学校联评。

二、知心教师

师生相互了解、彼此契合，是谓知心。知心是“以心传心”的逻辑前提，是教学相长的内在机智。因此，“知心教师”是学校办学常态下教师的最高荣誉（校内）。每年“十大知心教师”的评选，有力地推进了教师专业化成长及“文心教育”的实践深入。

知心教师的评选标准主要根据“慧心教学”及“教师十条”的内容制定，相关评选则采用自评（含述职）、互评（听课、听述职、看材料）、学生评、家长评等多元评价方式。

表 5-2 知心教师·自评互评表（试行）

姓名________ 学科________ 任教班级________

序号	项目		分值	等级		
				优	良	一般
1	“传心”计划翔实、有想法、有办法					
2	注重学生向学尚思的培养与价值引领					
3	师生关系融洽，平等对话是常态					
4	知道什么方法有效，什么方法更有效					
5	对出现学习障碍的学生学习干预成效明显					
6	重视学生课堂之外的学习体验					
7	自觉学习、擅于反思					
8	热衷同伴互助					
9	教育教学效果明显					
总体情况	知心特色					
	主要不足					
	努力要点					

自评、互评人________

年 月 日

说明：

1.序号 1 是每位教师开学前必做的功课，其分值以百分计算（期初检查）并直接折为 20％加入年度总分（年度总分占 80％）；

2.序号 2 至 9 必须附相关材料，主要有：个人总结、典型案例、课堂实录、照片等；

3.表中除序号 1 外，其他项目暂不求面面俱到，只要其中一项有个人突破并能成为全校样板者，自评分数、互评分数可视为满分（自评满分为 80 分）；

4.自评分占总分 40％，互评分占 30％。

表 5-3　知心教师·学生评价表(试行)

评价学科＿＿＿＿＿＿　　评价班级＿＿＿＿＿

序号	项目	分数	等级		
1	你喜欢你的学科老师吗	15	喜欢	还好	一般
2	你觉得学习该学科有意义吗	5	有	不知道	没有
3	你能掌握该学科的知识吗	15	能	一般	难
4	老师课堂上鼓励质疑问题吗	25	鼓励	还好	不鼓励
5	你能掌握本学科的学习方法吗	10	能	一般	不能
6	老师能与你平等对话吗	10	能	还好	不能
7	老师主动关心帮助你的学习生活吗	20	经常	偶尔	没有
总体评价	他(她)是个什么样的老师				
	主要优点				
	有何建议				

说明：

1.凡项目等级第三等每班超过100个次者，取消"知心教师"评选资格，凡超过150个次者必须写出书面说明；

2.本表为学生评价任教学科教师通用表格，可在同一时间完成统一填写，背靠背、无记名；

3.学生评价占知心教师总分的30%，即学生评价总分除以参加评价人数再乘以30%。

表 5-4　知心教师·家长评价表(试行)

孩子所在班级＿＿＿＿＿

序号	项目	评价内容
1	哪些老师曾与您沟通孩子的教育问题(家访、电话或家长会)	
2	哪些老师对您孩子的帮助最大(可写学科或姓名)	
3	您想对哪位老师提提意见建议	

说明：

1.表5-4为加分评价表，分值原则上不超过"知心教师"评价总分的5%。

2.根据家长评价情况酌情加分：序号1不超过2分；序号2原则上不超过3分，在转化问题学生上有突出表现者可加满分5分；序号3出现在家长意见名单上的取消加分资格。

3.本表不记名，若发现教师有弄虚作假者，取消"知心教师"评选资格。

三、立心少年

有志向、尽全力,是谓立心。立心即立志,立志当尽可能于德、智、体、美、劳等方面有不断超越自我的良好表现。立心是“心想能行”的逻辑前提,也是“向阳生长”的内在动力。“立心少年”是学校办学常态下学生校内表现的综合性最高荣誉,每年“三十大立心少年”的评选与表彰是学生学习生涯中的重要事件。

“立心少年”的评选标准主要根据“志心德育”及“学生十条”的内容制定,相关评选采用自评、学生互评、师评等方式进行。

表 5-5 立心少年·通用评价表(试行)

年级________ 班级________ 姓名________

序号	项目		分数	等级			
				优	良	一般	差
1	志向明确、有社会价值						
2	计划立足自己的眼前与发展,翔实可行						
3	自觉做好的事、对的事						
4	自主向学、刻苦好学						
5	善于思考、敢于思考						
6	个性阳光,乐于沟通合作						
7	热爱劳动、运动,技有所长						
8	素质提升较快						
总体表现	立心特色						
	主要不足						
	努力要点						

说明:

1.表 5-5 为自评、互评及师评通用评价表。

2.序号 1、2 由班主任或导师负责于期初审查修改,志向的高低远近,只要有社会价值,教师都应给予尊重鼓励,关键是调整计划的操作性。

3.此表无论初中、高中学生人人必填,其要旨在于“人唯患无志,不患无功”(王阳明语)的圣贤教诲,意在让学生怀抱精神生命去践行日常的学习生活,有目标、有计划、有行动、有反思,日胜一日、发展进步。

4.至于“立心少年”评选程序可作简化,因全校凡三十席,均及年段仅存五席。可以年段为单位,先由各班在“三好生”的人选中票决一人或无记名随机票选一人,而后由年段联评。总原则是声势不能小、程序可简化。

5.表格内容具有一定的覆盖面,但评选要特别重视那些个性鲜明而又能在志向引领下于某个方面进步突出的少年的推选(与三好学生评选不同),以增强身边榜样的感召力。

6.“立心少年”的自评占 40%、年段学生互评占 20%,教师组织的联评占 40%。

四、正心班级

端正的心思谓之正心，端正的班风谓之正心班级。端正在这里可以部分地替代“正心”，如端正坐姿、端正思想、端正学习，等等，这些都是正心班级的应有之意。但是，用“正心”界定“班级”还有更深切的追求，那就是一个班级要像一个生命个体一样，有端正的心思——即班级独特的核心价值和精神风貌，并在核心精神的统领下，既有正气正直的精神气派，又有协调合作的现实存在；既有心的归属与约束，又有力的拓展与支撑。

正心班级建设是“文心教育”办学追求的基本的、稳定的学生团队打造，她以一种日常的、直接的表现检测着“文心教育”实践的深度和影响的广度。她是“窥一斑而见全豹”的观测点，也是“一叶知秋”的评价坐标；她以你别无选择的姿态挑战学校办学的思想高度与实践智慧——无可回避，只有逾越。因此，制定“正心班级”的评价标准必须建立在“支持体系”与“实践密码”之上，它是组织、德育、教学的聚焦，也是组织、德育、教学的回放；它隶属德育管理，但仅从德育的角度和采用德育的办法并不能从根本上解决现代班级团队建设和学业发展的问题。基于这样的认知，我们也只能边想边做、边做边改，试着日渐完善。

表 5-6　正心班级·自评互评表(试行)

年级________　班级________　班主任________

序号	项目	分数	等级		
			优	良	一般
1	以“正心”为基调的班级个性奋斗目标				
2	师生共同制定的简约、亲切的班级公约				
3	“唯能”“全员”导向的干部队伍建设	15			
4	主动关心、主动承担的集体关系	15			
5	向上、向善的班级舆论氛围	15			
6	发展个性的团队主张	15			
7	帮扶非正式群体的组织机制	20			
8	“会说话”的班级物质环境	10			
9	形成自我管理、自我完善的自我教育基本单位	10			

续表

<table>
<tr><td rowspan="3">总体评价</td><td>正心特色</td><td></td></tr>
<tr><td>主要不足</td><td></td></tr>
<tr><td>努力要点</td><td></td></tr>
</table>

说明：

1.序号1、2为底线项目，期初检查，占评价总分值的5%。分值分布：自评40%＋年段联评40%＋全校联评15%；

2.自评表需附相关的典型材料。后进班级转化成效显著者，自评分可作满分处理。

五、养心课堂

修养心神、发展才智，是谓养心。养心必先养志，所以，《孟子·公孙丑上》：“我善养吾浩然之气。”养心需要内外因素的辩证转化，所以教育的熏陶成了最重要的选项，《孟子·离娄下》：“中也养不中，才也养不才，故人乐有贤父兄也。”朱熹集注：“养谓涵育熏陶，俟其自化也。”养心还需要足够的时间过程、意志力、细心和体验，因此，常态化的课堂成了理想的平台。可以说，修养心神、发展才智是教育最重要的两大任务，也是养心课堂最为核心本质的目标。

基于这样的理解并结合前文提出的“慧心教学”理念以及“教师十条”，我们制定的“养心课堂”主要标准于下：

表5-7 养心课堂·自评互评表(试行)

<table>
<tr><td>姓名</td><td></td><td>学科</td><td></td><td>授课时间</td><td colspan="2"></td></tr>
<tr><td>授课班级</td><td></td><td>授课课题</td><td colspan="4"></td></tr>
<tr><td rowspan="2">序号</td><td colspan="2" rowspan="2">项目</td><td rowspan="2">分数</td><td colspan="3">等级</td></tr>
<tr><td>优</td><td>良</td><td>一般</td></tr>
<tr><td>1</td><td colspan="2">情感、态度、价值观的渗透既潜移默化又有“身教”的特点</td><td>8</td><td></td><td></td><td></td></tr>
</table>

续表

序号	项目	分数	等级		
			优	良	一般
2	知识重难点的突破既讲规律又求生活化	15			
3	能力转化既有思维拓展又具实践导向	15			
4	过程民主开放既质疑问难又平等对话	12			
5	方法多样既讲究教法又处处皆是学法	20			
6	学生参与既具参与广度又具参与深度	20			
7	语言表达既清晰自然又有感染力量	10			
总体评价	养心特色				
	主要不足				
	努力要点				

说明：

1.这是一个相对理想化的课堂评价标准，其未来指向明显；开始执行时，多根据细节性的亮点给分，分数栏里的分值仅供参照；

2.自评分占40%，互评分占25%。

表5-8　养心课堂·学生评价表(试行)

授课教师		学科		授课时间	
班级		课题			
序号	项目	分数	等级		
1	你喜欢这堂课吗	20	喜欢	还好	不喜欢
2	你的情感态度受到影响了吗	8	有影响	还好	没有
3	这堂课的重点知识你掌握了吗	20	掌握	还好	没有
4	你分析问题、解决问题的能力提高了吗	20	有	还好	没有
5	你全过程都参与了吗	15	参与	偶尔	没有
6	你的学习方法有进步吗	12	有	不知道	没有
7	你觉得老师的语言表达好吗	5	好	一般	不好
总体评价	你喜欢哪些做法				
	你不喜欢哪些做法				
	怎么做对你更好				

说明：

1.学生评价分值占35%；

2.本表填写者不记名。

第六章

“文心教育”的现状与展望

经过三年苦心孤诣的思考、宵旰忧勤的劳作，“文心教育”办学思想迤逦然以其青涩的形象标示着厦门十中办学的初衷和方向。我们深知，来时艰难、前方路远，回溯与展望将让我们走得更稳、更快、更远。

第一节　现　状

一、已经建构了“文心教育”相对严整的体系

根据我们的理解，办学思想必须是一个以教育规律为其核心的、以育人为其功能的内在自洽体系。因此，我们建构“文心教育”办学思想体系，紧紧围绕人的发展这一教育的本质主题，从理念到实践、从工作到人、从项目到评价、从价值观到课程等，尽可能地在办学的内在秩序与结构上形成有机的整体，既一以贯之，又自成一体。哪怕是某一具体的章节，也尽量追求这种学理上的统一。如“理念体系”一章，核心价值观是“同心从心、心往力行”，办学理念、品牌传播语、办学目标、育人目标、一训三风等全部聚焦这一核心完成辐射性或呼应性的表达与诠释。具体地说，“同心从心、心往力行”既是面向所有人的集结召唤，又是针对每个人的选择建议；既是对教育即发展的本质洞穿，又是以人为本发生机制的实践逻辑；既是一种精神上的倡导激励，又是一种行动上的坚定不移。而作为集中体现核心精神的办学理念，则以鲜明精确的表达明示了这种精神的实现路径、实现方式、实

现目的——“文心化行”;品牌传播语以文学性的表达补充其本质性的追求方向——“从心出发、向阳生长”;办学目标与育人目标则从学校和学生的角度具体回答了在这一精神指引下,我们要办成什么样的学校和培养什么样的人。至于“一训三风”,校训确认“文心化行”的实践目的为“立心正行”,校风具体地从文化氛围的角度阐明了实现这一目的所必须营造的生态——“全心改变”,而教风、学风侧重从教师和学生的角度,让这种精神插上主体性的翅膀角色化、职能化落地——“以心传心”“心想行能”。整个“理念体系”,内在演绎着“文心教育”的核心价值精神,外在表达了“文心教育”的实践路径、角度、立场,既内在统一,又共枝别干,环环紧扣地建构了相对严整的体系。

二、努力打造“文心教育”的独特亮点

如“支持体系”的特色追求、“实践密码”的个性概括等,我们尽可能借鉴并转化自己目之所及的人类思维成果,借以推动“文心教育”向着自己独特追求的价值观,更新、更实、更深地走上实践发展的广阔空间。如“支持体系”一章,在“同心组织”部分,我们主要汲取了企业文化管理、行为分析理论等的重要成果,从行动上拓展、深化“文心教育”在组织上的实践保障;在“志心德育”部分,我们主要从传统文化、价值澄清理论、幸福心理学等方面获得重要启示,为核心关键素质的培养奠定了发生、发展、形成的实践保障;而“慧心教学”部分,现象学与实证主义的教育研究成果更直接成了其中的机智、路标和方向,为全面提升教学效应创造了智慧化的实践保障。独特追求必须伴随着独特的思维方式和实践样态,更要打造可资借鉴的实践亮点,否则,我们就会陷入办学的形式主义或浪漫主义,我们就不配谈论教育。

三、广泛宣传“文心教育”的价值追求

詹姆斯·麦格雷戈·伯恩斯认为:“要使影响最大化,就必须通过决策机构的每一层和每一个团体来鼓励和扩散。”(伯恩斯《领导学》)“文心教育”的校内宣传可以说是全覆盖。一是宣传媒介的全覆盖。学校利用了一切可以利用的媒介,从广播、宣传栏再到环境建设,“文心”无所不在;二是管理运作的全覆盖,从规划到计划、从行政例会到教研活动,“文心”都是压

倒性的主题。其中，最值得一提的是，我们通过评价体系所建立的新标准，让宣传不再是表面文章，而是实践方式。评价体系是关于为人处事(管理者如何管理、教师如何教书育人、学生如何学习表现)的实践准则，也是校内生活的价值规范，主动改变并自觉遵循是向好发展的几近唯一的选择。我们希望形成这样的现实：改变自己，是走向强大的唯一途径；强大自己，是解决问题的唯一方法。但要真正成就这样的现实是极端艰难的。因此，我们在开始运作评价标准的时候，重点考虑的是如何将一种宣传、一种导向实践化。这一方面带有实践标准的刚性，必须按照新的标准为人处事；另一方面又带有鼓励参与的柔性(在运作上尽量留有余地)。“太刚则折，太柔则废”(司马光《资治通鉴》)，刚柔相济是智慧，也是策略。我们一定要在最大程度上引导、帮助、激励更多的人接近新标准、实践新标准、驾驭新标准，“文心教育”办学思想的价值诉求才能最终走向成熟。

四、智力困境带来的现实局限

“文心教育”对于我校所有的人都是一个全新的领域，虽然，我们一直在努力，但智力困境带来的现实局限仍然十分明显。

(一)对“文心教育”的教育意蕴及理论论证仍显单薄

这主要表现有三：一是理论厚度不够。我们对“文心教育”的教育意蕴及理论论证还没有达到哲学化的说服力。二是理论广度不够。其主要表现在对心智的生物学、心理学以及思维科学等的成果借鉴缺乏更为广泛与精准的扩张。三是关于“文心化行”的多样化机制以及“立心正行”的未来化内涵的理论表述，既不丰富，也不充盈。

(二)“支持体系”中的“润心环境”尚不配套

主要问题，一是原有的环境视觉文化与“文心教育”的办学思想并不匹配；二是已建“文心亭”等不够雅致；三是正在规划中的环境建设还缺乏情感性、故事性和艺术性的人文品位。

(三)“实践体系”中堪称典范的案例太少

主要表现，一是组织管理上的行政痕迹偏重、文化气息不浓；二是德育实践上形式化而不是专业化的比重仍然偏高；三是教学实践上对“不确定性”欠缺驾轻就熟的控制能力，导致课堂机智要么不够丰富多元、要么流于生涩；四是课程实施上缺乏人力资源上的支撑，或开发水平不高，或落地效应不彰。

（四）专业启蒙与培训力量不足以从根本上改变与转化

“文心教育”办学思想是一个重新打造学校现实的积习的方案，所有人都必须有一个重新学习、思考、实践的过程，这是不可逾越的。但由于这是个纯粹本校化的追求，可供借鉴的相关理论与经验不多，这就造成了改变与转化的困难：一是学什么？二是谁来培训？三是谁来教练？外聘专家困难重重，内塑骨干也要假以时日。因此，目前我们处在“摸着石头过河”的较为艰难的状态。

（五）评价体系欠缺科学化的论证

目前使用的评价体系主要是基于我们对“教学”“教师”“学生”的一些有限的认知，大都属于质的研究范畴，并且是一些不够深透的质的研究，实证主义的数据化研究仍未开始。因此，这个导向性的评价体系究竟科学性如何，我们胸无成竹。

困难很多、问题不少，理性的危机与实践的危机并存，但我们依然相信自己所选择的方向并认同已经发生的变化。我们清楚自己正在做一件重要且艰难的工作，并且正在上坡——前面一定有安于现状者所无法想象的关于学校办学的绚丽风景。

第二节　展　望

“文心教育”办学思想的艰深繁难，让我们始终保持一种忧患的理性，并致力于寻找理论与实践的新证据来验证哪些内容存在更精辟深刻、效应更强的转化，而不是急于将所有的努力合理化；“文心教育”办学思想的美好未来，让我们始终保持一种自强的激情，并致力于描绘使命与目标的新进展来激励全体同仁更加自信、更加高效，而不是急于将一城一池的得失功利化。前者是专业化的把控，后者是愿景式的指引，二者都是为了更好地展望未来。

一、专业化展望

专业化展望主要聚焦在对“心”的全面理论突破和实践跨越。作家雨果有句名言：“世界上最宽阔的是海洋，比海洋更宽阔的是天空，比天空更宽阔的是人的胸怀。”这实际上讲的是心有多大、世界就有多大。王阳明讲“心即理”，是从哲学上讨论心的精深玄奥。有人总结说，世界有三大谜：物质起源之谜、生命起源之谜、意识起源之谜，而意识即是“心”的主要功能……信手列举，可以看出，心是大的、心是深的、心是不可知的——即“心是难的”。难，但重要，我们便别无选择。因为教育是面对人的，更具体地说是针对“人心”的，知道“难”本身已是认知上的进步。那么，我们将如何突破呢？

（一）理论上对“心”突破

这种“突破”并不是我们能够开创心理学或哲学等的理论主张，而在于从对心的所有理论研究中建构系统的而又便于指导“文心教育”实践的理论图式。为了达成这一高度，我们从现在开始主要从下面六大方面积累并普及心的理论研究：一是全面普及“心”的生物学知识，特别是大脑的结构与功能以及神经系统的特点等；二是深入洞察“心”的心理学研究，特别是学习与行为分析、认知过程、智力理论以及人的毕生发展理论等；三是准确辨析“心”的哲学论证，特别是关于主体性以及人的主观能动性的原理，尤以马克思关于人的本质是“自由自觉的活动”的哲学思考为主线；四是搜集“心”的文化学研究材料，以便从文化学的角度分析不同地域、不同家庭等对孩子的不同影响，并梳理不同文化背景下少年儿童的教育方略；五是全面穿透“心”的教育学研究，特别是遗传基因与后天教育的内在关系，了解教育怎样才能在最大程度上、最优水平上促成“心”的成长；六是“心”与学科教学研究，使因“心”施教建构在个别与学科的基础上。以上六大方面的研究结果将形成《“文心教育”研究手册》（系列性材料），人手一册，必学必考必优。

（二）实践上对“心”的突破

这种突破以培养健全人格为最高主张。习近平总书记指出：“人格是一个人精神修养的集中体现。”（习近平 2019 年 3 月 1 日在中央党校中青年干部培训班开班式上的讲话)知识也好、能力也罢,都只是精神修养的组成部分;情感也好、态度也罢,也只是精神修养的有机因素。问题的关键在于,我们完成了哪些益于人格健全发展的实践磨砺,这也是"文心教育"的价值追求。为此,今后一段时间里,我们在"文心教育"实践上将重点开展下面七个方面的工作:一是"同心组织"的共性特点与不同样板。鼓励不同职能的组织与不同学科团队等,在"同心"的旗帜下建设自己高质高效的组织个性与团队人格,让所有的内部组织从管理走向领导,并形成自己鲜明的文化符号。二是"志心德育"的"守一而望多"的实践机制与不同的榜样培养。倡导德育发生机制在不同背景、不同个体上的精细化行动研究,实验"志心"之于不同个体在智能发展与人格形成上的不同表现样态,总结"志心德育"的多元化模式。三是"慧心教学"目标的"可预测性"与过程的"不确定性"之弥合性实践机智。其主要聚焦"哪些因素更有效"的实践解读与数据分析,包括教学方法、学习方式、课堂结构等的开放性建构——共同规律与风格差异,总结"慧心教学"的基本规律、基本模式,让教学效应清晰可见。四是"知心教师"的成长机制与成长模型。重视从个性成长经验中归纳共性的发展机制与模型,并在归纳的基础上演绎个性提升的新的可能,将"知心教师"的专业提升既建立在共性的常态中,又建构在个性开放的动态中。五是"立心少年"培养的发生机制与表现的多姿多态。由于"立心少年"不是现状条件下相互比较的结果性评价(如"三好生"),而是现状发展速度、特色的自我生成性评价,其激励的覆盖面涉及在校的每一位学生个体,是对其中出现的不同样本的跟踪干预与研究。实践与宣传,将使学生人格发展的生态生机勃勃、多姿多态。六是"正心班级"的形成机制与常态样本。重点研究实践"正心班级"的常态结构形式,其价值观、团队、制度、环境等的内在支撑与优化,不同的结构形成如何决定"正心班级"的本质差异与表现特点,以及学校管理如何辅以外在的支持等。七是"养心课堂"的价值追求与经典案例。主要聚焦心神与心智的个体化生成规律,全面而深入地探索各种"润物无声"的实践方式,让课堂真正成为每个学生"拔节孕穗"的主体平台,将课堂的"养心"价值追求进行到底。以上七大方面的实践关键词是发生机制与典型案例。此外,下面几个词语也必将成为我校的实践关键词并形成相关的典型案例:体验、对话、理性、自由、认知、人格等。以上七大方面的实践结果不定期地以《"文心教育"实践手册》的汇编形式,人手一册,应知会用能创。

二、愿景式展望

德鲁克认为,“企业要思考三个问题:一是我们的企业是什么?二是我们的企业将是什么?三是我们的企业应该是什么?”这也是思考学校文化的三个原点,而最能体现思考结果的是学校愿景的确立。愿景管理是世界上所有优秀企业的共同特征,也应该成为所有学校打造品牌的共同特征。如,微软的愿景是“使每一个人桌上都放置一台电脑”,福特公司的愿景是“使汽车大众化”,迪士尼的愿景是“成为全球的超级娱乐公司”,通用电气的愿景是“使世界更光明”,等等。确立愿景、认清愿景、践行愿景,才能明确方向、激发动力、同心同德、追求卓越。

我校根据“文心教育”办学思想的价值追求,将学校的办学愿景界定为:人人娴熟驾驭心的转向。从管理者的角度出发,洞察己心与人心,在日常实践中,精准地判断领导者与被领导者之间在具体工作上的思维异同以及能力储备水平,并在现有条件下实现突破性进展,达成心灵转向与实践效果的合理化与最优化;从教师的角度出发,在己心与人心(主要是学生之心)中找出沟通与合作的焦点、难点,机智转换“以心换心”的切入点与支撑点,举重若轻地实现教育教学的心灵转向;从学生的角度出发,养成良好的自控能力,特别是当遭遇发展障碍时,能习惯于更换思考角度、方法,在相对复杂的问题情景中较快地找到解决问题的途径、方式,从而在常态化的心灵转向中迭代成长。总之,我们将致力于把校园打造成心灵转向的综合训练场,努力促成人人娴熟驾驭心的转向。

愿景式展望的主要意义在于激发学校全体同仁的事业心与使命感。

(一)事业心

它指向的不是一个人能不能做好一件事,而是一个人能不能始终不渝地坚持把事情做好,这就特别需要在其内心深处植入“愿景”的精神芯片。举个例子说明:

一个农夫去一个哲学家家里做客。

农夫不解地问哲学家:“您每天不是读书,就是伏案写作,难道不觉得辛苦吗?”哲学家说:“因为我有事业心,所以不觉得辛苦。”

农夫又问:“什么是事业心?”哲学家想了想,说:“我们不如来做个试验吧。

只要你按照我说的方法去做一做,就知道什么叫事业心了。”农夫点头答应。

哲学家接着说:“请将你的左手握成拳状,往前伸直,然后将右手也握成拳状,高高举起;接着迈步向前,每走两步后,将左手往两边摆动一下,然后再走两步,将举起的右手放下,又举起。就这样,一直重复着这些动作,并且转圈。”

虽然农夫不明白哲学家为什么要他做这些动作,但他还是照做了。大约过了半个小时,农夫受不了了。哲学家问:“感觉怎么样?”农夫说:“受不了,太辛苦了。”

哲学家笑着问:“请问,你会耕田吗?”

农夫说:“笑话,我是一个农夫,耕田是我的工作,我要是连田都不会耕,那还叫农夫吗?”

哲学家说:“你能将你平时耕田时的动作,在这里示范一下吗?”农夫毫不犹豫地做起了耕田时的动作。只见他左手握成拳状,往前伸直,然后将右手也握成拳状,高高举起。接着迈步向前,每走两步后,将左手往两边摆动一下,然后再走两步,将举起的右手放下……农夫惊奇地发现,他做的动作,与哲学家半个小时前让他做的动作一样。

哲学家笑了,问:“你耕田的时候,觉得辛苦吗?”

农夫说:“不但不觉得辛苦,还觉得很愉快。”

哲学家又问:“都是相同的动作,一个觉得辛苦,另一个却不觉得辛苦,那是因为什么?”

农夫答:“因为在耕田时,我心里想着丰收,所以不觉得辛苦。而刚才,我在做您让我做的动作时,心里什么也没想,所以觉得辛苦!”

哲学家拍手道:“这就是事业心。因为你心里有了追求,所以长年累月做相同的事情也不觉得辛苦!”

教师的日常工作是极为平凡的,如果欠缺愿景式的意义追求,不仅事业心无法形成,职业倦怠势所难免。因此,我们必须激励全体教师心怀梦想,并引导其将个人梦想融入学校愿景,从而萌发事业心、践行事业心、坚守事业心——因为一个人可能走得快,但一群人肯定走得远。

(二)使命感

它主要是个体对“我是谁”“我要做什么”“我能做什么”“我往何处去”的认识与回答,其核心是个体对人生意义的追寻。马克思认为:“作为一个确定的人，现实中的人，你就有规定，就有使命，就有任务，至于你是否意识到这点，那是无所谓的。这个任务是由于你的需要及其与现存世界的真实联系而产生的。”从哲学的意义上说，使命感是个人对自我天生属性的寻找与实现；从现实的意义上说，使命感就是对个人任务与责任的认识。使命感是个人内在的动力源泉。一个人的使命感越是强烈，其生活与工作的激情就越高，其人生的责任感也日趋深挚，其自觉奋斗、百折不挠、超越功利的精神力量亦当焕发生命的光芒。

作为一所普普通通的学校，每个人都做着平平凡凡的工作。但我们也有美好的愿景，这个愿景的实现将为中国基础教育的发展贡献独特价值。因此，我们也有自己的重要使命，那就是通过我们个人承担的任务与责任去支撑“文心教育”的办学追求，并在娴熟驾驭心的转向的实践中不断实现、超越自己的人生价值。学校会因为“文心教育”而美好，“文心教育”会因为你的参与而精彩！

参考文献

[1]刘勰.文心雕龙[M].王志彬,译注.北京:中华书局,2012.

[2]王守仁.传习录译注[M].王晓昕,译注.北京:中华书局,2018.

[3]柏拉图.理想国[M].郭斌和,等译.北京:商务印书馆,1986.

[4]罗伯特·阿克塞尔罗德.合作的进化[M].吴坚忠,译.上海:上海人民出版社,2016.

[5]贾馥茗.教育的本质[M].北京:北京联合出版公司,2000.

[6]邓晓芒.哲学起步[M].北京:商务印书馆,2017.

[7]马克斯·范梅南.教学机智——教育智慧的意蕴[M].李树英,译.北京:教育科学出版社,2015.

[8]约翰·哈蒂.可见的学习[M].金莺莲,等译.北京:教育科学出版社,2015.

[9]杰弗瑞·克雷默.杰克·韦尔奇领导艺术词典[M].北京:中国财政经济出版社,2001.

[10]理查德·格里格,菲利普·津巴多.心理学与生活[M].王垒,等译.北京:人民邮电出版社,2015.

[11]彼得·德鲁克.管理·任务·责任·实践[M].陈小白,译.北京:华夏出版社,2008.

[12]弗兰克·G.戈尔布.第三思潮:马斯洛心理学[M].吕明,等译.上海:上海译文出版社,2000.

[13]保罗·弗莱雷.被压迫者教育学[M].顾建新,等译.上海:华东师范大学出版社,2010.

附　录

“文心教育”：让学生成就自己　超越自己

——记厦门市第十中学的特色办学

王阳灿

厦门市第十中学有着深厚的文化底蕴，是福建省文明校园、福建省德育先进校、福建省素质教育先进校、福建省课改基地校。近年来，学校在党的十九大精神的指引下，通过全体师生的共同努力，探索出一条以学校资源为基础、符合学校实际和学生发展特点的“文心”特色办学之路，极大地促进了学校教育教学质量的提升。

厦门市第十中学地处集美区文教中心区域，毗邻园博苑，发轫于 1975 年 9 月集美中学分校，2007 年 2 月被确认为福建省一级达标高中。45 年来，这颗种子从未停止过向上生长的冲劲，阳光与雨露，浇灌与培育……冒出新芽的种子在天地间昂首滋长。

用美善的心塑造美好的心灵

在新的历史时期，学校对近半个世纪以来的办学传统经验成果进行总结和提炼，在继承创新的基础上凝练办学理念，提出了“育人为本、质量立校、文化兴校、特色发展、创建品牌”的办学思路。

学校特色建设的主要功能是文化的建立和传承，而不是通过几个音乐、美术、体育的项目就称是学校特色。基于这样的认识，根据“立德树人”的根本任务，结合长期以来的办学成绩及现代学校办学的发展趋势，自 2016 年开始，学校将“文心化行”——以心正行、以体健体、以美育美作为学校办学特色，确立了特色建设的方向，并进行了探索性的实践。对“教育是什么”的本质性思考，一些学校偏重于知识与技能的传授，而缺乏文化的熏陶与人格的培养，难以贯穿人心和个人成长发展的内涵。这与教育培养人、实现人的文化性成长的本质追求相抵牾。以人的个性潜能实现为旨归的教育，唯有人文素养贯穿始终，使灵魂富足、充盈、美好，才能真正实现个人价值的繁盛绽放，而文化创新正是其必由之路。

以文化创新办学理念，以文化升华历史积淀，凝练历史底蕴里积淀的文化因子，链接当下教育教学改革发展的内涵，以适应未来时代发展的人才需求为目标，不断洗练学校的发展核心，形成学校独特的文化标识，打造一流的品牌名校，是厦门十中发展的永恒主题。

育人就是育心，育人就是文心，教育应有文化的办学自觉才会有恒久的生命力，厦门十中有这样的理想追求。

“文心教育”是用美善的心塑造美好的心灵，形成柔和、善良的本性与品行，它以文（一切人类智慧）为载体，渗透于教育实践的每个环节，通过美好心灵的塑造，由内而外地改变行为方式，在行为方式不断完善的过程中，进一步洗练升华内在的心灵，最后知行合一，实现身心的完美协调与和谐统一。“文心教育”是一种既由内而外又由外而内不断螺旋式上升的成长循环，它指向知行合一的身心统一和谐，文化成人。

文化是民族之魂，人类之根。文化的才是恒久的，文化的才是充满生命力的，文化从本质上来说是一所学校办学的灵魂。“文化是一个国家、一个民族的灵魂。文化兴国运兴，文化强民族强。没有高度的文化自信，没有文化的繁荣兴盛，就没有中华民族的伟大复兴。”一个国家如此，一所学校也是如此，文化是一所学校的灵魂。一所学校只有建构属于世界的、更属于中国的、还属于本校的文化，才能开拓现实、面向未来，回应民族复兴的呼唤，为高一级学校教育、为未来社会需要输送具有本校文化符号的莘莘学子。

教育是指引心灵的转向

学校“文心化行”办学理念的核心关注生命的心灵成长，从心出发，知行合一，塑造身心合一的美丽心灵。同心从心，心往力行，向阳生长，拥有健全与美丽心灵的师生，生命的多彩与丰富将温暖每个生命的个性独特发展，一路向阳，春暖花开。

“文心化行”办学理念之下的课程目标——同心从心，全心向阳！我们致力于学生阳光快乐、文雅和善、诚毅坚韧、可持续发展，张扬个性发展，让独特的生命和美丽的心灵，闪烁耀眼的光芒，从而实现学校办学理念内化于心——形成共同的价值取向；外化于行——滋养每一个学生身心的健康成长。

心灵是安排一切的原因，教育是指引心灵的转向。“心”作为灵魂的主宰，是精神信仰的核心，更是教育努力成就的对象。教育本身也是人心与人心相互影响的生命成长，心灵安顿好了，人的生长也就越发光明与旺盛了。

教书育人导向心灵的改变。美国心理学家威廉·詹姆斯认为，地球上的芸芸众生，唯有人才能改变他们的存在方式，唯有人才是命运的创造者。人类可以通过改变自身的内心世界，从而改变自身的外在世界。“内心世界”改变的深度和宽度，决定着“外在世界”改变的方向和高度。

可以这样说，育心，以文育心，是人认识自己，改变自己，进而超越自己的成长进阶与智慧升级，更是教育的核心追求与根本目的。

育心的目的在于实现人的潜能发展，成为自己。每一个人都有积极实现自己各种固有潜力的心灵力量。著名心理学家马斯洛指出：“从人的天性中可以看出，人类总是不断地寻求一个更加充实的自我，追求更加完美的自我实现。从自然科学意义上说，这与一粒橡树种子迫切地希望长成橡树是相同的。”这是生命的主动过程，是生命过程的本质，贯穿生命的始终，就像幼芽会始终伸向远处的阳光一样，生命也会朝着成长与实现不断发展。

教育也一样，其目的就是引导学生像橡树种子一样生长，成为自己。而这要从认识自己开始，从心里不断内省，从正视自己的优缺点出发，进而扬长避短，充分发挥自身的潜能，努力向自己生命本该成长的方向发展自己。

“文心教育”要育的那颗心，就是要实现人的潜能发展，就是在生命的生长过程中成就自己。然而，人类的需求不只是实现自我，更是超越自我。成就自己还不是“文心教育”的最终目标，一个人成就自己的过程其实还在于不断超越自己，个性化自我的文化价值，成为独立的“文化人”。

让“文心”特色化理念落地“化行”

文因载道存远志，心以化人敦善行。几年来“文心化行”的办学理念如涓涓细流，润泽心田，启迪智慧，陶冶情操，抚慰心灵。在以“文心”教育为文化办学特色的引领下，厦门十中坚持面向全体学生、立足课堂，以培养学生兴趣和特长为抓手，通过丰富多彩、形式多样的社会实践与课外活动，做到以文化人、以心正行，真正让“文心”特色化理念落地“化行”。

全国教育大会强调，要坚持以美育人，以文化人，提高学生审美和人文素养。厦门十中以“文心化行”为办学理念，凝聚教育教学亮点，经由“文心”，实现人的生命、生长、成长、成人的逻辑升华，“化行”生活，并以“以心正行、以体健体、以美育美”办学特色思路为核心，构建以“生命教育、体育教育、艺术教育、志愿服务”四大内容为支撑的特色办学实践，凸显“心”之强大，实践“行”之坚定，彰显学校独特的办学特色。

生命教育，立命安身，文心之本。用生命教育筑建文心的基石，拓展生命的长度。学校以禁毒教育和心理健康教育培育身心健全的学生，支撑起生命教育的内涵，通过校本课程、德育活动、社会共筑等形式，多渠道开展生命教育。禁毒教育突出特色校本教材课程，以五学科跨学科融合编著的校本教材进课堂为核心，融合行为规范养成教育、法治教育、安全教育等德育工作主线，推动禁毒教育的常态化、课程化、规范化，同时重点发挥禁毒展馆的宣传教育作用，利用重要事件节点开展禁毒教育，使之成为辐射广、影响深的重要禁毒教育平台。学校先后被评为厦门市禁毒教育基地、福建省禁毒教育示范校、全国毒品预防教育创新单位。

心理健康教育以建立完善的心理健康教育管理体系为核心，促进学生形成健全的个性。学校建立以心理校本课程为主体，心理辅导为依托，心理社团与心理健康主题活动为载体，学校、家庭、社区三位一体的心理健康教育体系，多层次推进学校的生命教育。学校立足校本课程，规范咨询辅导，强化活动渗透，关注心灵成长，塑造健康人格。2016 年，学校被评为福建省中小学心理健康教育特色学校。

体育教育，健体强心，文心生长。生命在于运动，体育可以强心，通过体育教育，让生命力彰显，在竞争与合作中，凸显“更高更快文心生长”。学校以篮球为龙头，充分发挥市传统篮球校的优势，带动足球、羽毛球、田径等多种体育项目发展，构建体育活动与体育社团活动相结合的良好运行机制，全力打造体育特色教育，增强学生体魄，激发团结合作、奋发进取的体育精神。学校以校本课程、社团活动为核心，聘请教练进行专业化的训练与指导，保证体育人才的专业化成长及学校体育成绩的稳步提升，同时以群体竞赛活动为主线，面向全体学生，把热爱体育锻炼、崇尚体育精神的种子播撒在广大师生的心中。

学校每年还通过“先锋杯”篮球赛和两次大型田径运动会带动了贯穿全年的各项群体运动竞赛，通过参加比赛，让学生定位自己的体育爱好，展现体育运动的魅力。体育教育的特色开展成果显著，校篮球队、足球队、田径队、羽毛球队屡次在省、市、区级各类赛事中获奖，学校先后被评为全国足球特色校、福建省篮球传统校、厦门市田径传统校。

艺术教育，美化心灵，文心成长。艺术提高审美，审美净化心灵，文之美善，于艺术熏陶与浸润，更显活力。艺术张力，深化文心，让文心成长更具力度。艺术教育是厦门十中特色办学的另一亮点。学校以艺术个性成长、美化心灵为培养目标，注重提升学生群体的艺术素养。学校坚持开辟艺术教育第二课堂，组织开设了厦门园博苑和中国古典园林、独树一帜的中国画、闽南语歌谣、舞蹈艺术、素描与水彩、传媒艺术、试听练耳、陶瓷艺术8门校本课程，同时组织建设素描、书法、手工、合唱、古筝5类艺术社团，为学生的艺术素养奠基，促进学生的全面发展。

同时，学校结合特定节点，开展形式多样的文化艺术活动，为学生提供广阔的展示平台，营造良好的艺术氛围，让学生在艺术情境中感受成长的快乐与成功的喜悦，进而提高学生的艺术审美品位。近年来，学校艺体生的大学录取率大幅提升。

志愿服务，以美育美，文心致远。学校努力拓展社会生命的空间，通过交往与实践，拓展生命宽度，真正实现知识、生活与心灵的深刻共鸣，让美丽行为成为个体生命的自觉与互动，实现文心化行完满结合，助推个人生命的完整幸福。厦门十中以志愿者活动为实践载体，串联生命的生长与成长，作为践行身心之美的体现，实现成人独立个性的养成，知行合一，以心立行，成人致远。学校坚持班班有志愿者，月月有志愿活动，通过学校、社区的志愿活动，多渠道多方位渗透志愿服务，实现实践育人和服务社会的有机结合，弘扬志愿精神，培养学生的责任感并促使其完善自我。

志愿服务活动的内容主要有社区活动、公益服务、慈善义捐、文明志愿服务、环保志愿活动等。志愿服务队成立至今，已为患病学生、贫困儿童、受灾群众等群体累计筹募善款80多万元。环保志愿活动作为学校的传统特色志愿活动，常年与台湾慈济慈善事业基金会合作，开展环保造福互动，形成了规范的环保教育体系，落实在日常的德育活动中。文明志愿服务长期与社区共建，定期举行志愿服务活动，在规范有序的志愿服务体系中，锻炼了学生的实践能力和组织能力，促进其全面发展。

合心课程　共赢发展

课程是教育中的核心要素，是实现教育目的的重要途径，是组织教育教学活动的重要依据，也是集中体现和反映教育思想与教育理念的载体。它是学校的核心竞争力，是学校办学特色的核心载体，只有通过课程，学校教育理念及价值才能得以实现。

为实现“文心化行”这一办学理念及培养有雄心、慧心、壮心、雅心、苦心的“五心”学子育人目标，促进学生自主全面而有个性的发展，厦门十中以“文心・合心课程”为载体，设计丰富且多样的课程，让学生能够自主选择适合自己、贴近自己、满足自己所需且合乎心意的个性化课程，真正让学生的心灵能够自由成长，绽放个性魅力，成为具有鲜明个性、学校印记，并能全面发展、适应未来的社会主义建设者和接班人。

学校用心构建“文心・合心课程”，即以“雄心、慧心、壮心、雅心、苦心”为核心课程，聚合多元智能，全面落实学生德、智、体、美、劳协同发展，让学生自主选择，合心合意地全面发展。“雄心”课程以人文底蕴为核心，致力于人文素养的提升；“慧心”课程以科学技术为核心，突出科学素养的培养；“壮心”课程以身心健康为核心，塑造阳光悦心的美丽心灵；“雅心”课程以艺术修养为核心，发展审美艺术；“苦心”课程以实践创造为核心，练就诚毅坚韧之能。

“文心・合心课程”以学科特色课程、智识发展课程、体验创造课程 3 类课程为主要内容，期望学生通过人文底蕴、科学素养、身心健康、艺术修养、实践创造等课程的学习，成为具有爱国情怀、志向高远、乐学善学、阳光快乐、文雅和善、诚毅坚韧的心想行能的个性学子。

学科特色课程：学科基础课程＋学科拓展课程(“学科基础课程”即基础型课程，国家必修课程；“学科拓展课程”即学科特色自主拓展课程，选修课程)以基础知识和基本技能为主，重视知识、技能的传授，旨在培养学生的学科核心素养，提升思维品质。各学科形成特色课程群，可以满足各年级学生的兴趣爱好及个性化的学习需求。

智识发展课程：(侧重认知)即以知识教育为主渗透德育，发展学生的不同基础、培养学生的主体意识、完善学生的认知结构、拓宽学生的学习渠道、改善学生的学习方式、提高学生的自我管理和选择学习能力、形成学生的自我发展方向，主要包含德行品质、学习品质、健康生活、个性特长、社会责任等课程。

体验创造课程：(侧重体验)知行合一的体验创造类课程以体验为核心，重视学生的活动参与，培养学生的探究态度与研究能力，在活动中发挥学生的主动创造性，学会解决问题，主要包括仪式教育、主题教育、阳光教育、特色发展、社会实践等课程。

三类课程以“合心课程”为核心形成完整的课程体系，呈现“五圆同心”的形状，体现了学校对课程品质的追求，促进学生、教师、学校发展有机结合，优质共赢发展。

抓课堂，塑教师，夯实“文心”课堂教学

课程的实施需要通过课堂来实现。课堂教学是深化课程改革的主阵地，是提高学生素养的重要途径。厦门十中严格执行国家课程教学计划，开齐体、音、美课程，上足课时，并严格按照课程标准以及教材和学生实际进行教学，在实现课堂教学正规化的基础上，努力优化教学环节。在教学中，学校健全各种制度，使生命教育、体育、美育得以规范。

学校同时抓好专任教师的集体备课，提高备课、上课、评课的质量，真正做到细化教学过程；重视课前、课中、课后管理，并要求每位教师依照素质教育的要求，顺应新课程标准的特点，精心设计活动，努力做到使每一个学生都能体验到学习和成功的乐趣，以满足学生自我发展的需求。

通过抓课堂，塑教师，夯实“文心”课堂教学，打造课内外、校内外融为一体的“文心”课程内容，构建面向全体、培养能力、发展特长的课程实施模式，从而增强学校的办学动力和活力，为学校创造发展的良好条件，充分发挥学校的优势，逐步走上一条专业化的办学特色道路。

办学有特色，师资是关键。学校加强师资队伍建设和教研指导，全方位开展“三位一体”的校本培训、校本教研、校本科研师资培训活动，全面提升了教师的综合素质，对教学中存在的问题及时调控，总结提炼，不断完善，努力建设一支高素质、有热情、有特长、能力强、爱岗敬业的教师队伍。

在厦门十中，教师热爱教育事业，有良好的职业道德和优秀的专业素养，优秀教师群体逐渐形成。其中，苏婷老师获得了福建省第四届中小学教师教学技能大赛特等奖，全国中小学青年教师教学竞赛二等奖。学校现有省级名师1人，市学科带头人7人，市级骨干教师99人，85.7%的学科拥有市级以上教学名师、学科教学带头人、骨干教师。近几年，教师在课题、教育科研论文和教学成果评选中多次获奖，有省级课题两个，市级、区级、校级课题多个。

办学45年来，厦门十中的教育教学成绩喜人，硕果累累。如今，适应新形势发展需要，尊重学生的基础性和差异性，从实际出发促进学生可持续发展，实现学生全面而个性的自我成长，是学校办学面向未来发展的自觉追求，也是学校沉淀办学文化享誉社会的自我鞭策，更是厦门十中照亮历史的永恒实践。

（原载于《中国教育报》2020年6月9日）

后　记

本书付梓时，恰逢福建省"十三五"中学名校长培养人选3年培养活动结业之际。在福建教育学院领导及导师的鞭策下，历经3年时间，拙作终于成稿。在著书的过程中，我不断加强教育理论研修，对教育实践进行回顾与总结，对教育本真进行思考；同时也更加坚定了教育情怀与教育自觉，更加明白苏联教育家苏霍姆林斯基所说"学校领导，首先是教育思想的领导，其次才是行政上的领导"的深刻内涵及意义。

20万字书稿的撰写，对我来说，不仅是一次尝试，更是一项艰巨的任务。在办学思想凝练和著书的过程中，我有幸得到福建教育学院领导及导师的悉心指导与帮助，甚至字斟句酌。洪学如老师对我给予了精神鼓励并对本书倾注了大量心血。同时，厦门市第十中学广大师生不仅在践行"文心教育"办学思想中付出了艰辛的劳动，更给予了智慧支持，书中就收录了他们的心得体会及总结材料。在此，对在著书过程中给予我帮助、关心、指导的福建教育学院领导、导师，洪学如老师和厦门市第十中学的领导班子与广大师生及厦门大学出版社的编辑等一并表示谢忱！

对本书的撰写，虽已尽心尽力，但限于水平，特别是对教育本真理解不够到位，对时代发展、对教育需求把握也不够准确等因素，书中难免存在疏漏之处，敬希读者指正。

王阳灿

2021年3月